清华计算法学译丛

PRIVACY AS TRUST

Information Privacy For An Information Age

隐私即信任

——大数据时代的信息隐私

[美] Ari Ezra Waldman 著

张 璐 译

法律出版社 LAW PRESS·CHINA

北京

著作权合同登记号

图字：01-2021-2506

清华计算法学译丛

编译委员会

总 序

清华计算法学译丛源起于支撑清华大学所致力于推进的中国计算法学学科建设。我们倡导的计算法学是基于因计算的对象、方法以及能力等方面的差异而产生的不同法律问题以及与法律相关的技术问题,从而融入计算思维研究法律问题,利用计算方法开展法律大数据分析以及结合计算技术研究法律科技的一门新兴学科。[1]

计算法学的学术研究、机构建设早已有之。早在 1977 年,瑞典法律信息学领域的教授彼得·塞佩尔(Peter Sepel)完成的博士论文就以"计算法学"(Computing Law)为题,认为计算法学将成为一门新学科,其主要内涵是以计算技术为支撑的法学教育、法律信息检索、法律数据库、法律信息安全及相关的个人权利保护。此后,这一概念在一些法学研究范式和信息法学等类别的文章中被引用,但在相当长的一段时间内并没有得到足够的重视。在计算法学概念的现代发展过程中,斯坦福大学发挥了积极的推动作用。斯坦福大学计算机系教授迈克尔·吉勒赛瑞斯(Michael Genesereth)于 2005 年第 10 届人工智能与法律国际研讨会上发表了"计算法学"(Computational Law)一文,积极倡导计算法学的学科发展。此后,斯坦福大学法律信息学中心(CodeX)自 2013 年以来举办的未来法学国际论坛将"计算法学"作为固定的专题进行讨论,有力地推动了计算法学在全世界的广泛传播。其中,尤

---

〔1〕 参见申卫星、刘云:《法学研究新范式:计算法学的内涵、范畴与方法》,《法学研究》2020 年第 3 期。

以欧盟根据《欧盟 2020 战略》在 2019 年资助的两个以"计算法学"为主题的研究项目为里程碑,正式确立了欧美分别推进计算法学发展的世界格局。欧盟的这两个官方资助项目分别以计算法学的内涵与计算法学的方法作为研究主题,高举"计算法学时代(Era of Computational Law)"的旗帜,宣告具有重要影响力的欧盟已经正式布局计算法学的发展。

尽管"计算法学"的概念已经被广泛采用,"计算"一词也日益彰显出其科学的内涵,但是由于计算法学发展的技术门槛且该概念尚处于不断扩展演进之中,故而对"计算法学"的理解尚未统一,而是呈现出多种不同的涵义。其一,将计算法学视为自动化法律推理的方法。例如,斯坦福大学法律信息学中心将计算法学列为法律信息学的一个分支,其目标是通过技术嵌入的方式落实法律的要求,以此建立可以根据业务场景即时提示法律要求的显性行为约束,避免复杂的法律规则难以让人知晓、理解和执行。[1] 邓矜婷等人强调,计算法学方法是一种新的法学研究方法,需要融合计算和法学思维。[2] 其二,将计算法学纳入实证法学的范畴。例如,清华大学于晓虹教授以"计算社会科学"为基础,主张计算法学在兼容并蓄地吸纳定性与定量、规范与实证方法的基础上呈现出复合式、开放型构造。[3] 左卫民教授认为,计算法学与法律实证研究本质上是"一体两面"的关系,计算法学应该在法律实证研究的基础上衍生和拓展,成为实证研究的 2.0 版。[4] 其三,将"数量分析+法律科技"作为计算法学的内涵。例如,香港大学法学院在 2018 年 6 月组织召开的新兴计算法学学术会议公告中指出,其研究范围包括但不限于将计算数据处理或分析方法应用于法律学者感兴趣的问题的研究,探索计算法学研究作为独立的分支学科,开发或评估法律学者感兴趣的计算方法的方法论工作。[5] 其四,将法学与计算科学交叉的领域称之为计算法

〔1〕 See Michael Genesereth, Computational Law: The Cop in the Backseat, White Paper, CodeX-The Stanford Center for Legal Informatics(2015).

〔2〕 参见邓矜婷、张建悦:《计算法学:作为一种新的法学研究方法》,《法学》2019 年第 4 期。

〔3〕 参见于晓虹、王翔:《大数据时代计算法学兴起及其深层问题阐释》,《理论探索》2019 年第 3 期。

〔4〕 参见左卫民:《中国计算法学的未来:审思与前瞻》,《清华法学》2022 年第 3 期。

〔5〕 See Ryan Whalen, *The Emergence of Computational Legal Studies: An Introduction*, Edward Elgar Publishing, 2020.

学。例如,美国麻省理工学院(MIT)开设的计算法学公开课内容包括规则驱动的法律人工智能系统研发、数据驱动的复杂法律关系可视化、数据资产的法律问题、智能合约及数字化身份的法律问题。季卫东教授也指出,计算法学具有超越性,其包括数据伦理和算法公正在内的人工智能治理等不同组成部分之间交叉和相辅相成的关系。[1]

随着计算工具的不断进步,人们对"计算"的应用和想象空间也在不断扩展,早期的手动计算工具、机械式计算工具、机电计算工具正在逐步退出历史舞台,电子计算机、并行与分布式计算、高性能集群计算、云计算已经日益普及,而量子计算、社会计算、生物计算、海计算等新型计算也必将不断走向成熟。社会的生产生活正在从简单计算向复杂计算、有限计算向普适计算进化。随着可计算范围的扩展和普适计算理论的提出,美国著名的计算机专家魏泽尔曾作出预测:我们将进入一个计算无处不在的"普适计算"(ubiquitous computing)时代。麻省理工大学媒体实验室创始人尼葛洛庞帝(Negroponte)也提出,"计算不再只和计算机有关,它决定我们的生存"。普适计算致力于信息空间与物理空间的高度融合,将从根本上改变人们对"什么是计算"的思考,也将全方位改变人类的生活和工作方式。与之相关联的是计算主义世界观的出现,其代表性观点认为物理世界复杂的问题都可以科学化、简化、计算化。处在21世纪科技前沿的人们已经开始生活在一个高度计算化的社会,此时兴起的一种"计算主义"思想指出:宇宙是一台蕴含计算逻辑的巨大自动机,人的大脑是一种超复杂的神经网络系统,从宇宙到人的大脑均可以通过认知计算的方法得到理解和分析。这一思想反映出"计算"在现代科学发展中的地位。随着计算科学技术的发展,计算化的社会本身也开始成为专门的研究对象,我们需要从本体论和认识论的角度研究计算空间的关系结构和行为规范,从而构建一个有序的计算社会。事实上,从图灵机的产生到新一代信息技术的发展,可以总结为信息技术所做的一切都是一种"计算",但计算的问题、方法、介质、领域以及能力均有不同。不同

---

〔1〕 参见季卫东:《计算法学的疆域》,《社会科学辑刊》2021年第3期。

的技术问题由此产生，并带来不同的社会以及法律问题，包括信息技术引发的法律问题、法律问题的大数据分析和法律科技创新问题。

我们认为，法律与法学必须充分回应科技创新的需求，以研究对象为法律与信息科技交叉融合新学科命名具有与生俱来的局限性，"计算+X"已经成为计算科学与其他学科交叉的典范，而且"计算法学"具有国际通用性。〔1〕无论是在广义还是狭义上使用计算法学或者选择其他学科概念，我们认为在该领域探索的学者都有一个共同的使命，即提高法学学科应对计算科技革命机遇和挑战的能力，推动法学学科适应时代的需求，乃至探索可计算的法律发展道路。〔2〕基于此形成的学术共同体已经在中国形成，他们有共同的交流平台、共同的研究对象、共同理解的概念……面向未来，我们还需要有共通的理论体系、共通的教材、共通的人才培养方案。清华大学愿意通过计算法学译丛、计算法学论丛等系列学术成果的推出，为计算法学学术共同体的发展提供国内外的前沿知识，也将其打造为让更多学者展示其研究成果的高端交流平台。

2022年6月

〔1〕参见申卫星：《为什么是计算法学？——兼论法律与信息科技交叉的学科命名》，《西北工业大学学报（社会科学版）》2022年第2期。

〔2〕参见申卫星、刘云：《探索可计算的法律发展道路》，《浙江社会科学》2022年第6期。

前言和致谢

回顾我研究隐私的经历,从最初针对同性恋群体(LGBTQ)的网络骚扰提案到关于信息隐私的博士学位论文,还有期间发表的覆盖从分享亲密照片到知识产权信息流等各方面的多篇法律评论文章,再到这本书的写作,都是一个持续不断的发展过程。从法学院毕业后,2010 年起我开始持续关注网上的面对面骚扰问题(face-to-face harassment),之后大量阅读了埃米尔·杜尔凯姆(Emile Durkheim)、欧文·高夫曼(Erving Goffman)、朱莉·科恩(Julie Cohen)、丹尼尔·索洛夫(Daniel Solove)、海伦·尼森鲍姆(Helen Nissenbaum)等的著作,在这整个过程中,我对隐私的思考不断加深,这本书是我思考的结果,但绝不是最后的定论。这只是关于讨论"隐私为何重要"以及"隐私在数字世界中意味着什么"迈出的第一步。我希望本书的理论和建议能够得到批判和检验,当然也是可以被挑战的。

本书是根据我在哥伦比亚大学艺术与科学研究院社会学系的博士学位论文基础之上形成的。它也是无数研讨会、会议、演讲、讨论以及"一对一"地与同事、朋友、导师具有启发性的头脑风暴的产物。帮助我思考这些问题的人(按字母顺序排列),包括:

艾伦·阿佩尔(Alan Appel)、亚历山德罗·阿奎斯蒂(Alessandro Acquisti)、德里克·班鲍尔(Derek Bambauer)、简·班鲍尔(Jane Bambauer)、安·巴托(Ann Bartow)、杰奎琳·博切尔(Jacqueline Beauchere)、巴顿·毕比(Barton Beebe)、塔玛拉·贝林芬蒂(Tamara Belinfanti)、巴哈·伯恩斯坦

(Gaia Bernstein)、罗伯特·布莱克(Robert Blecker)、基尔·布伦南·马奎斯(Kiel Brennan Marquez)、瑞安·克洛(Ryan Calo)、丹妮尔·基茨·西特罗(Danielle Keats Citron)、理查德·丘塞德(Richard Chused)、朱莉·科恩(Julie Cohen)、安东尼·克劳威尔(Anthony Crowell)、罗谢尔·德雷福斯(Rochelle Dreyfuss)、布雷戈里·艾里奇(Gregory Eirich)、吉尔·埃亚尔(Gil Eyal)、费尔菲尔德·约书亚(Fairfield Joshua)、乔纳森·弗兰克尔(Jonathan Frankle)、玛丽·安妮·弗兰克斯(Mary Anne Franks)、布雷特·弗里施曼(Brett Frischmann)、珍妮·弗罗默(Jeanne Fromer)、苏·格鲁克(Sue Glueck)、杰弗里·戈德法布(Jeffrey Goldfarb)、埃里克·高德曼(Eric Goldman)、伍德罗·哈佐格(Woodrow Hartzog)、迈克·欣茨(Mike Hintze)、克里斯·霍夫纳格(Chris Hoofnagle)、莱斯利·约翰(Leslie John)、伊恩·科尔(Lan Kerr)、比尔·拉皮亚纳(Bill LaPiana)、阿特·伦纳德(Art Leonard)、阿曼达(Amanda)、莱文·道斯基(Leven Dowski)、大卫·莱文(David Levine)、格雷戈里·曼德尔(Gregory Mandel)、比尔·麦格伦(Bill McGeveran)、吉姆·莫雷(Jim Mourey)、弗兰克·芒格(Frank Munger)、海伦·尼森鲍姆(Helen Nissenbaum)、保罗·奥姆(Paul Ohm)、弗兰克·帕斯夸尔(Frank Pasquale)、马克·帕特森(Mark Patterson)、埃德·珀塞尔(Ed Purcell)、乔尔·雷登伯格(Joel Reidenberg)、尼尔·理查兹(Neil Richards)、萨迪克·雷扎(Sadiq Reza)、安德鲁·塞尔布斯特(Andrew Selbst)、雅各布·谢尔科(Jacob Sherkow)、理查德·舍温(Richard Sherwin)、杰西卡·西尔贝(Jessica Silbey)、斯科特·斯金纳·汤普森(Scott Skinner Thompson)、丹尼尔·索洛夫(Daniel Solove)、鲁蒂特(RutiTeitel)、安·汤玛(Ann Thoma)、丽贝卡·塔什内(Rebecca Tushnet)、黛安·沃恩(Diane Vaughan)。

我要特别感谢我的研究助手杰弗里·萨维德拉(Jeffrey Saavedra)和道恩·尼格尔(Dawn Neagle)以及罗杰·奎格利(Rodger Quigley),他们修订手稿、帮助完善引注,并提出重要的实质性建议。他们和我在过去 4 年中有幸教授的纽约大学法学院数百名学生一样,每天都在提醒着我:我的工作是一份荣誉和特权。还要感谢比尔·米尔斯(Bill Mills),和我一起进行所有晦涩的研究和原始资料的分析。这个项目还受益于许多会议和研讨会上的重要反馈,包括但不限于 2015 年和 2016 年隐私法学者会议(Privacy Law Scholars Conferences);2014 年、2015 年和 2016 年的互联网法律会议(Internet Law Works-in-Progress Conferences);2015 年知识产权会议(Works-in-Progress Intellectual Property Conference);2015 年知识产权学者大会(the 2015 Intellectual Property Scholars Conference)以及在纽约大学法学院举行的 2016 年三州地区知识产权研讨会(the 2016 Tri-State Regional Intellectual Property Workshop)。在全国各地法学院的受邀演讲中以及在各种法律评论主办的演讲和座谈会上,我也有发表演讲和参与讨论,感谢这些活动的组织者、参与者、演讲者和学生们。

最后,这本书的完成以及我作为法律学者的事业离不开哥伦比亚大学社会学系的支持,感谢我的论文导师吉尔·艾亚尔(Gil Eyal)、院长安东尼·格罗尔(Anthony Crowell)和纽约大学法学院的杰出教授们。这些机构和同事们给予了我一个宝贵的机会,我希望我赢得了他们的尊重。

虽然本书的部分内容摘自几篇论文,但本书所表达的思想代表了我思想的重大发展和演变。这些文章包括:《隐私即信任:在网络世界中共享个人信息》[Privacy As Trust: Sharing Personal Information in a Networked World, 69 *University of Miami Law Review* 559(2015)],《隐私、共享和信任:基于 Facebook 的研究》[Privacy, Sharing, and Trust: The Facebook Study, 67 *Case Western Reserve Law Review* 193(2016)],《信任:专利法中的一种披露模型》[Trust: A Model for Disclosure in Patent Law, 92 *Indiana Law Journal* 557(2017)],《违反信任:与"色情"斗争》[A Breach of Trust: Fighting "Revenge Porn", 102 *Iowa Law Review* 709(2017)]。

目　录

引言:什么是最重要的? / 001

第一部分:“隐私”意味着什么?

第 1 章　隐私即自由源于何处? / 017

第 2 章　隐私即自由目的为何? / 036

第 3 章　隐私的社会理论 / 047

第二部分:隐私、共享和信任

第 4 章　信任与分享 / 065

第 5 章　信任对隐私意味着什么? / 081

第三部分:一种基于信任的隐私和信息法上的方法

第 6 章　数据收集者的责任 / 105

第 7 章　先前公开的信息 / 126

第 8 章　信任与网络骚扰 / 144

第 9 章　知识产权中的信息流 / 164

第 10 章　信任与机器人 / 181

结论:隐私与信任的未来 / 202

译后记 / 206

引言：什么是最重要的？

2016年5月，几位丹麦研究人员发布了约会网站OKCupid上70,000个用户的数据。那些尝试过在线约会的人都知道，OKCupid（或Match，JDate，eHarmony）上的个人资料包含大量的个人敏感信息。研究人员公开的信息包括用户名、年龄、性别和位置以及性取向、恋物癖、宗教观念，等等。鉴于这些信息的覆盖面之广，不需要花费很多时间就能识别到所涉人员的身份，而研究人员既未获得同意，也未对数据进行匿名处理。[1]

这些数据的泄露带来了隐私难题。OKCupid用户自愿回答有关自己的数百个问题，以至于网站可以使用算法将用户与假定兼容的匹配项相联系，这适用于所有OKCupid成员，非成员则可以通过谷歌搜索某人的姓名获得一些基本信息。由于这些原因，尽管研究人员可能违反了OKCupid的使用条款和社会科学研究的道德准则，但他们认为他们有可靠的隐私协议作为保障。研究人员认为，他们不需要对数据集进行匿名化处理，因为用户首先提供了信息，而其他人也已经看到了。按照任何传统的指标，这些信息都

---

〔1〕 See Woodrow Hartzog, *There Is No Such Thing as "Public" Data*, *Slate* (May 19, 2016), www.slate.com/articles/technology/future_tense/2016/05/okcupid_s_data_leak_shows_there_s_no_such_thing_as_public_data.html.

不是私人的。[1]

值得注意的是,这不是一个孤立的事件。零售商此前一直在收集个人数据,[2]从我们的浏览历史到脸书(Facebook)的"点赞"行为,目的是提供他们认为我们希望看到的广告。谷歌会根据我们跨平台行为中获得的信息来定制搜索结果,此过程中有时会对我们造成歧视。[3] 数据经纪商(data brokers)从网络上收集了大量有关我们的信息,并将其出售给出价最高的人。根据我们上传的数百万张照片,脸书正在使用精确得令人震惊的面部识别技术。[4] 零售商分析了我们的购买历史,以预测我们下一步将要购买的产品。[5] 当我们经过实体商店时,营销人员正在使用我们的购买模式和GPS技术,将销售通知直接发送到我们的手机。[6]

我们的社会正处于十字路口,因此我们面临着一个选择。我们可以选择生活在一个这样的世界中:我们迈出家门后发生的每一个事件都使用技术参与信息共享,法律不能保护我们,只有真正属于私人的事情是我们可以保密的。在这个世界上,无论是研究人员还是在线广告商,任何人都可以使用我们的数据,因为根据法律和社会惯例,该信息已经公开。当我们注册账

---

[1] See Brian Resnick, *Researchers Just Released Profile Data on 70,000 OkCupid Users Without Permission*, Vox(May 12,2016), www. vox. com/2016/5/12/11666116/70000-okcupid-users-data-release.

[2] See Taylor Hatmaker, *In2006, Harvard Also Conducteda Facebook Study That Went Too Far*, *The Daily Dot*(July 12,2014), www. dailydot. com/debug/facebook-t3-study-tastes-ties-time/. See Michael Zimmer, *But the Data is Already Public: On the Ethics of Research in Facebook*, Ethics Inf. Technol. 12, p. 313 (2010).

[3] See Latanya Sweeney, *Discrimination in Online Ad Delivery*, Commun. ACM, May 2013, at 44.

[4] See Naomi Lachance, *Facebook's Facial Recognition Software Is Different from the FBI's. Here's Why*, *NPR: All Tech Considered*(May 18, 2016), www. npr. org/sections/alltechconsidered/2016/05/18/477819617/facebooks-facial-recognition-software-is-different-from-the-fbis-hereswhy.

[5] See Charles Duhigg, *How Companies Learn Your Secrets*, N. Y. Times Mag. (Feb. 16, 2012), www. nytimes. com/2012/02/19/magazine/shopping-habits. html.

[6] See Chris Frey, *Revealed: How Facial Recognition Has Invaded Shops-and Your Privacy*, Guardian (Mar. 3, 2016), www. theguardian. com/cities/2016/mar/03/revealed-facial-recognition-software-infiltrating-cities-saks-toronto.

户、浏览互联网或在线购买图书后,我们都会共享数据。[1] 在这个世界上,隐私已荡然无存。

或者,我们也可以选择生活在隐私仍然很重要的世界中。在这个不专制、令人愉快的世界中,律师、法官、政策制定者、老师、学生、父母和科技公司都非常重视隐私。在这里,隐私具有与其他价值观和规范抗争的机会,信息可以分享给其他人,但不是整个世界都可以看到。

如今,我们似乎更接近隐私的消亡,而不是复兴。事实上,有一些意见领袖多年来一直在写隐私的“讣告”。[2] 部分原因是我们对隐私的考虑过于狭窄,就像丹麦研究人员对信息主体的隐私采取谨慎的态度一样。加强隐私并非易事,但要想进入一个更美好的世界,首先要改变我们对隐私的看法,思考我们在日常生活中如何整合和管理隐私以及如何使用法律来保护它。这就是本书的目的:改变我们对隐私的看法,以便我们可以更好地在现代世界中利用法律保护它。

我们习惯于以某些方式将隐私概念化。我们经常认为隐私是要防止他人窥视或保密,这就是为什么当我们不希望别人看见屋内发生了什么的时候,会拉下百叶窗。有时我们将隐私与某些空间或财产边界相联系,例

---

〔1〕 “已经是公开的”(it's already public)这种防御非常普遍。例如,FBI 辩称,其特工不需要逮捕证来设置黄貂鱼或诱饵细胞塔来捕获我们的手机位置,因为它们只是在公共场所收集公共信息。See David Kravets, *FBI Says Warrants Not Needed to Use "Stingrays" in Public Places*, Ars Technica (Jan. 5, 2015), http://arstechnica.com/tech-policy/2015/01/fbi-says-search-warrants-not-needed-to-use-stingrays-in-public-places; Smith v. Maryland, 442 U.S. 735 (1979). 所谓“报复性色情”的犯罪者,或未经他人同意而发布他人的亲密照片的人,通常会说受害者是在第一时间将照片发送给他们的,以此来证明自己的行为是合理的。See Danielle Keats Citron & Mary Anne Franks, *Criminalizing Revenge Porn*, Wake Forest Law Review 49, p. 345-346 (2014). 从理论上讲,类似的论点也被用在“上裙”(up skirt)的照片盒中:理论上,拍到女人裙下的身体的照片不能侵犯隐私,因为这些照片是在公共场所拍摄的。See Justin Jouvenal & Miles Parks, *Voyeur Charges Dropped Against Photographer at Lincoln Memorial*, Wash. Post (Oct. 9, 2014), www.washingtonpost.com/local/crime/voyeur-charges-dropped-against-upskirt-photographer-at-lincoln-memorial/2014/10/09/7dc90eac-4ff5-11e4-aa5e-7153e466a02d_story.html.

〔2〕 See Thomas Friedman, *Four Words Going Bye-Bye*, New York Times (May 21, 2014), www.nytimes.com/2014/05/21/opinion/friedman-four-words-going-bye-bye.html; Marshall Kirkpatrick, *Facebook's Zuckerberg Says the Age of Privacy Is Over*, Read Write (Jan. 9, 2010), https://readwrite.com/2010/01/09/facebooks_zuckerberg_says_the_age_of_privacy_is_ov/; Polly Sprenger, *Sun on Privacy: "Get Over It"*, Wired (Jan. 26, 1999), www.wired.com/1999/01/sun-on-privacy-get-over-it/.

如,我们认为在自己的家中或在封闭的门后,或在卧室和浴室中所做的事,就是我们自己的事情。有时我们将隐私与亲密关系联系在一起,这就是诸如性、金钱和医疗保健之类的话题天生具有私密性的原因。但本书认为,当我们对隐私的理解仅限于这些概念时,会使我们在不受惩罚的情况下收集和使用数据。这些理解隐私的方式是不完整的,最坏的情况是使我们朝着反乌托邦式的方向发展而丧失隐私。

例如,当某人入侵我们的个人网络并将先前加密文件公开时,这种"隐私即保密"的理论,可以为我们的隐私权提供救济。但对于 OKCupid 的用户或经同意而被公开信息的受害者而言(如与现任男友共享色情图像,只是让他将这些照片上传至色情网站),"隐私即保密"理论却并不能发挥太大的作用。一旦我们共享了某个东西,它就不再是秘密的了,而且我们将失去对它的控制。[1] 类似地,将隐私视为封闭的空间或财产而与外界划定界限时,对于注意到窗户旁装有无人机摄像头的房屋女主人,封闭的房间可能足够给她提供救济,但从她走到外面的那一瞬间,房间对她的隐私保护力度就根本不够了。尽管这些受害者中的一些人可能会依赖本能的信息亲密性来解释他们的感觉,认为他们的隐私受到侵犯,但"隐私即亲密性"(privacy-as-intimacy)本身无法应对网站之间的个人数据传输和"大数据"预测分析广告的行为,因为它们从网站上挖掘的信息是确认我们看到的东西、购买的东西和我们学到的东西,这些似乎是无害的和非亲密性的。

我们需要改变对隐私的看法。

听起来可能很奇怪,但是隐私本质上是一种社会概念。隐私的观念是假设我们与他人之间存在正式和非正式关系,只有当我们在这些关系中共享隐私,它才重要。在作出共享决策时,我们依赖和发展这样的(隐私)期待,即我们的信息将发生什么是建立在我们分享的特定情境之上的,因

[1] Dan Solove 称为"秘密范式"(secrecy paradigm)。See Daniel J. Solove, *The Digital Person*, New York University Press, 2004, p. 42.

此,其实隐私是融入我们与其他人相关生活中的。[1] 正如法学教授罗伯特・波斯特(Robert Post)所描述的那样,隐私权规范"不是基于人们与社会生活之间可感知的对立,而是取决于它们之间的相互依存"。[2] 隐私是处于社会之中的,这不是取缔或限制我们与他人的联系,它的核心是管理个人与个人之间以及用户与出于某种目的而收集、分析和操纵其信息的平台之间的公开社会关系。[3]

例如,当我们在有 100 个艾滋病毒携带者的社区公开分享我们携带艾滋病毒的事实时,我们可能期望他们比自己的两个同事拥有更高程度的保密性和判断力;当我们对好朋友说悄悄话时,即使没有书面协议,我们也会希望他们保密;我们与美国银行的网站共享我们的银行账号,是希望它不会共享给在线营销人员。尽管我们可能认识到使用互联网或加入折扣的项目需要进行一些信息的披露,但我们共享我们信息的目的是希望将其用于我们共享信息的特定用途。我们分享的内容、与谁分享以及分享方式是非常重要的。换句话说,关于披露信息的社会场景是决定私密与否的关键。[4]

披露信息最关键的是信任。信任是两方或多方之间的社会资源,用于期望他人按照公认的准则行事。它允许发生共享,并减轻了披露中固有的脆弱性和权利不平衡。换句话说,披露是在信任的场景中发生的,而当数据被收集或使用太过广泛时信任就被破坏了。信息时代要求对信息隐私的理解是认识到我们与朋友、公共或私人机构、网站以及在线广告商共享大量个人数据。更笼统地说,信息隐私学说必须找到正确区分具体场景中公共或者私人的方法,并认识到,我们共享的内容、共享的原因以及与谁共享、决定是否公开的问题仍然是受到法律保护的。[5] 它不仅必须解释哪些我们认为

---

〔1〕 See Sandra Petronio, *Boundaries of Privacy*, State University of New York Press, 2002, p. 3.

〔2〕 Robert C. Post, *The Social Foundations of Privacy: Community and Selfin the Common Law Tort*, California Law Review 77, p. 957-959 (1989).

〔3〕 See Ferdinand David Schoeman, *Privacy and Social Freedom*, Cambridge University Press, 1992, p. 8 (隐私是一种社会规范,它使人们在此过程中拥有共享的信心和发展关系的能力).

〔4〕 See Helen Nissenbaum, *Privacy as Contextual Integrity*, Wash. Law Review 79, p. 119 (2004).

〔5〕 See Helen Nissenbaum, *Privacy in Context*, Redwood City, Stanford University Press, 2010.

是私人的,而且还必须解释为什么某些事物属于私有领域而其他事物不属于。[1] 该学说还必须反映如何在以下方面实现信息隐私的保护:我们如何确定共享的时间和内容,平台如何操纵我们披露比原本预期更多的信息以及技术公司如何(如果有的话)将隐私规范嵌入他们创建的数据密集型产品中。而且信息隐私学说还必须是可管理的,能够在实际案例中被律师和法官运用,以解决真实的信息隐私问题。最后,我们对隐私的思考方式必须使我们走上一条更好的道路,这不仅可以在现代世界中实现隐私的蓬勃发展,而且可以对整个社会产生积极影响。

当我们基于信任而分享时,我认为我们开始谈论和实施的信息隐私是基于信任的社会规范。在信息共享的场景下,信任使我们能够依靠对机密性和自由裁量权的期望而忍受共享中固有的易损性并使其最小化。实际上,所有披露都会造成权力失衡。在其他地方,例如,在医患关系或律师—客户关系中,重大披露会造成类似的权力失衡,我们运用强大的信任规范和法律工具来保护、修复和管理披露关系中的风险。重振信息隐私也需要类似的规范和法律武器。因此,当我们在信任的情况下与他人共享信息时,该信息应被视为私人的而受到保护,本书称为"隐私即信任"(privacy-as-trust),并且与法律领域中的其他信任学说一样,它允许在安全环境中进行信息披露,并受到保密性和灵活性的支持。

到本书结尾,我希望我们可以开始将信任视为信息隐私概念的重要组成部分。更具体地说,我的目标是主张我们应该从信任的关系角度定义隐私并利用法律来保护这种信任关系。但是,这并不意味着其他隐私的概念都没有用。以权利为基础的隐私概念没有错,只是不完整。它很难回答由预测技术、社交机器人以及持续不断的数据收集等新技术带来的一些现代隐私问题。"隐私即信任"可以帮助我们迈向一个更美好的世界,在这个世界中,隐私不仅存在,而且繁荣昌盛,整个社会都将从个人之间以及个人与数据收集者之间的信任规范的复兴和加强中受益。

---

[1] See Andrew Abbott, *Things of Boundaries*, Social Research 62, p. 857-862 (1995).

本书没有提到的内容也很重要。随着随时准备破坏或侵蚀它的各种可怕的人和事,隐私在不同的情况下呈现多种形式。这个书主要是与信息隐私有关,特别是与披露的隐私有关。它的主要内容是描述关于我们与其他私人行为者(如其他个人或技术公司)而非政府代理进行交互和共享信息并容易受到影响的行为。但这并不是说基于信任关系的隐私概念在各种情况下必然是沉默或无益的,这些论述和扩展是另一本书的内容。

本书分三个阶段阐述我的论点。第一部分是关于过去我们已经做过的研究。主要梳理并批判了当前主流隐私学者的许多隐私理论,展示了同一主题下不同理论是如何变化的,并指出过去的理论是如何一步步发展到今天的。第二部分是关于"隐私即信任"的理论本身。本书梳理了信任的定义,提供了支持信任与披露之间关系的经验证据,并展示了如何将"隐私即信任"作为一种手段在实际中进行应用,并得出结论:信任必须成为我们对隐私理解的一部分。第三部分是对拥有信任的更美好世界的展望。我将"隐私即信任"应用到隐私和信息法领域处理几个棘手问题,并将传统方法与"隐私即信任"的方法进行了对比。在所有情况下,对隐私的理解与信任概念绑定在一起,都能让隐私具有强大的社会价值,进而带来一个更好、更公正的世界。

第一部分:"隐私"意味着什么?

对于许多人来说,隐私关乎选择、自治和个人自由。它包含个人有权确定隐藏什么,如何、何时以及向谁公开个人信息的权利。隐私让人从窥探中、从其他人循规蹈矩的眼神中得到喘息,并且希望自己私密的事情会一直保密下去。这些称为隐私权的概念是以约翰·洛克(John Lockean)和伊曼纽尔·康德(Immannel Kantian)理论为基础的,并被分为两类。在第1章中,讨论了基于消极权利的隐私定义,即将私人领域视为不受某些侵害的类似定义。这些隐私概念包含隐蔽和私人空间的元素,以及基于私人事务的神圣不可侵犯,如抹黑的秘密或私密的信息。这些关于隐私的思考方式共有的要素是分离,认为隐私提供了公众视野之外的自由。第2章讨论了基于权利的隐私定义的第二种类型。这些概念保留了分离的假设,但将其用于不同的目的——成长、发展和实现我们作为自由人的全部潜力。它肯定了隐私权能充分实现自由、自治的自我。[1]

隐私权的概念遍及隐私修辞学、学术界和司法裁判中,这三者是我们今天解决隐私问题的主要参考,但这并不完整。修辞学、学术界和司法裁判都记录了信息隐私规范是由披露引发的这一事实。披露本质上是一种社会行为:一旦我们分享,我们就会根据强大的社会规范或能够满足我们对个人数据应有的期望,而控制我们的信息。仅以个人为中心的隐私会忽略这些社会规范,即使它们对共享至关重要,并对社会团结产生积极影响。没有它们,我们就有可能将隐私范围缩小。

就像罗伯特·默顿(Robert Merton)、[2]米歇尔·福柯(Michel Foucault)[3]、海伦·尼森鲍姆(Helen Nissenbaum)[4]等的著作一样,"隐私即信任"是从社会的角度处理信息隐私和公开。"隐私即信任"并不是要排除其他人,而是要规范信息的流向,限制信息流向某些人。对隐私的社会角色的基本了解并不是什么新鲜事物。第3章着重描述过去50年社会隐私理论的发展。在该章中,本书认为,迄今为止,隐私的社会理论可能已经认识到,隐私是在具体情景中管理信息流的要素,但它们不足以对披露中发挥作用的动力作出反应,因为那是信任的作用。

第二部分:信任与隐私

披露和隐私控制着我们与他人(人以及技术平台)的关系,它们是社会现象。信任是连接它们之间的桥梁。强大的信任规范使共享和社会互动得

[1] See Julie E. Cohen, *Configuring the Networked Self*, Connecticut, Yale University Press, 2012, p. 110–126.

[2] See Robert K. Merton, *Social Theory and Social Structure*, The Free Press, 1968.

[3] See Michel Foucault, *Discipline and Punish*, Vintage Books, 1995.

[4] See Helen Nissenbaum, *Privacy in Context*, Stanford University Press, 2010; Helen Nissenbaum, *Privacy as Contextual Integrity*, Wash. Law. Rev 79, p. 119(2004).

以发生。[1]

特定的社会信任是“对其他人行为和意图的良好期望”,或者是认为他人会以可预测的方式行事的信念。[2] 它“始于知识的起点”,[3]是所有社会相互作用“忠诚”的依靠。[4] 例如,当某人与诸如“匿名戒酒”(Alcoholics Anonymous)这样的支持小组中的陌生人讲话时,她相信他们不会泄露自己的秘密。因此,信任包括愿意接受他人信息的某些风险和脆弱性,并愿意促进社会活动的顺利进行。[5] 我不能确定我的支持小组成员会保持我的信赖,但信任使我能够与他们互动,披露信息并对保密保有自己的判断力。结果,我获得了各种积极的回报。[6]

因此,在考虑促使我们在线共享个人信息的因素以及在社交互动中控制相关隐私准则的因素时,转向信任的思路是有道理的:艾莉丝(Alice)与布兰迪(Brady)共享信息,因为艾莉丝对此信息信任布兰迪。适用的规范(机密性和自由裁量权)使艾莉丝有信心并放心地与布兰迪分享,从而减轻了其他人可以进入她内心所固有的脆弱性。当我们与律师、医生和理财规划师共享信息时,同样的机制也在发挥作用:以传统的专业标准和法律为后盾的强大信任规范使我们有信心并自在地共享信息。尽管该机制具有直观的吸引力,但在越来越多的关于我们公开个人信息倾向的文献中,特定的社会信

〔1〕 社会学文献中有三种类型的信任。一般的社会信任是大多数人可以信任的思想;机构信任是指我们对政府、企业以及其他公民和公司机构的信任;特殊的社会信任是我们彼此之间的信任。这项研究是关于特定的社会信任的。

〔2〕 See Guido Mollering, *The Nature of Trust: From Georg Simmel to a Theory of Expectation, Interpretation and Suspension*, Sociology 35, p. 403-404(2001); J. David Lewis & Andrew Weigert, *Trust as a Social Reality*, Social Forces 63, p. 967-968(1985); Ken Newton & Sonja Zmerli, *Three Forms of Trust and Their Association*, Eur. Pol. Sci. Review 3, p. 169-171(2011).

〔3〕 See J. David Lewis & Andrew J. Weigert, *Social Atomism, Holism, and Trust*, Social Q 26, p. 455-462(1985); Patricia M. Doney et al., *Understanding the Influence of National Culture on the Development of Trust*, Acad. Mgmt. Review 23, p. 601-603(1998).

〔4〕 See Georg Simmel, *The Philosophy of Money*, trans. by Tom Bottomore & David Frisby, Oxford, Routledge, 1978, p. 379.

〔5〕 See Niklas Luhmann, *Trust and Power*, Polity Publisher, 1979, p. 4.

〔6〕 See Aaron T. Beck & Brad A. Alford, *Depression: Causes and Treatment*, 2nd edition, University of Pennsylvania Press, 2009, p. 292-324; Talcott Parsons, *Action Theory and the Human Condition*, Free Press, 1978, p. 45-47.

任充其量是暗流。本书的第二部分阐述了这种隐私、共享和信任关系。

"隐私即信任"是第 4 章和第 5 章的主题。信任的前提是在信任定义的场景中,披露的信息应受到法律私密性的保护。"隐私即信任"方法并非以统一的、先验的隐私定义适用于所有情况。[1] 但是"隐私即信任"确实为我们提供了一种理解私自披露信息的情境如何随着场景的变化而变化,以及为什么某些特定使用数据的方式对我们造成侵害和不公平的打击。基于信任关系考虑信息隐私意味着以下几点:将隐私视为可以通过减轻披露中固有的风险和平衡共享者与受众之间的权力来促进披露的事物;查看公开的背景以确定公共信息和私人信息之间的差异;既要考虑披露时的规范,又要考虑对未来预期有影响的任何背景;询问如何使用法律加强双方之间的信任关系,并平衡共享带来的权力失衡。这样做将对社会具有重大价值。

第 4 章还提供了一些证据,表明"隐私即信任"反映了我们在实践中如何操作隐私和披露决定。本书总结了对脸书用户的实证研究,表明信任是用户决定在平台上共享个人信息的关键因素。而且,正如学者所表明的那样,许多拥有强大隐私领导权的公司都将其隐私义务视为保护和促进公司与客户之间信任的方式。[2] 因此,如果信任定义了我们对隐私的基本理解,也许法律和隐私理论也应该跟上。

第三部分:"隐私即信任"的应用

本书的其余部分考虑了如果将"隐私即信任"应用于若干正在进行的隐私和信息法争议中,那么信息隐私法将是什么样子。本部分共分为五章,每章都使用案例研究来说明"隐私即信任"法律制度与现状相比有何不同。在每种情况下,一定数量的披露都存在导致脆弱性和权力丧失的风险。"隐私即信任"恢复了最初保护这些披露的信任规范。

---

〔1〕 隐私法学者丹尼尔·索洛夫(Daniel Solove)已经就这些警告了我们:由于无望的普遍性和隐私的情境性,它们将不可避免地失败。See Daniel J. Solove, *Understanding Privacy*, Harvard University Press, 2008.

〔2〕 See Kenneth A. Bamberger & Deirdre K. Mulligan, *Privacy on the Ground*, The MIT Press, 2015.

第 6 章从宏观层面,讨论了网络平台的义务和责任。当前的制度要求数据收集者只是向我们提供有关他们收集哪些信息数据以及收集后如何处理这些信息的通知,该机制是基于第 2 章的讨论,即隐私与选择的自由有关,可以自主决定何时以及如何披露个人信息。但是,正如许多学者所论证的那样,这种“通知和选择”(notice-and-choice)的方法具有无法令人满意的缺陷和不足。它给用户作出披露决定时几乎没有帮助,并且当互联网公司以非期望性的和非侵入性的方式使用我们的数据时,它提供的保护甚至更少。在网络平台使用人工智能(AI)或复杂算法来了解我们,预测我们希望看到的事物以及调整我们的在线体验的情况下,这尤其成为问题。围绕信任原则对隐私法进行重新定义将解决这些问题,能为数据收集者承担某些忠实的信托责任提供必要的理论依据。正如法律学者杰克·巴尔金(Jack Balkin)、乔纳森·齐特雷恩(Jonathan Zittrain)以及其他学者所指出的那样,这将保护我们免受那些诱导我们、获取我们的信任和数据并损害我们自身利益的互联网平台的侵害。

第 7 章从宏观到微观,将“隐私即信任”应用于在有限情况下广泛传播的先前已披露信息的案例。这些案件适用当前的隐私侵权行为,包括对隐匿事实的隐瞒和公开披露,这要求法官确定公共和私人信息之间的差异。但是,当法官像当今许多人一样将隐私定义为“保密”的代名词时,隐私入侵的受害者就被冷落了。像其他社会隐私理论一样,“隐私即信任”认识到隐私存在于信息披露之后,并为法官提供了清晰易用的思路以作出更为细微的决策。

第 8 章认为“隐私即信任”迫使我们对隐私危害进行不同的思考。当前,大多数学者和法官都将侵犯隐私视为对个人的攻击。“隐私即信任”则认识到,因为信任是促进和调节信息流的要素,所以信息隐私权的损害就是对社会互动规范的损害。这为保护个人隐私开辟了一条新途径:强大的违反保密性的侵权行为。传统意义上,在美国法律中被边缘化的侵权行为非常适合保护先前披露的信息隐私,本章则着眼于“(非自愿色情)网络骚扰”

(nonconsensual pornography)或所谓的“复仇色情”(revenge porn)作为说明性案例研究。

第9章认为“隐私即信任”作为更广泛的信息流理论来使用可以超越隐私的范围。本章以专利法的公共使用条款案例研究为例,它可以保护发明人在申请前一年以上与公众共享发明的情况下获得专利。今天,法官运用第1章和第2章中讨论的某些基于权利的原则来定义公共用途栏中的“公共”。这使富有的公司发明人特权化,是有害的,因为它忽略了个体企业家之间信息流的独特社会决定因素。“隐私即信任”不仅解决了这种不平衡,而且还提供了一种清晰、可操作且公平的方式来区分公共的或私人的发明。

最后,第10章讨论了社交机器人。社交机器人(如索尼的Aibo狗或Kaspar,这是由赫特福德郡大学设计的具有类人品质的机器,可以帮助孤独症儿童学习如何对他人作出反应)是一种在社会层面上与人类互动的机器。他们提出了特殊的法律挑战,而传统对隐私的定义是无法理解的。社交机器人既奇妙又阴险,其危险与收益直接相关:在帮助我们满足人类基本的同伴关系、友谊和情感联系方面的需求时,它们分散了我们的注意力,分散了大量个人数据。另外,作为具有人性化倾向的机器,它们比理性机器引起更多的情感反应。这使我们变得脆弱,尤其是在传统的隐私世界中,仅将技术产品的使用视为同意进行数据收集。“隐私即信任”说明了社交机器人的危害,我们是准备好信任它们,因此渴望分享并提出在此过程中保护自己的方法。

最后,本书总结了自己的观点并提出了未来研究的方向。“隐私即信任”并不是要让更多信息保密或让更多信息公开。将隐私视为基于信任的社会规范可以帮助个人保护自己免受隐私侵害,它还可以在需要时促进披露。它促进了经济和社会的生产关系,建立了强大的信任规范,可以使我们彼此之间以及与负责我们数据的技术公司之间保持更紧密的联系。如果我们知道我们使用的网站尊重基于信任的披露期望,那么我们可能会乐于分享更多信息以增强我们的在线体验。我们需要一种对我们有用的新的隐私保护方式,而不仅仅是对数据收集者有效。这本书为这种思想的传播提供了机会。

第一部分:"隐私"意味着什么?

互联网公司之间的披露会造成权力失衡,共享者因披露信息而变得容易受到来自获得信息方的攻击。信息隐私学说必须缓解该易受攻击性,如果没有缓解,则共享会因此而停止。一个不分享秘密的社会根本不能称为是一个社会。

发展该学说首先要确定"私有"(private)一词的含义,这是一项必不可少的任务。通常,我们对隐私的思考方式有助于确定何时可以利用法律保护隐私。自1890年以来,当塞缪尔·沃伦(Samuel Warren)和未来的最高法院法官路易斯·布兰代斯(Louis Brandeis)在《哈佛法律评论》(*Harvard Law Review*)上发表了一篇如今已广为人知的文章时,学者们就一直在试图构想和构筑合法的隐私权,而且怎么夸大他们论文的影响力都不足为过。这篇论文是有史以来最常被引用的法律评论文章,它引发了律师、社会科学家和政策制定者之间充满活力且仍在进行的辩论,涉及隐私意味着什么以及法律如何保护隐私。

隐私学者可能对隐私的概念有不同的理解,但是它们之间的差异掩盖了基于权利假设的广泛共识。这些假设正使现代环境中的隐私面临风险,因为它们不足以应对披露中固有的权力动态。本书在第1章和第2章的写作目标是双重的。首先,本书将梳理一些关于隐私的传统定义,并表明它们中的许多只是同一主题的不同表述:隐私和社会处于紧张状态,因为隐私是要使个人之间的权利受到剥夺。其次,本书将表明,基于权利主题的反映,这些隐私的概念不能很好地回答许多现代隐私问题。他们带领我们走进了一个不再存在隐私的世界。第 3 章探讨了采取不同方式的几种尝试,在这些方式中,对隐私是从社会性而不是个人的权利来进行理解的。这些向前迈出的步伐将开启我们在下一部分中关于“隐私即信任”的讨论。

第1章　隐私即自由源于何处?

当寻找隐私的定义时,人们很容易将隐私视为一个与其他人不同或分离的私有世界。假定存在公共领域,私有领域是作为与之分离的事物。日记和浴室是典型的例子:我们将它们视为私人空间,因为其他人被拒之门外,被拒绝进入并被排斥在外。隐私因此由围墙、财产界线[1]或"失去的共同经验"(loss of shared experience)[2]来定义。许多传统隐私理论都假设隐私是与他人对立的,所有这些理论都将隐私视为对抗世界的个人权利。正是由于这个原因,传统隐私理论无法充分解决现代隐私问题。根据这些理论,一旦与任何人共享信息,它就不再是私有的。

这种保护隐私的方法是严格的。它还突显了根本的个人主义隐私议程的令人不安的终点。在许多方面,个人的隐私权正在解放。有些人认为有必要实现其他重要的权利和自由,但是走得太远有危险。仅将隐私视为对他人(我与他人或我与世界的对抗)的盾牌,这其实将隐私架空了。面对不断披露的信息,它太容易崩溃。在越来越多的社交世界通过诸如脸书、照片墙(Instagram)和亚马逊(Amazon)之类的共享平台进行沟通的情况下,这种隐私观本身就瓦解了,共享信息者易受伤害,并侵蚀了其应保护的自由。

---

〔1〕 See Orin S. Kerr, *The Fourth Amendment and New Technologies: Constitutional Myths and the Case for Caution*, Michigan Law Review 102, p. 801, p. 809-827(2004)[审查第四修正案的判例,在 Katz v. United States, 389 U. S. 347(1967),第四修正案的保护基本上与不动产法的轮廓相吻合].

〔2〕 Robert S. Laufer and MaxineWolfe, *Privacy as a Concept and a Social Issue: A Multidimensional Developmental Theory*, J. Social Issues Summer, p. 22-23(1977).

隐私作为一项个人权利

保护个人权利对我们来说似乎是第二天性,但并不总是那样。社会和政府的概念应围绕个人组织,这是启蒙运动的产物,对启蒙运动的研究超出了本书的范围,也就是说,本书只想简单谈哲学家约翰·洛克和伊曼纽尔·康德,他们对许多传统的隐私概念和西方法律传统产生了巨大的影响。因为我们将在接下来两章讨论的思想中看到他们的足迹,所以值得花点时间在他们和他们的研究成果上。

英国哲学家约翰·洛克博士在《政府论(下)》(*Second Treatise of Government*)中发展了一种财产理论,该财产理论与理解传统的隐私理论相关。[1] 对于洛克来说,人类始于一种完全自由的状态。[2] 只要我们不干涉或侵犯他人的权利,我们就可以自由地生活。除了自由之外,上帝还赋予了我们理性的力量,赋予我们利用土地的能力以及对我们自己、我们的双手和我们的劳动成果的有限所有权。[3] 虽然我们从处于完全平等的状态和土地属于共有财产的状态开始,但是任何人在土地上耕作,以某种方式改变土地,或者像洛克所说的那样,“将他的劳动与他所拥有的东西混合在一起”,从而拥有了土地。[4] 之后我们就有权将其封闭起来,并将其他人拒之门外。

---

〔1〕 See Julie E. Cohen, *Examined Lives: Informational Privacy and the Subject as Object*, Stanfors Law Review 52, p. 1373, p. 1380-1381 (2000). 法律学者玛丽·安妮·弗兰克斯(Mary Anne Franks)在讨论某些人如何理解在线生活与某些人的社会生活有何不同和分离时,还援引洛克。See Mary Anne Franks, *Unwilling Avatars: Idealism and Discrimination in Cyberspace*, Columbia J. Gender & Law 20, p. 224, p. 234-237 (2011).

〔2〕 See John Locke, *Second Treatise of Government*, C. B. Macpherson ed, Hackett Publishing Co., 1960, p. 4.

〔3〕 See John Locke, *Second Treatise of Government*, C. B. Macpherson ed, Hackett Publishing Co., 1960, p. 26-28.

〔4〕 See John Locke, *Second Treatise of Government*, C. B. Macpherson ed, Hackett Publishing Co., 1960, p. 28.

这种关于财产的劳动理论对隐私权有直接的影响。正如洛克所说,如果我们拥有自己的劳动成果,赋予我们拥有土地并排除其他人的权利,这是合理的,那么我们也应该拥有我们的个人信息,并有权控制其个人信息的传播并将其他人排除在外。我们将在下面讨论的几种隐私理论中重复看到这个主题。

洛克并不是影响传统隐私权利学术观点的唯一理论家。德国哲学家康德提供了另一种基于权利的强大隐私保护方法。康德是启蒙运动的主要人物,他的《道德形而上学基础》(*Groundwork of the Metaphysics of Morals*)在洛克的《政府论(下)》发表近100年后出版,并且成为相关理论的基础。[1]

康德在《道德形而上学基础》中对自由进行了论证,这一论点构成了众多学者、律师和决策者对隐私权考虑的基础。康德说,每个人都值得尊重,因为我们有能力成为理性和自主的人。这种理性的能力可以与我们更基本和自然的本能[康德称其为“倾向”(inclinations)]区分开来,从而避免痛苦并寻求幸福或快乐。自由意味着对这些本能的自主,而自主就是根据理性而不是根据自然或社会的压力行事。这似乎是一种思考自由的不寻常方式。对我们许多人来说,自由包括随时随地做我们想做的事情。但是,我们在这个世界上想要做的事情受到我们选择的或明显或不明显的约束,使我们受制于非我的力量。只有当我们超越这些力量、使自己脱离理性的实际限制时,我们才能理性地、合乎道德地、自由地行动。[2]

这种自由愿景的含义之一直接影响了隐私权学者。对于康德来说,人选择理性和道德前进道路能力的核心是“他是谁”。正如康德学者克里斯汀·科尔斯加德(Christine Korsgaard)所指出的那样,“当康德说到理性本质时……他所指的是理性选择的力量,特别是通过理性手段终结和追求它的

---

〔1〕 关于新康德现代自由主义基础的深入讨论超出了本书的范围。对于这部分的讨论,可以参考,例如,John Rawls,*A Theory of Justice*,Harvard University Press,1971;Michael J. Sandel,*Liberalism and the Limits of Justice*,Cambridge University Press,2d edition. 1998。

〔2〕 See Immanuel Kant, *Groundwork of the Metaphysics of Morals*, Mary Gregor ed. & trans, Cambridge,Cambridge University Press,1998.

力量”。[1] 那么,定义我们的是我们选择做理性事情的能力。用迈克尔·桑德尔(Michael Sandel)的话说,康德(和新康德主义)的自我是“理性选择的主权代理人”。[2] 个人自治和选择的至高无上性将在对隐私权的传统理解中一次又一次地被重复。

尽管洛克和康德理论之间存在差异,但他们都是围绕保护个人权利来构建社会的有力理由。考虑到两种哲学在美国法律传统中的普遍性,就隐私而言,传统上已经按照洛克式和康德式理解隐私也就不足为奇了。这些传统的隐私保护方法可以分为两类:一种理论是将隐私视为一项消极权利,或者是不受某物约束的自由。例如,不受来自他人、来自规范约束的自由,或免受公开和监视的自由。另一种理论则将隐私视为一种积极的权利,或将某物视为一种自由,如进行选择的自由,在他人窥探之外提出思想,或实现我们作为人的潜能。[3] 个人是所有这些的中心。但是,由于他们无法解释披露期间正在发挥作用的社会和权力动态,因此他们都无法帮助弥补将隐私置于现代世界风险中的漏洞。

分离、隔离和排斥

隐私通常被理解为一种与众隔离的状态,以及将他人从个人生活的某些方面排斥的状态。尽管这些概念与洛克的财产和个人权利理论非常吻合,但它们在今天却不足以保护隐私。

塞缪尔·沃伦和路易斯·布兰代斯认为,分离是“独处的权利”(the

---

[1] Christine M. Korsgaard, *Creating the Kingdom of Ends*, Cambridge University Press, 1996, p. 124.

[2] See Sandel & Michael J. Sandel, *Liberalism and the Limits of Justice*, 2nd edition, Cambridge University Press, 1998, p. 22.

[3] 在定义这些类别时,我有意识地依靠以赛亚·柏林(Isaiah Berlin)著名的积极自由与消极自由之间的区别。柏林的消极自由是指不受政府干预的权利。所谓积极自由,柏林是指政府支持的平等权利,如投票权、受教育权或医疗权。See Isaiah Berlin, “*Two Concepts of Liberty*”, *Four Essays On Liberty*, Oxford University Press, 1969, p. 118-131. 但是,这种讨论并不依赖于柏林将积极权利批评为“遏制自由”的事实。Isaiah Berlin, “*Two Concepts of Liberty*”, *Four Essays On Liberty*, Oxford University Press, 1969, p. 169. 这仅仅是一种管理分类法,它表明即使看似完全不同的隐私观也仍然属于这两种类别之一。

right to be alone)的一部分,现代技术比以往任何时候都更需要“孤独”(solitude)和“撤离世界”(retreat from the world)。[1] 这种观点在他们思考和撰写隐私权时所处的环境中是很有意义的。

在20世纪90年代后期,美国媒体经历了指数式增长和变化。1850年至1900年,报纸的数量从100种激增至950种,读者人数从近80万增加到了800万以上。[2] 尽管媒体从来不是一个温和的行业,但借助伊士曼·柯达(Eastman Kodak)的新型即拍相机给予的自由,它变得更加轰动和激进。[3] 借助此工具,媒体可以进行侵入式行为(intrusive behavior)以满足日益增长的多样化读者的胃口,读者们日益对上层阶级感到沮丧。为了满足大众对精英文化的兴趣,像《星期六晚报》(*Saturday Evening Gazette*)这样的期刊,专业报道“蓝血”(blue blood)新闻,也因对沃伦政党的详尽报道而臭名昭著。[4] 当时,出版商认为无论是以污秽还是详细描述富人的形式,任何隐私权都与他们揭示真相的民主要求相抵触。[5] 因此,当沃伦和布兰代斯提出“独处的权利”(the right to be alone)时,他们可能已经在对新闻侵入自己和他人生活进行反抗了。[6] 这表明,一个人独处的权利始终意味着与公众窥视分开的权利。

---

〔1〕 See Samuel D. Warren and Louis D. Brandeis, *The Right to Privacy*, Harv. L. Rev 4, p. 193-196 (1890).

〔2〕 See Gini Graham Scott, *Mind Your Own Business: The Battle for Personal Privacy*, Da Capo Press Inc., 1995.

〔3〕 See Frank Luther Mott, *American Journalism: A History of Newspapers in the United States Through 260 Years: 1690 to 1950*, Revised edition, The MacMillan Company, 1950; Robert E. Mensel, *Kodakers Lying in Wait: Amateur Photography and the Right of Privacy in New York*, Am. Q. 43, p. 1885-1915(1991).

〔4〕 See Gini Graham Scott, *Mind Your Own Business: The Battle for Personal Privacy*, Da Capo Press Inc., 1995, p. 46; Neil M. Richards and Daniel J. Solove, *Privacy's Other Path: Recovering the Law of Confidentiality*, Geo. L. J96, p. 123-128(2007). [“两个私人文件表明,像沃伦斯这样的[波士顿]婆罗门(Boston Brahmin)家庭的‘社会隐私’被媒体认为是入侵,促使沃伦在该论文中征募了他的朋友布兰代斯。”]

〔5〕 See Michael Schudson, *Discovering the News*, Basic Books Publisher, 1978; Eugene Volokh, *Unradical: "Freedom of the Press" as the Freedom of All to Use Mass Communication Technology*, Iowa Law Review 97, p. 1275(2012).

〔6〕 这个可能的起源故事暗示了传统隐私概念的一个重要但未被重视的方面,即在精英的波士顿婆罗门社会中出现了个人主义的“不容侵犯的权利”。这对他们来说可能很有意义,但对今天的上层社会阶层的成员来说仍然可能很有意义。但是,边缘化的群体不一定是同一观点的人。See Scott Skinner Thompson, *Outing Privacy*, Nw. Law Review 110, p. 159(2015).

法学家安妮塔·艾伦(Anita Allen)也承认分离在隐私中的中心地位。她通过列举一些与世隔绝的例子来解释她对隐私的一部分看法:“4000平方英尺的房屋坐落在田园郊区成熟的树木中”,“在偏远的度假胜地度假”和“仅花费一个小时与书独处”。[1] 她建议隐私必须包括某种程度的孤独或分居,否则,公众将一直有机会找到我们。专注于法律与政治交叉地带的政治学家戴维·奥布莱恩(David O. Brien)称隐私是“孤独相伴所带来的有限访问的存在条件”,他将隐私称为分离的主题。[2] 哲学家霍华德·怀特(Howard White)和西塞拉·博克(Sissela Bok)类似地分别将隐私描述为“反对世界的权利”[3]和“免受他人不必要访问的条件”[4]。由此看来,与他人的分离似乎至少是有关隐私的法律、政治和哲学概念的一部分。

社会学家也接受这种“被封存的说辞”(the sequestration rhetoric)。一位有影响力的社会理论家爱德华·希尔斯(Edward Shils)曾表示,隐私是指生活在一种“僻静的生活中、一种与社会和国家的繁重负担分离的生活”。[5] 与希尔斯一样,社会学家唐纳德·鲍尔(Donald Ball)将隐私定义为“从事不被观察活动的能力”。[6]

罗伯特·老弗(Robert Laufer)和马可辛·沃尔夫(Maxine Wolfe)是研究隐私概念的年轻人,认为隐私是个人与周围环境的分离过程。[7] 这种分离可能是物理上的(实际上是躲在某个空间中),或者是心理上的(否认温暖、窃窃私语、显示情感距离)。但是在每种情况下,都会创建一个个人区域。文化评论家和历史学家雷蒙德·威廉姆斯(Raymond Williams)将隐私

---

〔1〕 AnitaL. Allen, *Is Privacy Now Possible? A Brief History of an Obsession*, Social Research 68, p. 301 (2001).

〔2〕 See David M. O' Brien, *Privacy, Law, and Public Policy*, Praeger Publishers, 1979, p. 16.

〔3〕 Howard B. White, *The Right to Privacy*, Social Research18, p. 171-172(1951).

〔4〕 Sissela Bok, *Secrets: On the Ethics of Concealment and Revelation*, Vintage, 1989, p. 10-11.

〔5〕 See Edward Shils, *Privacy: Its Constitution and Vicissitudes*, Law & Contemp, p. 281-283(1966).

〔6〕 See Donald W. Ball, *Privacy, Publicity, Deviance and Control*, Pac. Social Review 18, p. 259-260 (1975).

〔7〕 See Robert S. Laufer and Maxine Wolfe, *Privacy as a Concept and aSocial Issue: AMultidimensional Developmental Theory*, J. Social Issues, Summer, p. 22, p. 26-27(1977).

理解为"对他人的隔离和保护自己的最终普遍特权"[1]，隐居和保护的观念必然会产生一种与世界相对的偏见，将个人特权作为私人权利的源头。

这种隐私的呈现也具有明显的空间色彩，使用墙壁和空间的修辞将隐私与分离相提并论。[2] 例如，历史学家约瑟夫·里克韦特(Joseph Rykwert)证明了古希腊人和罗马人的字面意思是：居家的女性房间被认为是私人的(private)，男人的房间则被认为是公共的(public)。[3] 乔治·西梅尔(Georg Simmel)在有关秘密组织的工作中，将这个秘密比喻为隔离墙："他们的秘密像边界一样包围着他们，除了对立物之外，什么也没有。"[4]当社会学家罗伯特·麦克斯韦(Robert Maxwell)想研究前工业化社会的性亲密关系时，他选择研究围墙的构造和材料的渗透性，最终认为社会上更严格的亲密关系会增加隐私的自助性(如建立秘密隔间)。[5] 其他学者也纷纷效仿，杰弗里·罗森(Jeffrey Rosen)谈到隐私是不受公众审查的"屏障"(shield)。[6] 法律学者米尔顿·康维兹(Milton Konvitz)认为，隐私是公众无法进入或控制的"空间范围"(sphere of space)。[7] 还有其他学者认为隐私需要"边界"(boundaries)和自己的"领土"(territory)，将世界上其他地区

---

〔1〕 Raymond Williams, *Keywords: A Vocabulary of Culture and Society*, Fourth Estate Ltd., 1983, p. 243.

〔2〕 See Julie E. Cohen, *Cyberspace as/and Space*, ColumbiaLaw Review 107, p. 210, p. 213-216 (2007).

〔3〕 See Joseph Rykwert, *Privacy in Antiquity*, Social Research 68, p. 29, p. 33-34 (2001).

〔4〕 Georg Simmel, *The Sociology of Secrecy and of Secret Societies*, Am. J. Social 11, p. 441, p. 484 (1906).

〔5〕 See Robert J. Maxwell, *Onstage and Offstage Sex: Exploring an Hypothesis*, Cornell J. Social Rel 1, p. 75, p. 75-82 (1967). 他认为社会上更严格的亲密关系与隐私加强有关，这表明个人使用自助方法来发现隐藏其行为的。这里需要做更多的研究。麦克斯韦认为，某些行为必须隐藏在对性行为和性行为有严格规定的社会中，因为对这些行为的宣传会削弱针对他们的规范。Robert J. Maxwell, *Onstage and Offstage Sex: Exploring an Hypothesis*, Cornell J. Soc. Rel 1, p. 75, p. 75-76 (1967). 但是，他从未考虑过这样一个事实，即对性行为有更严格规范的社会也可能有官方和非官方的执法程序来发现异常行为。

〔6〕 See Jeffrey Rosen, *Out of Context: The Purposes of Privacy*, Social Research 68, p. 209, p. 217 (2001).

〔7〕 See Milton R. Konvitz, *Privacy and the Law: A Philosophical Prelude*, Law & Contemp 31, p. 272, p. 279-280 (1966).

的人“隔离”(insulated)。[1]

社会学家欧文·高夫曼(Erving Goffman)似乎也使用空间比喻赞同“隐私即分开”(privacy-as-separation)的想法。高夫曼将私人场所定义为“只有成员或被邀请者聚集的隔音区域”(soundproof)。[2] 私人区域是被墙壁或门隔离的人与人之间以及不同类型的社会互动之间提供的物理隔离区域。[3] 在《日常生活中的自我呈现》(*The Presentation of Self in Everyday Life*)一书中,高夫曼用戏剧性的扩展来证明个体在不同背景下呈现不同的人物角色。他将发生社交互动表现的前阶段与将个人丢下而表现的后台私人面相分开。后台是一个藏身的地方,当需要私下使用电话或洗手间时使用。它也由于某些障碍而与社交互动隔离开来:隔板、通道或窗帘。因此,后台为社会行为者提供了一个私人空间——家,绿色房间或浴室——从事公众视野之外的活动。[4]

在第3章中还将有更深入的讨论,对高夫曼的这种解释没有留下任何印记,但值得注意的是,各种各样的空间类比如何渗透到我们对隐私的思考中。

基于空间和分隔的隐私理论的法律含义是将其他人排除在该空间之外,并确定谁应该进入的权利。这就是洛克将财产应用于隐私的劳动理论。[5] 许多学者也得出了相同的结论,露丝·加维森(Ruth Gavison)称隐私是他人对我们私人空间的有限访问权。[6] 艾伦·贝茨(Alan P. Bates)将隐私定义为“一个人认为应该将他人排除在某些事物之外”。[7] 拉里·莱西格(Larry Lessig)提倡使用财产权利学说,尤其是在法院和舆论中促进隐

[1] See Arnold Simmel, *Privacy Is Not an Isolated Freedom*, *in Nomos XIII*: *Privacy*, J. Roland Pennock & John W. Chapman eds, 1971, p. 71-72; See Daniel J. Solove, *Conceptualizing Privacy*, California Law Review 90, p. 1131(2002).

[2] Erving Goffman, *Behavior in Public Places*, Free Press, 1963, p. 9.

[3] Erving Goffman, *Relations in Public*, Transaction Publishers, 1971, p. 32-33, p. 38.

[4] See Erving Goffman, *The Presentation of Self in Everyday Life*, Penguin, 1959, p. 107-113.

[5] See John Locke, *Second Treatise of Government*, C. B. Macpherson ed, Hackett Publishing Co., 1960, p. 25-27.

[6] See Ruth Gavison, *Privacy and the Limits of Law*, Yale L. J 89, p. 421, p. 446-447(1980).

[7] Alan P. Bates, *Privacy—A Useful Concept?*, Social Forces42, p. 42(1964).

私保护的排除权利。[1] 相同的原则激发了杰弗里·雷曼(Jeffrey Reiman)的观点,即隐私“赋予我们生存的权利”并允许我们享有自己想法和行为的所有权。[2] 沃伦和布兰代斯甚至都认识到“隐私即分开”(privacy-as-separation)与排除权之间的相关性。他们依靠洛克的个人所有权思想来辩称,我们的“侵犯人格”[3]——我们的尊严形成了充分的个人自治[4]——意味着我们有权将他人从我们的“思想和情感”中排除。[5]

尽管忠实于洛克的个人权利理念,但分离、所有权和排斥对隐私的危害远大于其所带来的帮助。正如丹尼尔·索洛夫(Daniel Solove)所论证的那样,将个人信息视为一种财产权会将隐私贬值为“某些特定个人信息的组合货币价值”[6]。在这种观点下,隐私仅仅是我们在市场上从信息中获得的价值。而且,正如几个法院所解释的那样,该价值实际上为零。例如,在“蓝色喷气航空公司的隐私上诉案”中(In re Jet Blue Airways Corporation Privacy Litigation),联邦法院就以此理由拒绝了针对蓝色喷气飞机的合同索赔。该航空公司已与第三方共享了一些消费者的信息,从而引发了该公司违反其隐私政策中规定义务的诉讼。法院认为,即使假设可以将隐私政策解释为合同,原告也无法确定损害赔偿:“没有人支持乘客对个人信息具有任何价值的主张。”[7]因此,法律无法提供保护。

此外,用于证明和解释这种以财产为基础的隐私概念的空间类比方法已变得普遍和受限制。事实上根据《宪法》(第四修正案),隐私习惯于被用来保护个人不受政府不合理搜查和扣押的自由,这种搜查和扣押行为的成

---

〔1〕 See Lawrence Lessig, *Privacy as Property*, Social Research 69, p. 247(2002).

〔2〕 See Jeffrey H. Reiman, *Privacy, Intimacy and Personhood, in Philosophical Dimensions of Privacy*, Ferdinand David Schoeman ed, Blackwell Publishing, 1984, p. 300, p. 309-314.

〔3〕 Samuel D. Warren and Louis D. Brandeis, *The Right to Privacy*, Harvard Law Review 4, p. 193 (1890).

〔4〕 See Edward J. Bloustein, *Privacy as an Aspect of Human Dignity: An Answer to Dean Prosser*, N. Y. U. Law. Review 39, 1964, p. 962, p. 970.

〔5〕 See Samuel D. Warren and Louis D. Brandeis, *The Right to Privacy*, Harvard Law Review 4, p. 193 (1890).

〔6〕 See Daniel J. Solove, *The Digital Person*, New York University Press, 2004, p. 88-90.

〔7〕 See In re Jet Blue Airways Corp. Privacy Litig., 379 F. Supp. 2d 299, 327(E. D. N. Y. 2005).

立取决于是否对私人场所进行物理性入侵。例如，在奥尔姆斯特德诉美国案(Olmstead v. United States)中，最高法院驳回了基于第四修正案引发的对无经授权窃听的诉讼，因为摄像头安装在室外的电话线上且不需要进入犯罪嫌疑人的家中，因此无法构成搜查："这里不存在第四修正案中规定的搜查，更没有扣押。证据仅是通过听觉来获得的，并没有进入被告的家中和办公区域。"〔1〕尽管奥尔姆斯特德案最终被推翻了，但法律学者奥林·科尔(Orin S. Kerr)却指出，推动奥尔姆斯特德决定的私人空间和财产理论仍然贯穿第四修正案的判例中。〔2〕

这个问题在网络空间更加明显。互联网数十年来一直受到空间类比的影响。朱莉·科恩(Julie Cohen)进行了许多将网络空间视为一个单独空间的尝试，却由于我们的物理体验和在线体验之间的现象学联系而失败。〔3〕但是法律仍然倾向于将虚拟世界视为一个不同的、独立的空间，与我们的物理空间相分离。正如玛丽·安妮·弗兰克斯(Mary Anne Franks)所发现的那样，许多法官、陪审团和决策者都将在线仇恨和骚扰降至最低，因为他们发现在线犯罪与现实世界中的类似行为相比，其真实性和法律保护价值较低。〔4〕在线攻击只是语言性的，通过关闭推特(Twitter)账户或关闭计算机很容易将其静音。因此，网络跟踪不是像真正的跟踪那样严重，而网络骚扰也不是像真正的骚扰一样严重，因为它们不会造成实际的人身伤害。这种

---

〔1〕当然，布兰代斯大法官不同意这一观点，他辩称，他和塞缪尔·沃伦几十年前讨论过的"不受打扰的权利"意味着，要构成侵犯隐私的侵犯行为，并不需要实体侵犯。"修正案保障的保护范围要广得多。我们宪法的制定者承诺确保有利于追求幸福的条件。他们认识到人的精神本质、感情和智慧的重要性。他们知道，生活中只有一部分痛苦、快乐和满足可以在物质方面找到。他们试图在信仰、思想、情感和感觉上保护美国人。与政府相比，他们授予了不受打扰的权利——这是文明人最全面、最珍视的权利。" Olmstead v. United States, 277 U.S. 438, 464 (1928); Katz v. United States, 389 U.S. 507 (1967). at 478 (Brandeis, J.)。

〔2〕See Orin S. Kerr, *The Fourth Amendment and New Technologies: Constitutional Myths and the Case for Caution*, Michigan Law Review 102, p. 801, p. 809-827 (2004); California v. Greenwood, 486 U.S. 35, 40-41 (1988).（当垃圾被放置在一个公认的私人空间之外时，这被发现是没有隐私兴趣的：毕竟，如果我们"存放……垃圾"在特别适合公众检查的区域……公共消费，为了让陌生人使用它的明确目的，"我们不能合理地期望在被丢弃的垃圾中保持隐私"。）

〔3〕See Julie E. Cohen, *Cyberspace as/and Space*, Columbia Law Review107, p. 210, p. 213-226 (2007).

〔4〕See Mary Anne Franks, *Unwilling Avatars: Idealism and Discrimination in Cyberspace*, Columbia J. Gender & Law 20, p. 226, p. 234-237 (2011).

观点当然是错误的,但是这种观点的影响一直存在。空间类比可能会对在线隐私产生较小的影响。基于空间的隐私权以及这些空间的神圣性,世界上的律师和法官都将空间视为无空间,或者至少认为由我们的身体经验法则所管理的空间是没有意义的。[1]

更广泛地讲,将隐私视为与他人分离或分离物理空间具有逻辑限制。这将使公共场所的隐私变得不可能。更重要的是,它仅告诉我们存在私人场所和公共场所的事实,但是,它不能描述使公共场所成为公共场所和使私人场所变为私有的原因。当然,这是我们真正需要知道的。

亲密、保密和偏差

一些隐私学者通过寻找什么是私人的,而不是他们在什么地方是保密的,以此避免基于分离、排斥和财产的隐私理论的局限性。诸如秘密之类的私人物品可以随处可见并保留其私人性质。这种方式的隐私概念也有一些直观的意识:我们倾向于条件反射式地认为关于某些主题的信息(如我们的性、医疗状况和财务状况)属于私人。但是,尽管"隐私即亲密"和"隐私即保密"理论保留了洛克式的个人权利推定,并在判例法中得到了体现,但它过于狭隘地限制了隐私,并且常常受到有关基础信息的规范性判断的负担。因此,私密性并不能帮助我们保护先前披露的信息。

许多隐私理论隐晦地包含了亲密性的概念,即使它们与分离和排斥理论重叠。例如,为了解释公共和私人之间的区别,霍华德·怀特提供了他希望我们都可以涉足的侵犯隐私的示例:一名军官问学员是否是同性恋;熟人问朋友为什么只有一个小孩;其他非浪漫关系中的伴侣询问性生活。[2] 罗伯特·格斯坦(Robert Gerstein)和杰弗里·罗森都认为亲密关系需要隐私

[1] See Katrin Schatz Byford, *Privacy in Cyberspace: Constructing a Model of Privacy for the Electronic Communications Environment*, Rutgers Computer & Tech. L. J24, p. 40(1998), See Erving Goffman, *Relations in Public*, Transaction Publishers, 1971, p. 1131-1132.

[2] See Howard B. White, *The Right to Privacy*, Social Research 18, p. 180-181(1951).

才能发挥作用和蓬勃发展。[1] 尽管他们都得出结论，认为隐私确实是关于控制个人信息，比如让·科恩（Jean Cohen）和朱莉·英尼斯（Julie Inness）将他们的想法与亲密联系在一起。对于科恩来说，隐私可能与选择有关，但是选择与"是否，何时以及与谁讨论亲密问题有关"。[2] 对于英尼斯来说，隐私是"……对……拥有控制权的状态"。"亲密的境界，由她对自己亲密接触的决定……以及她对自己的亲密行为决定。"[3]在这些愿景下，亲密感或源于个人喜好的任何事物，[4]是隐私权的通常标准。[5]

其他学者则走得更远。斯科特·斯金纳·汤普森（Scott Skinner Thompson）在隐私和同性恋社区方面所做的工作已将对私密信息的保护（如性取向、性别认同和HIV感染状况的核心识别特征）确定为信息隐私的"具体价值"之一。[6] 汤普森认为，在这种情况下，个人会仅因同性恋隐私而被开除，必须保护少数群体免受因公开个人私密资料引起的歧视。以这种方式建构隐私，使原本模棱两可的信息隐私这一宪法权利变得重要且具体，从而可以避免法官在一开始不愿意承认这一权利的陷阱。[7]

正如丹尼尔·索洛夫所言，"隐私即亲密关系"的另一个优点是，该概念已经反映在联邦隐私法规和最高法院判例中数十年了。例如，《家庭教育权利和隐私权法案》（Family Educational Rights and Privacy Act）保护有关学生的信息，[8]《金融隐私权法案》（Right to Financial Privacy Act）保护金融资产，[9]《视频保护隐私权法案》（Video Protection Privacy Act）保护我们的视

---

〔1〕 See Edward J. Bloustein, *Privacy as an Aspect of Human Dignity: An Answer to Dean Prosser*, N. Y. U. L. Review 39, p. 962, p. 970 (1964); Jeffrey Rosen, *The Unwanted Gaze: The Destruction of Privacy in America*, Vintage Books, 2000, p. 8.

〔2〕 See Jean L. Cohen, *The Necessity of Privacy*, Social Research 68, p. 318-319 (2001).

〔3〕 Julie C. Inness, *Privacy, Intimacy, and Isolation*, Oxford University Press, 1992, p. 52.

〔4〕 See DanielJ. Solove, *Conceptualizing Privacy*, California. Law Review 90, p. 1121-1122 (2002).

〔5〕 See Tom Gerety, *Redefining Privacy*, HarvardC. R. -C. L. Law Review 12, p. 233, p. 263 (1977).

〔6〕 See Scott Skinner-Thompson, *Outing Privacy*, Nw. Law Review 110, p. 159, p, 162 (2015)（认为在宪法信息隐私环境中，应将亲密信息放在首位）.

〔7〕 See Scott Skinner-Thompson *Outing Privacy*, Nw. Law Review 110, p. 175-189 (2015).

〔8〕 20 U. S. C. § 1232g(b)(1)(2012)（"在任何适用的计划下，任何政策或惯例允许发布其中包含的教育记录或个人身份信息的教育机构，都不得向其提供任何资金"）.

〔9〕 See 12 U. S. C. § § 3402-3403 (2012)（"除本章规定外，任何金融机构或金融机构职员，金融机构的代理人均不得向任何政府机构提供任何客户的财务记录的访问权或副本或其中包含的信息"）.

频租借历史，[1]而《健康保险可移植性和责任法案》(Health Insurance Portability and Accountability Act)则保护了我们的一些健康数据。[2]

有关未成年人、财务状况和健康的数据通常被认为是高度个人化的。此外，像格里斯沃尔德诉康涅狄格州案(Griswold v. Connecticut)、罗伊诉韦德案(Roe v. Wade)、劳伦斯诉德克萨斯州案(Lawrence v. Texas)以及最近的奥伯格费尔诉霍奇斯案(Obergefell v. Hodges)这些最高法院审理的案件，反映了法院对保护私密信息的关注。[3] 在 Griswold 案中，道格拉斯法官提出应保护已婚女性避孕的权利，将婚姻的亲密性与隐私权明确联系起来：

> 我们处理[婚姻中]的隐私权……婚姻是一种好或坏，希望持久和亲密到神圣程度的聚合。它是一种促进生活方式的联合而不是原因；生活中的和谐，而不是政治信仰；双边忠诚度，而不是商业或社会项目。但这是一个联合，其宗旨与我们先前作出的任何决定一样重要。[4]

在 Roe 案中，法院基于类似理由作出判决：妇女终止妊娠的决定从根本上来说是一项个人决定，涉及巨大的"意义和个人亲密感"(significance and

---

〔1〕 18 U. S. C. § 2710(b)(1)(2012)("录像带服务提供商故意向任何人披露与任何此类提供者的消费者有关的个人身份信息，这些信息对受难者来说是可信的……"). 这项法律的通过，是对罗伯特·博克(Robert Bork)法官和他的妻子在最终未能通过最高法院确认的听证会上公开宣传录像的历史的反应。参加视频隐私保护法案 Video Privacy Protection Act，电子隐私信息 Electronic Privacy Info. Center，https//epic. org/ privacy/vppa/(最后访问日期：2017 年 2 月 6 日)。

〔2〕 See 42 U. S. C. § § 1320d-6，d9(2012). "明知……(1)使用或致使要使用唯一健康识别码的人；(2)获得个人可识别的健康信息……或(3)向他人披露个人可识别的健康信息的人，应受到惩罚……"

〔3〕 它甚至可以追溯到 1923 年。尽管法院从未提及"隐私"一词，但它在 Meyer v. Nebraska 判决中废除了禁止在小学教授外语的法律，以及 Pierce 诉姊妹协会的判决，该法案废除了一项法律，要求所有儿童上公立学校，并建议父母与子女之间的关系和家庭成员之间存在特殊或亲密的关系。See Meyer v. Nebraska，262 U. S. 390，400-03(1923)；Pierce v. Soc'y of Sisters，268 U. S. 510，534-35(1925). Meyer 案和 Pierce 案都在争论的这两项法律都侵犯了父母抚养子女的过程。See Meyer，262 U. S. at 400-01；Pierce，268 U. S. at 534-35. 在 Lawrence v. Texas 案中 539 U. S. 558，564(2003)，法院将这些案件与隐私法学联系起来。

〔4〕 See Griswold v. Connecticut，381 U. S. 479，484-85(1965).

personal intimacy)。[1] 在Lawrence案中,判决肯尼迪大法官否决了歧视性的反诉,理由是同性恋者应像其他所有人一样,在不受政府干预的情况下自由作出自己的亲密决定:"当性行为在与他人的亲密行为中公开表达时,该行为只能是一种《宪法》允许同性人享有这一选择的权利。"[2]在Obergefell案中,判决保证同性恋者在全国范围内结婚的权利,肯尼迪大法官返回这个主题,并指出"关于避孕,家庭关系,生育和育儿的所有选择均受宪法保护,关于婚姻的决定是最直接的选择。"[3]在所有这些案件中,所涉行为的私密性质(避孕、计划生育、生育、怀孕、性别和婚姻)是核心的问题。

但是尚不清楚什么因素限制了亲密关系。对于法院而言,亲密行为是个人的,也许是性的或家族的。朱莉·英尼斯认为亲密感包含了衷心的情感成分。[4] 对汤姆·杰雷蒂(Tom Gerety)来说,亲密感是对自我的"意识"状态。[5] 很多事情可以是亲密的,且对一个人亲密的东西对另一个人却不一定如此。因此,将隐私限制为各种定义的亲密关系并没有实质的帮助。

许多社会科学家将隐私、亲密关系和秘密保存联系在一起。例如,黛安·沃恩(Diane Vaughan)分别在她的两项研究中指出,"在亲密关系中,我们都是秘密的保有者(secret-keepers)"。秘密既可以通过消除分歧或通过共谋者之间的亲密关系来增进人际关系,也可以通过允许一个伴侣在没有经过公开检查、同意或允许另一个同伴参与的情况下,促成他们的崩溃。[6] 高夫曼认为,这种保密是隐私的重要组成部分。高夫曼写道,如果我们想维持公众角色,"那么(我们)将不得不放弃或隐瞒与公众公开不一致的行动"。从这种观点来看,隐私是隐瞒与在前台表演的公众人物相矛盾 面的能力,这就是后台的真正目的。就像隐私的空间理论所暗示的那样,它不是房间、摊位或僻静的地方。相反,这是我们不希望别人看到的私人、亲密和秘

〔1〕 See Roe v. Wade, 410 U. S. 113, 170(1973)(Stewart, J., concurring).

〔2〕 See Lawrence v. Texas, 539 U. S. at 567.

〔3〕 See Obergefell v. Hodges, 135 S. Ct. 2584, 2599(2015).

〔4〕 Julie C. Inness, *Privacy, Intimacy, and Isolation*, Oxford University Press, 1992, p. 78-80.

〔5〕 Tom Gerety, *Redefining Privacy*, Harvard C. R. -C. L. Law Review12, p. 233, p. 268(1977).

〔6〕 See Diane Vaughan, *Uncoupling: Turning Points in Intimate Relationships*, Vintage, 1986, p. 11-13.

密行为的场所。[1] 例如,在后台,仆人使用名字相互称呼(而非姓氏),工人笑着休息,员工可能一起吃饭并非正式地交谈。在某些情况下,这种文化与空间相关[例如,PBS杰作,经典电视剧《唐顿庄园》(Downton Abbey)]。但这是我们在后台所做的,是我们在其中隐藏的秘密所定义的。

但是,将隐私权作为保守秘密或隐藏亲密细节的一种手段存在三个基本问题。第一个问题是,即使与他人共享秘密,也可以消除其伴随的隐私利益。金·莱恩·谢佩尔(Kim Lane Scheppele)在研究法律对隐私侵权案件的处理方法时承认了这一点:"不是秘密的东西不能被认为是私人的。"[2] 丹尼尔·索洛夫将此称为"保密范例"(secret paradigm),或法官将隐私与严格保密等同起来,并拒绝承认任何人都可以对曾经共享的任何信息期望有隐私的倾向。[3]

保密范式遍及了民法中的隐私。在许多其他案例中,将隐私权和保密性混为一谈,《旧金山纪事报》(San Francisco Chronicle)向世界披露,拯救杰拉尔德·福特(Gerald Ford)免遭暗杀的人奥利弗·西普尔(Oliver Sipple)是同性恋,因为西普尔与他人共享了这些信息。[4] 忽略了西普尔竭尽全力只告诉他亲密的社区中的其他人并保持他的性取向这一事实,直到今天,对于西普尔都是污名化的事实。"保密范例"还允许通用汽车收集有关拉尔夫·纳德(Ralph Nader)的个人信息,作为公司阴谋的一部分,以此来抹黑和骚扰他,就因为他出版了开创性的揭密书籍《任何速度都不安全:美国汽车的设计危险》(*Unsafe at Any Speed:The Designed-In Dangers of the American Aufomobile*),并批判美国汽车业故意无视消费者安全。[5] 而且,法官们仍在将隐私与保密混为一谈,在先前公开的第一个提示中提出了许多隐私权声明。例如,在2011年,一名法官驳回了一个网站的隐私权诉讼,该网站未

---

[1] See Erving Goffman, *The Presentation of Self in Everyday Life*, Penguin, 1959, p. 41, p. 48, p. 114, p. 116.

[2] Kim Lane Scheppele, *Legal Secrets: Equality and Efficiency in the Common Law*, Chicago, University of Chicago Press, 1988, p. 194.

[3] See Daniel J. Solove, *The Digital Person*, New York University Press, 2004, p. 42-43, p. 143.

[4] See Sipple v. Chronicle Publ'g Co., 201 Cal. Rptr. 665, 668-69(Ct. App. 1984).

[5] See Nader v. Gen. Motors Corp., 255 N. E. 2d 765, 770(N. Y. 1970).

经同意就张贴了一名年轻女子的裸照，因为这些照片以前是共享给该女子的男友(现在是前任)的。[1] 记者没有因在四通八达的克利夫兰报纸上发布有关警官心理健康的信息而承担责任，因为四年前，在公务员制度委员会的听证会上曾讨论过警官的心理健康。[2] 限制隐私保密性在数十年前就已成问题，但是今天情况更加危险，几乎每个在线商业的和社交的互动都要求我们向第三方透露个人信息。

将隐私限制为私密的第二个问题是我们倾向于将秘密视为糊涂、尴尬或者使用社会学家的术语"反常"(deviant)。反常行为是违反某些群体规范的行为。[3] 当我们在背负他人看法的同时，也背负他人的秘密，我们会严重限制任何相关的合法隐私权：如果我们的秘密是如此令人不值得信任，社会将很少保护它们。

关于保密和亲密关系的许多社会学文献都演变成这种规范的道德判断。尽管自称没有作出这样的判断，但高夫曼对秘密的、隐藏的行为的看法是负面的。归根结底，到处都是"肮脏的工作"和"不适当的"行为；人们在后台"失误"，转向不良行为；他们嘲笑观众，进行模拟角色扮演，并通过"免费职权范围"取笑；他们贬低别人，大肆撒谎并保守"黑暗"的秘密。在盾牌背后，个人会做"可制裁的"或"非专业的"事情，如护士在隧道内吸烟或青少年在他人视野之外玩耍。[4] 高夫曼还指出了我们在公众视野之外进行的小的错误：

> 做家务时：您可以保持脸部发油、头发呈卷发状……当您坐在厨房柜台上去土豆皮时，可以进行脚踝锻炼和脚部加固，还可以练

---

〔1〕 See Doe v. Peterson, 784 F. Supp. 2d 831, 834-35 (E. D. Mich. 2011). 未经他人同意而发表他人的私密照片或录像被称为未经同意的色情，或更常见的是"复仇色情"。要更深入地讨论复仇色情片以及"以隐私权作为信任"对复仇色情片的影响，请参见下文第 8 章。

〔2〕 See Lentz v. City of Cleveland, No. 1: 04CV0669, 2006 WL 1489379, at * 3-4 (N. D. Ohio May 22, 2006).

〔3〕 See Diane Vaughan, *The Challenger Launch Decision: Risky Technology, Culture, and Deviance at NASA*, University of Chicago Press, 1996, p. 58; Donald W. Ball, *Privacy, Publicity, Deviance and Control*, Pac. Social Review18, p. 259-260 (1975).

〔4〕 See Erving Goffman, *The Presentation of Self in Everyday Life*, Penguin, 1959, p. 107-113.

> 习良好的坐姿。阅读或看电视时:您可以梳头;按摩牙龈;做您的脚踝和手部锻炼以及脚部增强器;做一些胸围和背部锻炼;按摩头皮;使用磨料处理去除多余的头发。[1]

他称这些活动为“逃逸的活动”(fugitive involvements)。实际上,高夫曼在《日常生活中的自我呈现》中七次使用“亵渎”(profane)一词来描述私人领域的活动,呼应了埃米尔·杜尔凯姆(Emile Durkheim)在神圣与亵渎之间的显著区别。[2] 那时的隐私变成隐藏坏事,而不仅是一般的隐藏。在这种观点下,隐私提供的匿名性不仅允许某人做不同的事情,相反,它允许他“行为不端”“错误地呈现”自己做一些在公共领域不适合的“无吸引力的”事情。[3]

高夫曼的主要作品之一,《污名》(*Stigma*)完全涉及负面或不当行为。给出的标题可能听起来像是一个毫无启发性的结论,但是最能说明问题的不仅是污名化的活动和事情,而是暗示私人领域是由耻辱所定义的。污名是“丢脸”、“贬低”和“不受欢迎”。它们是使我们“应受谴责”和“可耻”的“秘密失败”。[4] 这种道德判断也弥漫于法律、哲学和社会科学文献中。对于艾伦·贝茨而言,隐私不仅可以防止披露,还可以防止他人遭受“侮辱和破坏”。[5] 社会学家戴维·迪耶克玛(David Diekema)遵循类似的思路:隐私屏蔽了“不当”行为[6]。理查德·波斯纳(Richard Posner)辩称,隐私保护

---

〔1〕 Erving Goffman, *The Presentation of Self in Everyday Life*, Penguin, 1959, p. 107-113.

〔2〕 杜尔凯姆认为,亵渎是神圣的反面;如果他们触摸到日常生活、每天的肮脏、平凡的生活活动就会破坏神圣的事物:“定义神圣与亵渎之间关系的唯一方法是它们的异质性……这是绝对的。”See Emile Durkheim, *The Elementary Forms of Religious Life*, trans. by Carol Cosman, California, Sage Publications, Inc, 2001, p. 38. 高夫曼可能一直在暗示后台的私人活动,因为如果观众的任何成员看到了表演(亵渎)之外发生的事情,那么表演(神圣)的立面就会被摧毁。要深入讨论杜尔凯姆的神圣与亵渎的区别,请参见玛丽·道格拉斯 Mary Douglas 的著作,尤其是 Mary Douglas, *Purity and Danger: An Analysis of Concepts of Pollution and Taboo*, Psychology Press, 1966, p. 21。

〔3〕 See Erving Goffman, *Behavior in Public Places*, Free Press, 1963, p. 130.

〔4〕 See Erving Goffman, *Behavior in Public Places*, Free Press, 1963, p. 140.

〔5〕 See Alan P. Bates, *Privacy—A Useful Concept?*, Social Forces 42, p. 433 (1964).

〔6〕 See David A. Diekema, *Aloneness and Social Form*, Symbolic Interaction 15, p. 481, p. 487 (1992).

赋予人们隐瞒“合法地抹黑或欺骗事实”的权利。[1]

很难否认我们往往对秘密和亲密关系施加道德上的负担。就许多学者而言,我们保密的事情在最坏的情况下是带有侮辱性的,在最好的情况下是与正常的社会互动不协调的。无论哪种情况,都有一个规范性的判断随着杜尔凯姆亵渎隐私而增加负担。因此,如果私人领域的特征是社会不愿认可的秘密或行为,则不清楚隐私权将如何存在。

将信息隐私视为保守私密信息的第三个问题是,它仅解决了由共享引起的能力不平衡的小部分问题。将隐私视为保护个人免受发布污名化信息的负面、有害或歧视性影响的一种手段,却忽略了与非公开信息的广泛披露有关的非常实际的隐私问题。当我们使用谷歌搜索,浏览网站或加入零售忠诚度计划时,所披露的是不特别亲密的数据——我们是通过鼠标点击而共享,而不是我们的艾滋病感染状况(这类私密信息)。因此,尽管“隐私即亲密关系”为那些希望避免大规模消费蒙上污名的人提供了一定的慰藉,但它并没有改变现代生活中固有的因许多信息披露所引起的权力不对称问题。

自由源头及其批评

将隐私概念化对分离、隐藏秘密或排斥公众的自由具有很多直观意义,甚至“隐私”一词的起源也具有暗示性。在英语中,隐私来自两个拉丁词:“privatus”是指退出公共生活或与他人分离;“privare”指丧失和剥夺。[2]这种对隐私思考的方式也呼应了许多民主传统基于个人权利的政治哲学。由于这些原因,“隐私即分离”“隐私即排他”“隐私即亲密”等理论感觉似乎很正确。但是它几乎没有提供隐私保护。严格遵循空间类比会侵蚀公共场

---

〔1〕 See Richard A. Posner, *An Economic Theory of Privacy*, Regulation May/June, 1978, p. 19, p. 25.

〔2〕 See Raymond Williams, *Keywords: A Vocabulary of Culture and Society*, Fourth Estate Ltd., 1983, p. 242.

所的隐私，使在线隐私难以证明其合理性。将隐私限制为保密有时过于狭窄，有时又过于广泛。

传统的隐私理论不止于此。正如朱莉·科恩所言，我们将隐私概念限制为财产和排斥的概念对隐私和自由都是不公平的，它忽略了以下事实：隐私可以增强个人自由，而自由不仅是对抗社会控制的斗争。[1] 同样，洛克和康德对自由、自我的愿景不仅由他们行使于他人自由的能力来定义，他们还具有理智的能力，能够选择自己的美好生活。隐私也可以用这些术语定义。这就是我们下一章的主题。

---

〔1〕 See Julie E. Cohen, *Examined Lives: Informational Privacy and the Subject as Object*, Stanford Law Review 52, p. 1376(2000).

第 2 章　隐私即自由目的为何?

在上一章中,我们将隐私视为消极权利,或视为不受政府和社会窥探的自由。这种看待隐私的方式将隐私视为与他人分离和排斥他人访问信息的权利,还包括隐藏信息和保密的权利。但是,将隐私作为远离他人的自由的观点,使我们无法进一步缓解披露中固有的漏洞并防止滥用权力。当隐私被理解为分离和排斥的权利时,隐私在我们让他人进入的那一刻就消失了。这消除了当今技术驱动世界中的隐私,在当今世界中,人们不可避免地要披露一定数量的数据,而且通常是强制性的。如果对隐私有任何期望,那它就不应是消极权利。

隐私权的其他几种理论也占据个人权利的一部分,并提出了展望,将隐私视为实现完整、独立和自治的必要条件。这种隐私观反映了自由自主的人的尊严,他们直接依靠洛克式和康德式的自由观。美国最高法院关于隐私的判例也反映了这一点。但是,它对我们几乎没有帮助:这种对隐私的看法要么无望的宽泛,要么无望的狭窄。它使我们离目标越来越远。

个性、独立性和人格

像康德一样,他的形而上学要求对个人进行有尊严的对待,而不是将其作为他人的臣民。一些学者认为,尊重隐私是将个人视为自己最终目标的要素。斯坦利·本恩(Stanley Benn)遵循康德的观点并提出:个人不喜欢被监视,因为这会使他们觉得自己像别人手中的工具,而不是作为“有自己的感觉、目的和抱负,对自己的决定负有道德责任,并且有能力与他人建立互惠关系的”自由个体。[1] 布劳斯坦(Bloustein)补充道,隐私入侵的影响远远超出任何人身侵害或伤害的范围:受到入侵的人“不能称之为人,因为他有较少的人格尊严”,恰恰是因为他的隐私,即他的自由、自我呈现受到威胁。[2] 这种观点既唤起了康德将每个人都视为自身目的的使命,也唤起了洛克对自我所有权的观念以及对脱离自然状态建立政府的解释:(隐私)是个体对自己生命、自由和财产保护的自我意识和作为自由、自主个体应享有的权利。

其中一项权利是保护个性和自由思想,许多学者认为,隐私在使这种独立成为可能的过程中起着至关重要的作用。例如,艾伦·贝茨认为,隐私允许个人在讲话前处理信息,而哲学家马克·阿尔菲诺(Mark Alfino)和兰道夫·梅斯(Randolph Mayes)则认为,一个人需要隐私才能推理其选择。[3] 这些既定义了个人又说明了隐私受到国家或社会的任何干扰都会受损。这种隐私概念的一个紧密推论是,隐私为我们提供了在公众消费之前制定和编辑想法所必需的呼吸空间。露丝·加维森指出,隐私让我们有机会先向有同情心的听众表达不受欢迎的想法,然后,“在发展一段时间之后,我们可能更愿意在公共场合宣布我们的不受欢迎的观点”。[4] 这个想法,朱莉·科恩和尼尔·理查兹(Neil Richards)称为“智力隐私”(intellectual privacy),结合了对个人自主权的兴趣和对私人空间的隐喻。它为我们提供了“探索知识领域”的自由,我们可能不愿意与其他人讨论,包括不受欢迎的想法、过时

---

[1] See Stanley I. Benn, *Privacy, Freedom, and Respectfor Persons*, *inNomos XIII*: *Privacy*, J. Roland Pennock and JohnW. Chapman eds., Atherton Press, 1971, p. 6; DanielJ. Solove, *Conceptualizing Privacy*, California Law Review90, p. 1087, p. 1116-1117(2002).

[2] See Edward J. Bloustein, *Privacy as an Aspect of Human Dignity*: *An Answer to Dean Prosser*, N. Y. U. L. Rev 39, p. 962, p. 973-974(1964).

[3] See Alan P. Bates, *Privacy—A Useful Concept*?, Social Forces 42, p. 429, p. 432(1964); Mark Alfino and G. Randolph Mayes, *Reconstructing the Right to Privacy*, Social Theory & Practice 29, p. 1, p. 8(2003).

[4] Ruth Gavison, *Privacy and the Limits of Law*, Yale Law Journal 89, p. 421, p. 450(1980).

的想法,或更重要的是不完整的想法。因此,这是我们自决权的重要组成部分。[1]

这种隐私和人格理论的主要优点是它的修辞力量及其超越、脱离和亲密关系激发的有限视野的能力。如果隐私对于我们自己是谁至关重要,那么隐私原告不必等待对私人空间的实际侵入。他们也不必证明一条信息既是私人的又是污名化的。因此,它可以解决持续监视和"黑匣子"数据跟踪的无形侵害问题。监视以两种重要方式破坏了我们的隐私,这两种方式都违反了"以人为本的隐私"理论(a privacy-as-personhood theory)。第一,正如哲学家乔治·卡特布(George Kateb)所论证的那样,仅仅被监视就可能构成伤害,因为它贬低了我们作为人的地位。当我们受到监视时,我们被剥夺了自由,因为我们是自由社会中具有自我意识、理性的个体。[2] 斯坦利·本恩解释说,我们开始以崭新的眼光看待自己,通过他人的眼睛破坏、扭曲或挫败我们思考和采取行动的能力。[3] 如果隐私是实现我们充分独立的自我必不可少的个人权利,即使没有特殊伤害,持续监视也对该权利构成直接威胁。

第二,监视和跟踪相区分。杰弗里·罗森指出:"隐私保护我们免受错误定义和错误判断,在这个世界中……信息容易与知识相混淆。"[4]这是当今的一个特殊问题。正如弗兰克·帕斯夸莱(Frank Pasquale)所说,数据收集器、在线平台和技术公司使用"黑匣子"算法来分析他们从我们那里收集的数据,它们的不透明性意味着我们不仅不知道它们如何工作,而且没有机会检查我们的数据并纠正错误,这些算法在很大程度上决定着我们的个人、职业和金融前景。[5] 有时这是相对无害的,例如,谷歌笨拙地向无神论者展示了 Christian Mingle. com 的横幅广告。在其他情况下,这可能是破坏性的

〔1〕 See Neil Richards, *Intellectual Privacy*, Tex. Law Review87, p. 387, p. 387-393(2008); Julie E. Cohen, *DRM and Privacy*, Berkeley Tech. Law Journal 18, p. 575, p. 576-579(2003).

〔2〕 See George Kateb, *On Being Watched and Known*, Socail Research 68, p. 269, p. 274-275(2001).

〔3〕 See Stanley I. Benn, *Privacy, Freedom, and Respectfor Persons, in Nomos XIII: Privacy*, J. Roland Pennock and JohnW. Chapman eds., Atherton Press, 1971, p. 7, p. 26.

〔4〕 Jeffrey Rosen, *The Unwanted Gaze: The Destruction of Privacy in America*, Vintage, 2000, p. 7-9.

〔5〕 See Frank Pasquale, *The Black Box Society*, Harvard University Press, 2015.

和歧视性的。我们知道，至少有一家医疗保健公司在其处方药史中发现抗抑郁药并假设（不正确地）认为她患有严重的神经系统疾病时，拒绝为其提供保险。[1]

“黑匣子”算法还区分边缘群体。谷歌向男性而非女性展示高薪、有名望的工作的广告；[2]在搜索有色人种时，更容易出现带有逮捕记录的广告；[3]图像搜索到的女性“CEO”人数大大低于实际女性人数；[4]搜索自动完成功能发送歧视性消息，就像完成搜索“带有变性”时的搜索结果一样。[5] 当隐私仅限于财产、隔离和保密时，这些并不是对隐私的挑战，当我们将隐私理解为所有人应享有的平等自由时，他们的确侵犯了我们的权利。

而且，这种丰富的人格观念已经体现在最高法院关于隐私和自由的长期判例中。正如丹尼尔·索洛夫所说：“最高法院在其实质性正当程序判决中拥护了人格权理论。”[6]的确，索洛夫指出，该理论早在1891年就已在Union Pacific Railway Co. v. Botsford. 案中有所体现。在这个案件中，法院认为，民事案件的当事方不能被迫接受体检，因为他有权“拥有和控制自己不受任何束缚或干扰”。[7] 后来，法院有机会裁定妇女的选择权时，法院解释了诸如避孕、计划生育、性行为和终止妊娠之类决定的重要性：“自由的核心是定义自己存在、意义、宇宙和人类生命奥秘的权利。但是，这些信仰并不能定义人性的性质，因为这些是形成于国家的强制之下。”[8]对这些信念问题无法定义的权利，我们通常认为私密活动是这些案件的核心。相反，法院的这些决定定义了在民主社会中被尊严地视为一个自治的个体意味着什么。

---

〔1〕 See Chad Terhune, *They Know What's in Your Medicine Cabinet*, Bloomberg (July 23, 2008), www. bloomberg. com/news/articles/200807-22/they-know-whats-in-your-medicine-cabinet.

〔2〕 See Adam Datta. ,*Automated Experiments on Ad Privacy Settings*, Proc. on Privacy Enhancing Technologies 1, p. 92(2015).

〔3〕 See Latanya Sweeney, *Discrimination in Online Ad Delivery*, Comm. ACM56, p. 44(2013).

〔4〕 See Press Release, Jennifer Langston&U. Wash. , *Who's a CEO? Google Image Results Can Shift Gender Biases*(Apr. 9, 2015), www. eurekalert. org/pub_ releases/2015-04/uow-wac040915. php.

〔5〕 See Quentin Hardy & Matt Richtel, *Don' t Ask? Internet Still Tells*, N. Y. Times (Nov. 21, 2012), www. nytimes. com/2012/11/22/technology/in-searchengine-results-a-peek-at-what-we-wonder. html.

〔6〕 DanielJ. Solove, *Conceptualizing Privacy*, California Law Review 90, p. 1087, p. 1117(2002).

〔7〕 Union Pac. Ry. Co. v. Botsford, 141 U. S. 250, 251(1891).

〔8〕 See Planned Parenthood of Se. Pa. v. Casey, 505 U. S. 833, 851(1992).

这种关于隐私的尊严和人格理论激发了学者和法院的最具抒情性和诗意的创作,但它也显得完全无边无际。除了参考无定形的、形而上学的概念外,没有任何一个将隐私主要理解为以尊严对待自由个体的学者,有专门对“尊严”或“人格”作出定义。但是,康德的尊严概念,作为我们所有人共有的一种内在品质,可以用来挑战几乎任何人认为侵犯自由的行为。这样一来,它就有利于专制,同时使其不可能在法院的隐私案件中进行管理。

自主、选择和控制

与所有这些隐私理论并存的是自治和选择的概念:传播信息的选择和控制他人对我们了解的相关权利。从这种角度看,隐私是关于在民主社会中选择自我行动的自由。但是,像其他隐私理论一样,“选择隐私”或“控制隐私”可能威胁的范围太广,给法官提供了没有审判权的途径,使学者们陷入智力混乱,或者实际上损害了个人隐私。

自治和选择对于洛克和康德都是至关重要的,因为他们都同意选择的自由决定了我们是谁。洛克认为国家是个人权利的仆人,因为我们选择联合政府以减轻自然状态的风险。因此,政府可以为我们服务。[1] 对于康德而言,自治和选择是人类超然理性本质的一部分:只有在一个可理解的领域中,真正的自由才有可能实现,而这个领域与将我们当作人类的事物分离开来。[2] 新康德的自由主义在可理解的领域中接受了纯粹理性所体现的自由,并认为自由是选择不受国家干预的个人目的的权利。正如哲学家约翰·罗尔斯(John Rawls)所说:“道德人是一个他选择了目标的主体,他的基本偏好是使他能够构筑一种生活模式的条件,这种生活模式在情况许可时

---

〔1〕 See John Locke, *Second Treatise of Government*, in C. B. Macpherson ed, Indianapolis, Hackett Publishing Co. Inc., 1960, p. 123.

〔2〕 See Immanuel Kant, *Groundwork of the Metaphysics of Morals*, trans. By Mary Gregor, Cambridge, Cambridge Universtiy Press, 1998, p. 71-72.

充分表达了他作为自由和平等的理性存在的本性。”[1]

在对隐私的传统理解中，选择自我很明显会影响他人了解我们的权利。让·科恩认为隐私权是“选择是否、何时和与谁共享信息的权利”。[2] 查尔斯·弗里德（Charles Fried）同意了高夫曼的意见，认为存在不同的朋友群体，因为我们积极选择与亲密朋友共享更多信息，而少与熟人共享。[3] 这种自由的选择使我们有权控制自己的公共知识。因此，正如艾伦·威斯汀（Alan Westin）所说，隐私是“个人、团体或机构要求自己确定何时、如何以及在多大程度上将有关他们的信息传达给他人的主张”。[4] 这就是朱莉·英尼斯的意思，即个人可以“控制亲密领域”，而乔纳森·齐特雷恩则认为是可以控制我们的一般信息。[5] 对于哲学家史蒂夫·马修斯（Steve Matthews）来说，行使隐私是“控制”和“管理”的选择。[6] 在所有这些描述中，共同点是自由选择和控制，这两者都是权利理想的核心。

索洛夫在其引人注目的著作《数字人》（*The Digital Person*）中指出，私人中介机构和政府在收集关于公民的数字档案时遇到的一个突出问题是，个人丧失了对个人信息的控制权。索洛夫认为，收集已经可用或需要开展业务的数据不会损害传统意义上的个人隐私。也就是说，不会通过某些“特定的不法行为者”的行为发生“离散错误”（discrete wrong）。比如说，他向媒体披露了个人信息。相反，问题是结构性的。收集数据时没有足够的控制权，因此索洛夫建议使用新的数据收集架构，以“让人们更多地参与其信息的使用”，即加强控制。他建议从公平信息实践原则（the Fair Information Practices Principles，FIPPs）开始，这是 1973 年美国住房教育和福利部（HEW）提出的一系列建议，主要侧重于确保个人可以控制自己的个人数据。

---

〔1〕 John Rawls, *A Theory of Justice*, Harvard University Press, 1971, p. 561.

〔2〕 Jean L. Cohen, *The Necessity of Privacy*, Social. Research 68, p. 318-319 (2001).

〔3〕 See Charles Fried, *Privacy*, Yale Law Journal 77, 1968, p. 475, p. 484 (1968).

〔4〕 Alan F. Westin, *Privacy and Freedom*, Atheneum Press, 1967, p. 7.

〔5〕 See Julie C. *Inness*, *Privacy*, *Intimacy*, *and Isolation*, Oxford University Press, 1992, p. 56; Jonathan Zittrain, *What the Publisher Can Teach the Patient: Intellectual Property and Privacy in an Era of Trusted Privication*, Stanford Law Review 52, p. 1201, p. 1203 (2000).

〔6〕 See Steve Matthews, *Anonymity and the Social Self*, Am. Phil. Q 47, p. 351 (2010).

该指南包括非秘密记录,个人阅读记录的途径,个人防止其信息以不同方式使用以及更正和修正的方法。[1] 这些建议的核心旨在将对数据的控制权从收集者(中介或政府机构)转移回该信息的来源(个人)。

隐私作为控制的概念可以说产生了更深远的影响,在隐私法上比其他任何理论产生的影响都强。它是美国和欧洲数据隐私声明和选择方法的核心。"选择—通知"(choice-and-notice)是指数据收集者有责任告诉我们,他们收集了什么信息,如何收集信息,出于什么目的以及与谁共享信息(通知),以便我们可以同意或拒绝并选择另一个产品或平台(另一种选择)。[2] 它完全基于以下观点:隐私权是控制我们数据传播的权利。从一开始就是如此,当时,美国住房教育和福利部(HEW)报告建议告知用户数据使用惯例,有机会更正其数据,并同意对其信息进行任何二次使用。[3] 几年后,经济合作与发展组织(OECD)发布了类似的准则。例如,要求数据收集者披露数据收集的目的和范围、任何安全协议以及所有用户权利。[4] 美国于2000年加入世界经济与发展组织颁布的上述准则。联邦贸易委员会(FTC),是美国专门负责联邦监管的机构,为了保护消费者免受不公平和具有欺骗性的商业行为的侵害,敦促国会要求商业网站披露类似的用户数据。[5] 在这样做时,FTC将"通知"确定为最重要的公平信息实践,[6]通知和选择模式(notice-and-choice)已被列为我们与数据收集者之间的基本法

---

[1] See Daniel J. Solove, *The Digital Person*, New York University Press, 2004, p. 42, p. 90, p. 94, p. 102-04; Sec'y's Advisory Comm. on Automated Pers. Data Sys., U. S. Dep't of Health, Educ. &Welfare, *Records, Computers, and the Rights of Citizens*(1973)[以下简称 HEW Report], www. justice. gov/opcl/docs/rec-com-rights. pdf.

[2] See Daniel J. Solove and Woodrow Hartzog, *The FTC and the New Common Law of Privacy*, Column Law Review 114, p. 583, p. 592(2014).

[3] See HEW Report, Steve Matthews, *Anonymity and the Social Self*, Am. Phil. Q 47, p. 41-42(2010).

[4] See Org. for Econ. Co-operation & Dev., *OECD Guidelines on the Protection of Privacy and Transborder Flows of Personal Data* (2001).

[5] See Privacy Online: Fair Information Practices in the Electronic Marketplace: Prepared Statement of the Fed. Trade Comm'n Before the S. Comm. on Commerce, Sci., & Transps. § Ⅲ(1)(May 25, 2000).

[6] See Robert Ellis Smith, *Ben Franklin's Web Site: Privacy and Curiosity from Plymouth Rock to the Internet*, Privacy Journal, 327(2004).

律关系。[1]

通知和选择的核心是用户自主的想法。作为知情同意的学说,[2]通知和选择使我们能够基于所有证据作出合理的披露决策来控制我们的信息。如我们所见,自主权和选择权推动了公平信息实践。这也是比尔·克林顿(Bill Clinton)总统的"全球电子商务框架"(Framework for Global Electronic Commerce)的核心。该框架指出,"数据收集者的信息披露旨在通过授权个人获得有关数据收集和实践的相关知识来模拟隐私问题的市场解决方案。这样的披露将使消费者能够更好地判断可用的隐私级别及其参与意愿"。[3] FTC解释说,通知"对于确保在泄露个人信息之前正确告知消费者至关重要"。[4] 换句话说,"通知和选择"旨在为我们提供控制信息所需的工具。[5]

尽管"隐私作为控制"无处不在,但它仍然存在问题。首先,这种隐私概念可能会破坏自身。选择隐私或控制将所有启示转变为有意识的自愿行为。法院以此推定作为依据,并得出结论认为,个人对第三方的任何披露都可能存在对他人或政府的更广泛披露的风险,从而削弱了先前披露的所有信息中的隐私权。例如,电话用户"自愿将数字信息传递给电话公司……并承担风险",电话公司随后会泄露该信息。[6] 银行存款人没有对免费提供给银行的财务信息中的隐私的合理期望,因为"储户在向他人披露其事务时冒着风险"。[7] 并且该学说已经扩展到了互联网领域。一些联邦法院裁定,因

---

〔1〕 See Daniel J. Solove and Woodrow Hartzog, *The FTC and the New Common Law of Privacy*, Column Law Review 114, p. 592(2014).

〔2〕 See Joel R. Reidenbergetal, *Privacy Harms and the Effectiveness of the Notice and Choice Framework*, A Journal of Law and Policy, p. 517, p. 1485(2015).

〔3〕 HEW Report, Steve Matthews, *Anonymity and the Social Self*, Am. Phil. Q47, p. 41-42(2010); William J. Clinton and Albert Gore, Jr., *A Framework for Global Electronic Commerce*, 1997, p. 17.

〔4〕 Fed. Trade Comm'n, *Privacy Online: A Report to Congress*, 1998, p. 7, www. ftc. gov/sites/default/files/documents/public_events/exploringprivacy-roundtable-series/priv-23a_0. pdf. 值得注意的是,这些相同的康德原则在医学和研究环境中也被赋予了知情同意学说。

〔5〕 See M. Ryan Calo, *Against Notice Skepticism in Privacy (and Elsewhere)*, Notre Dame Law Review 87, p. 1027, p. 1049(2012).

〔6〕 See Smith v. Maryland, 442 U. S. 735, 744(1979).

〔7〕 United States v. Miller, 425 U. S. 435, 443(1976).

为"传递给在线服务提供商以访问互联网的任何信息都是'明知泄露'的",网络服务提供商(ISP)将信息提供给其他人时,可能不会侵犯隐私。[1]

但是,并非所有披露都是自由和自愿的。[2] 如果我们想进入在线生活,我们不仅会直接共享信息(电子商务网站上的信用卡号、社交网络上的个人行为和兴趣以及金融信息)(通过在线银行平台),我们还可以通过持续的行为跟踪来共享访问的网站、使用的搜索字词、光标的移动位置、IP 地址和硬件详细信息。例如,无论我们在哪里上网,脸书都会关注我们。许多网站都有嵌入式的"点赞"(like)按钮,只需单击一下,我们便可以请求"在脸书上为我们点赞"。当我们访问这些页面时,脸书可能会收到大量信息,包括我们在页面上花费的时间、单击的内容以及使用的浏览器和操作系统,等等。[3] 更重要的,自 2012 年以来,脸书甚至从根本没有"点赞"按钮的网站上收集有关我们互联网行为的数据,[4]并且脸书将这些信息引导到以用户为目标的广告中。[5] 在没有互联网的生活中,我们几乎无法控制这些披露。但是,在一个将隐私理解为向他人公开信息的自由选择的世界中,我们承担了他们的责任,消除了以前共享信息中的任何隐私利益。因此,尽管自治和自由选择的理想似乎可以使个人拥有一切披露的权利,但从逻辑上讲,这将导致对个人隐私权的剥夺。

其次,完全不清楚个人对个人信息的控制是否更好。索洛夫的建议是

---

〔1〕 See United States v. Kennedy, 81 F. Supp. 2d 1103, 1110 (D. Kan. 2000); United States v. Hambrick, 55 F. Supp. 2d 504, 508-09 (W. D. Va. 1999).

〔2〕 尽管此讨论主要侧重于在线参与时在信息披露方面缺乏选择,但值得注意的是,有许多针对边缘化人群的州法律强制披露个人信息。例如,州法律要求手术是改变出生证明上的性别的先决条件,迫使跨性别者"超越"自己成为跨性别者,这可能导致真正的伤害。旨在基于原始出生证明中列出的生物性别限制公共浴室使用的所谓浴室法或"从小到小"的法律,也迫使跨性别者自我淘汰。正如斯科特·斯金纳·汤普森所言,这些法律不仅强制披露,而且直接侵犯了信息隐私权。See Scott Skinner-Thompson, *Outing Privacy*, Nw. Law Review 110, p. 159, pp. 191-194 (2015).

〔3〕 TomSimonite, *What Facebook Knows*, MIT Technol Review (June 13, 2012), www.technologyreview.com/s/428150/what-facebook-knows.

〔4〕 TomSimonite, *What Facebook Knows*, MIT Technol Review (June 13, 2012), www.technologyreview.com/s/428150/what-facebook-knows.

〔5〕 See Tom Simonite, *Facebook's Like Buttons Will Soon Track Your Web Browsing to Target Ads*, MIT Technol Review (Sept. 16, 2015), www.techno logyreview.com/s/541351/facebookslike-buttons-will-soon-track-your-webbrowsing-to-target-ads.

致力于让个人更好地控制自己的信息，他也承认了这一点："人们通常会出于购物折扣卡、网站访问甚至免费的目的而提供其个人信息。"[1]索洛夫引用朱莉·科恩的话说，个人无法对每条信息进行适当地控制，因为他们无法理解这些信息总和的价值。[2] 而且，学者们表明，我们无法在有机会行使控制权时作出合理的披露决定。相反，正如亚历山德·罗·阿奎斯蒂（Alessandro Acquisti）、莱斯利·约翰（Leslie John）和乔治·洛文斯坦（George Loewenstein）所发现的那样，披露行为是基于比较判断的：如果我们认为其他人愿意披露，则我们更有可能披露。[3] 其他学者认为这是可以在情感上进行操纵的：对网站的积极情感受网站设计、所请求信息的类型以及隐私政策存在的影响，这与较高的披露意愿相关。[4] 隐私即控制（privacy-as-control）忽略了此类情境的因素：它将所有披露视为对隐私权的替代和破坏。因此，隐私即控制几乎没有实际帮助。

自由的目的及其批评者

在自由民主中，将隐私理解为实现真实自我并选择美好生活的自由具有一定的优势。它丰富了隐私，而不仅是与他人分离，并且认识到隐私可以服务于自由事业，而不是阻碍自由事业。但是，人格和隐私选择理论要么太宽泛要么太狭窄，不足以使隐私公正。而且某些社区，特别是那些仍然受到国家批准的歧视负担的社区，不能一直行使选择权以保持个人信息的私密性。尽管将隐私视为消极权利或积极权利之间存在显著差异，但两种观点

---

〔1〕 See DanielJ. Solove, *Conceptualizing Privacy*, California Law Review 90, p. 1087, p. 1116 - 1117 (2002).

〔2〕 See DanielJ. Solove, *Conceptualizing Privacy*, California Law Review 90, p. 1087, p. 1116 - 1117 (2002). [citing Julie E. Cohen, *Examined Lives: Informational Privacy and the Subject as Object*, Stanford. Law Review52, p. 1373, p. 1397 (2000)].

〔3〕 See Alessandro Acquisti, LeslieK. John & George Loewenstein, *The Impact of Relative Standards on the Propensity to Disclose*, J. Marketing Research 49, p. 160, p. 165, p. 172 (2012).

〔4〕 See Han Li et al., *The Role of Affect and Cognition on Online Consumers' Decisions to Disclose Personal Information to Unfamiliar Online Vendors*, Decision Support Systems 51, p. 434-435 (2011).

都基于相同的假设,即隐私是针对世界的个人权利。这个反馈循环可能可以解释为什么讨论隐私时学者无所不在。他们在主张将隐私作为分离时使用自治(autonomy)的措辞;[1]他们将隐私视为控制信息的传播,但似乎认为披露的信息必然是亲密的;[2]他们谈论人格和选择,[3]最终结果是相同的:隐私法一直侧重于保护个人控制信息传播和与公众分离的权利。表面上听起来是自由的,但它正在导致隐私的丧失。当隐私是关于分离或选择时,披露始终是隐私的模范。而且由于太多现代生活需要披露——从在亚马逊上购买商品到与脸书上的其他人互动甚至到外面走走——这样的隐私愿景在当今世界都不存在。此外,当隐私涉及亲密关系时,即使在收集和使用此类数据会造成实际伤害的情况下,其他人也可以从外部查看关于我们的共享信息。在这种理论下,对于一部分公认的重要需求,隐私可能会继续存在,但是它无法解决由新技术和日益侵入的技术带来的前沿隐私问题。难怪我们认为隐私正在消亡。迄今为止,我们界定隐私的方式正在扩大规模。[4]

---

〔1〕 See JeffreyRosen, *The Unwanted Gaze: The Destruction of Privacy in America*, Vintage, 2000, p. 15-21.

〔2〕 See Jean L. Cohen, *The Necessity of Privacy*, Social Research 68, p. 319(2001).

〔3〕 See DanielJ. Solove, *Conceptualizing Privacy*, Calfornia Law Review 90, p. 1087, p. 1092(2002).

〔4〕 See Woodrow Hartzog, *The Fight to Frame Privacy*, Michigan Law Review 11, p. 1021-1026(2103)(隐私问题的处理方式影响了我们对某些行为是否是入侵的理解).

第3章　隐私的社会理论

传统的隐私保护方法将隐私与社会立于冲突的位置。但是,隐私实际上对于社交互动至关重要。乔治·西姆梅尔(Georg Simmel)在开创性的文章《秘密和秘密社会学》(*The Sociology of Secrecy and of Secret Societies*)中得出结论,隐私是一种"普遍的社会学形式",是通过在某些情况下隐藏某些东西来定义的。我们一直都在这样做,这是普遍的。隐私有助于定义社会关系,这是社会性的:我们从不与所有人共享一切。我们与其他人的关系不同,因为我们与某些人而不是其他所有人共享某些信息。如此理解,隐私使我们能够维持在完全认识的世界中不可能实现的关系。[1] 高夫曼得出了类似的结论。前端和后端都允许以适合这些环境的信息条件进行不同的社交互动。例如,厨房中服务员之间的随意、熟悉的对话看上去与饭厅之间更正式的互动不同。如果服务员以相同的方式向顾客和同事展示自己的身份,这两种情况都不会发生。[2]

西姆梅尔和高夫曼暗示了隐私的社会作用和社会价值。隐私社会理论并没有固执地将个人与他人分开并阻止人与人之间的信息流,而是认识到隐私实际上有着社会功能。隐私还可以通过减少披露中固有的漏洞来实现社交互动。它使信息能够流向某些人,并将其限制于其他人。从这个角度

---

〔1〕 See Georg Simmel, *The Sociology of Secrecy and of Secret Societies*, Am. J. Soc 11, p. 441 – 445 (1906).

〔2〕 See Erving Goffman, *The Presentation of Self in Everyday Life*, Penguin, 1959, p. 107, p. 112.

来看,隐私有助于共享。我们可以与伴侣、丈夫或妻子共享最深的性欲,但不能与熟人、陌生人或父母共享。我们可以以不同的方式与雇主和我们的朋友互动。我们可以将密码保存在安全平台上,但不能与尼日利亚王子共享。因此,隐私是社会结构的基础。[1]

本书吸取了这些教训,以开发出一种社会学上的隐私方法。谈论隐私的社会理论似乎违反直觉。社会事务是"表达集体现实的集体代表"。[2]尽管社会生活涉及聚集的群体,是集体思想的体现,但隐私法的传统重点是个人。隐私的社会理论并不是什么新事物:丹尼尔·索洛夫、米歇尔·福柯、罗伯特·默顿、高夫曼、利尔·斯特拉列维茨(Lior Strahilevitz)、罗伯特·波斯特(Robert Post)和海伦·尼森鲍姆等,都讨论了将隐私概念化为与社会相关的重要组成部分而不是脱离它的方法。但是,尽管他们每个人都认识到隐私仅在情境中才有意义,并且具有超出其对个人好处的社会价值,但这些理论只是有关隐私和社会的更大研究议题的开端。

如果严格从基于权利的角度来考虑隐私,有助于加速现代社会对隐私的侵蚀,那么这些社会方法至少是在利用这些漏洞。但是,迄今为止,大多数有关信息隐私的社会理论都远远不足以重新平衡由披露引起的权力不对称。另外,它们对于实用性仍然过于理论化,几乎没有规范角度,我认为这是一个错失的机会。本书下一部分将介绍隐私即信任,它是解决这些问题的一种尝试。在本章中,我将讨论隐私即信任的基础隐私社会理论,表明尽管它们代表了隐私学领域的重要进步,但它们不足以应对现代世界中广泛披露的不平等权利动态。

---

〔1〕 See Emile' Durkheim, *The Division of Labor in Society*, trans. by W. D. Halls, New York, Simon and Schuster, 1984.

〔2〕 Emile' Durkheim, *The Elementary Forms of Religious Life*, trans. by Carol Cosman, Oxford, Oxford University Press, 2001, p. 11.

隐私的社会价值

丹尼尔·索洛夫的工作成果是传统隐私学与社会隐私理论之间的重要过渡。他的《理解隐私》(Understanding Privacy)描述了第 1 章和第 2 章中讨论的许多理论的不足之处,它以一种全新的方式考虑了隐私,并提出了隐私明显的社会价值。

索洛夫批评传统的隐私概念无法处理任何现代信息问题,[1]包括如何应对政府的持续监视、对我们在线行为的收集和分析以及将这些数据用于有针对性的行为广告。[2] 问题在于,传统的隐私学者一直试图将隐私缩略为一个共同的标准。这种努力注定会失败:任何单一的隐私概念都必须足够笼统才能用于各种情境,但是这种普适性太广泛、模糊和无用。[3] 我们在第 1 章和第 2 章中已经看到了这一点。

他的解决方案很优雅。索洛夫依靠路德维希·维特根斯坦(Ludwig Wittgenstein)和实用主义者,如威廉·詹姆斯(William James)和约翰·杜威(John Dewey)的作品,将隐私理解为"雨伞样的术语(umbrella term),指的是各种各样的相关事物,而不是一个单一的想法"。这避免了普遍性问题,即试图使单个概念足够广泛以捕获每种隐私情况。因为隐私不是一个单一的想法,而是一系列不同的利益集合,所以它可以涵盖不同的情况。索洛夫还表明,这种务实的方法反映了我们实际上如何谈论和思考隐私。我们也在第 2 章中对此进行了讨论。谈论隐私时,学者无处不在,例如,亲密概念与控制权结合在一起;自治的概念与分离和排斥的概念联系在一起。

索洛夫不仅接受这个问题,他认为这是一种更好的隐私保护方式。他拥护一个观点,即隐私将始终是一系列重叠的想法,具体想法因情境而异。

---

〔1〕 See Daniel J. Solove, *Understanding Privacy*, Harvard University Press, 2008, p. 1.

〔2〕 See Daniel J. Solove, *The Digital Person*, New York University Press, 2004.

〔3〕 See Daniel J. Solove, *Understanding Privacy*, Harvard University Press, 2008, p. 46.

因此,索洛夫要求我们使用类比推理来识别特定情况何时属于隐私保护范围:"当与我们以相同方式进行分类的其他事物相似时,应将其归类为涉及'隐私'。"[1]如果我们从下而上(从现实生活中)概念化隐私,那么我们将避免先验理论的普遍性问题,并允许隐私随着价值、文化和技术的变化而发展。[2]

这种理解隐私的方式与第1章和第2章中讨论的理论形成鲜明对比。后者的理论始于一个总体定义,该定义试图解释每种情况下的隐私。索洛夫的隐私观随实地、随情境的不同而变化,使它取决于任何给定情况的社会维度。索洛夫对隐私的价值认识与其他人不同。许多学者认为隐私的价值在于保护个人自主权,以免压制社会和政府的监督,索洛夫则认为社会系于保护个人隐私。索洛夫的观点建立在Dewey的理论之上,后者是已有数百年历史的社会理论家,索洛夫指出,"个人与社会密不可分",而不是与社会处于紧绷的关系。因此,当隐私法保护个人时,是出于共同利益。[3] 索洛夫还建议审理隐私案件的法官应在特定情况下平衡隐私与相对利益,在这样做的同时保护隐私不仅对个人有利,而且对社会有利。[4]

索洛夫认识到将隐私价值限制为个人的不足之处是正确的。当被理解为纯粹的个人权利时,隐私会失去更强大的竞争需求。例如,预防恐怖主义或抓捕罪犯。[5] 当个人隐私受到保护时,社会也会受益。例如,当警察根据可能的原因获得逮捕令时,以及由于政府可以一时兴起将其意志强加给其公民的民主制度导致其无法生存时,当我们对国家安全的监视受到公众的审查时,我们所有人都会变得更好。[6] 米歇尔·福柯也提出了类似的论点。福柯在著名的《圆形监狱》(Panopticon)中认为,全面监视是一种有效的纪律手段,不仅因为它侵犯了个人权利,而且因为它使任何未经批准的社会行为

---

〔1〕 Daniel J. Solove, *Understanding Privacy*, Harvard University Press, 2008, p. 42-46.

〔2〕 See Daniel J. Solove, *Understanding Privacy*, Harvard University Press, 2008, p. 50-65.

〔3〕 See Danielle Keats Citron and Leslie Meltzer Henry, *Visionary Pragmatism and the Value of Privacy in the Twenty-First Century*, Michigan Law Review 108, p. 1107, p. 1112-1113(2010).

〔4〕 See Daniel J. Solove, *Understanding Privacy*, Harvard University Press, 2008, p. 84-88.

〔5〕 See Daniel J. Solove, *Understanding Privacy*, Harvard University Press, 2008, p. 93, p. 99.

〔6〕 See Daniel J. Solove, *Understanding Privacy*, Harvard University Press, 2008, p. 96-98, p. 178-179.

都无法实现。用纪律性命令取代群体互动的社会规范会削弱社会活力，从而损害社会。[1]

认识到隐私的社会价值，代表着我们对隐私认识的巨大进步。索洛夫还使我们从扼杀隐私的先验定义转变为更实际的情境分析方法。但是，索洛夫用一个通用性问题替代了另一个通用性问题。隐私可能因情境而异，但是"家庭相似"方法不能为法官、政策制定者或隐私专业人士提供任何有关如何在这些情境中平衡隐私和竞争需求的准则。索洛夫也不偏离传统的隐私定义。对于索洛夫而言，隐私具有社会价值，特别是因为隐私保护个人的自主权和自由。这也使隐私变得简短。就像我们将看到的那样，隐私也是社会结构的一个元素，它允许与不同的人进行不同类型的社会互动。

隐私作为一种社会形式

社会学家在认识到隐私是互动的社会环境中的一个要素方面发挥了作用。罗伯特·默顿和高夫曼等社会理论家认为，我们同时在社会中扮演着许多不同的角色，而隐私使我们能够以适合这些角色的方式分享、表现和互动。反过来，这又使其他人可以对我们的行为抱有期望，并建立特定社会环境所独有的规范，从而使社会互动得以继续。对于这些理论家来说，隐私并不是脱离社会的一种方式。隐私也不仅是具有社会价值的个人权利。相反，隐私是允许各种社会互动发生的原因。

默顿阐述了隐私的社会价值，认为隐私是社会结构的一部分。默顿对社会结构或一个社会有组织的社会关系集的描述基于以下观点：在社会中扮演着不同的角色，每个角色都需要不同数量的信息共享和不同的交互规范。对于默顿来说，每个人都占有一个"状态"（在社会系统中的位置）和一个"角色"（与该状态相关的行为期望）。但是我们也占据着多种地位，并扮

---

[1] See Michel Foucault, *Discipline and Punish*, trans. by AlanSheridan, New York, Vintage Books, 1977.

演着多种角色。例如,公立学校的老师是学生的老师、其他教职员工的同事、管理人员和学校董事会的雇员、教师协会的成员、父母的伙伴以及公共倡导者。[1] 尽管他定义,在传统的自治术语中,隐私被视为"隔离监视他人的行动和思想",他认识到隐私具有明显的社会功能。它允许公立学校的老师一次将三件事交给不同的听众。[2]

高夫曼迈出了这一步。高夫曼社会学工作的主要重点是公众之间的关系,包括个人如何向他人展示自己,[3]指导社会互动的非语言暗示[4]以及我们在重复话语中使用的策略。[5] 但是他确实有隐私的概念。例如,在《公共场所的行为》(*Behavior in Public Places*)中,高夫曼使用了"公共"一词或其迭代词 100 次。[6] 他提到隐私权 27 次。[7] 他的大部分工作都集中在选择性披露的方式上。[8] 他总结说,个人是"仅仅知道他或认识他的人分布的中心点,所有这些人关于他的信息可能有所不同"。[9] 也就是说,高夫曼会说我们以增强社会期望的方式向他人"展示"自己的不同部分:服务员在顾客面前表现得很专业,但是放下他们的头发——改变姿势,口音,举止和语言——这允许同一个人与两个截然不同的受众进行两种截然不同的社交互动。[10] 但是,正如法律学者朱莉·科恩所指出的那样,高夫曼对隐私的描述并不是要隐藏他人的信息或控制他人对我们的了解。相反,形象管理是要以使持续交互成为可能的方式建立社交空间的参数。[11] 这是隐私的社会作用。

---

[1] See Robert K. Merton, *Social Theory and Social Structure* 423(enlarged ed. 1968).

[2] See Robert K. Merton, *Social Theory and Social Structure* 423(enlarged ed. 1968), p. 429.

[3] See Erving Goffman, *The Presentation of Self in Everyday Life*, Penguin, 1959, p. 107, p. 112.

[4] See Erving Goffman, *Interaction Ritual: Essays in Face-to-Face Behavior*, Routledge, 1967.

[5] See Erving Goffman, *Strategic Interaction*, University of Pennsylvania Press, 1969.

[6] 包括标题在内,"public"的这 100 种用法包括"publicly", See Erving Goffman, *Behavior in Public Places*, Free Press, 1963。

[7] See Erving Goffman, *Behavior in Public Places*, Free Press, 1963, at 4, 9, 10, 53, 66, 69, 86, 87, 113, 117, 128, 135, 155, 160, 165, 167, 173, Ch. 11 n. 7, 200, 209. 这包括"私有"("private"),其迭代,"半私有"和"私有"("semiprivate" and "privacy")。

[8] Julie E. Cohen, *Examined Lives: Informational Privacy and the Subjectas Object*, Stanford Law Review 52, p. 1373, p. 1427(2000).

[9] Erving Goffman, *Stigma*, Touchstone, 1986, p. 72.

[10] See Erving Goffman, *The Presentation of Self in Everyday Life*, Penguin, 1959, p. 75.

[11] See Julie E. Cohen, *Examined Lives: Informational Privacy and the Subjectas Object*, Stanford Law Review 52, p. 1427(2000).

这些参数都有两面性。同时那个分享者参与图像管理实践与前台互动,旁观者和听众成员具有“机智的倾向……采取保护性行动”,以帮助共享者保持其个性。[1] 隐私对他们施加了义务——对邻近的对话给予“机智的注意力”(tactful inattention),从而确保所有参与人员的“有效隐私”(effective privacy)。我们可以将这种机智称为“自由裁量”(discretion),它只是一种了解隐私如何作为社会结构的一部分,可以保护社会互动的规范。这样,隐私具有社会空间的特征,因为它是所有社会互动发生的背景环境的一部分,并且作为社会规范的保护者,具有重要的社会价值。

罗伯特·波斯特(Robert Post)通过对隔离时的侵入侵权行为的分析,更加详尽地阐明了高夫曼的想法。[2] 防止表面上任何形式的“孤立或隔离”入侵的侵权行为,从表面上似乎都可以反映出对隐私的普遍理解是分离和排斥。但是,波斯特认为,侵权行为的目的是“捍卫……文明规则…… 不是建立在人们与社会生活之间的对立上,而是建立在它们之间的相互依存上”。[3]

这正是汉伯格诉伊斯塔曼案(Hamberger v. Eastaman)中发生的情况,在该案中,房客在发现房东在卧室中安装了一个窃听设备后起诉了房东。法院裁定该设备是对隐私的侵犯,法院不必考虑原告实际上是否受到任何形式的侮辱或伤害。相反,法院依据的是更广泛的客观原则,即窃听设备的安装是“对任何具有普遍感性的人都具有冒犯性”的入侵。[4] 或者,使用重述语句的措辞,“对合理的人具有很高的冒犯性”(highly offensive to a reasonable person)。[5] 这使隐私侵权行为在侵权行为中相当独特。成功地对大多数侵权行为提起诉讼,通常需要原告证明被告的根本行为确实造成了特定

---

〔1〕 See Erving Goffman, *The Presentation of Self in Everyday Life*, Penguin, 1959, p. 229.

〔2〕 See Robert C. Post, *The Social Foundations of Privacy: Community and Self in the Common Law Tort*, California Law Review 77, p. 957, p. 959-968 (1989).

〔3〕 RobertC. Post, *The Social Foundations of Privacy: Community and Self in the Common Law Tort*, California Law Review 77, p. 957, p. 959-960 (1989).

〔4〕 See Hamberger v. Eastman, 206 A. 2d 239, 239-42 (N. H. 1964).

〔5〕 See Restatement (Second) of Torts § 652B (Am. Law Inst. 1977).

的伤害或损害。[1] 例如,过失主张要求证明被告在驾驶汽车或操作起重机时的过失引起了一些“可证明的伤害”。[2] 但是,正如 Post 所指出的那样,入侵的侵权行为是不同的:犯罪本身就是行为,而造成的伤害是对社会规范的伤害。这使原告从人身伤害的受害者(在大多数侵权案件中)变成了社会的代表,该代表是由于我们的社会规范而受害的。[3] Post 说,规范是“文明”。根据高夫曼的说法,入侵的侵权行为“将法律的重点不放在……实际伤害上,而是将重点放在对个人的保护上,因为他们充分遵守了相关的尊敬和举止规则”。[4]

这种更丰富的隐私概念为我们提供了更多的合作空间,让人们了解隐私如何在社会中发挥作用并证明保护隐私是合理的。而且,我们开始解决披露所带来的漏洞和功率不对称问题。当我们共享信息的人进一步将其传播给他人时,他们违反了这些准则。但这有点模棱两可。违反了哪些规范?我们如何知道这些规范在给定情境中何时出现?换句话说,既然我们了解了隐私在特定情境中可以促进社会互动,那么我们需要一种方法来更具体地确定什么是隐私,什么不是隐私以及原因。

隐私和信息流

有一种做到这一点的方法,就是我所说的纯关系模型,它是根据个人与

---

〔1〕 对于隐私侵权原告来说,这是一个特别的问题,这些原告的伤害通常是无形的,很少受到金钱的伤害。See Spokeo, Inc. v. Robins, 136 S. Ct. 1540(2016)(要求隐私原告表现出“具体的和特定的”和“实际的或即将发生的,而不是推测性的或假设性的”伤害).

〔2〕 See Robert C. Post, *The Social Foundations of Privacy: Community and Self in the Common Law Tort*, California Law Review 77, p. 964(1989).(“只有在确定您的[侵权]行为实际上造成了明显伤害的情况下,针对您的[侵权行为]法律诉讼才能成功。基本思想是‘不伤害,不犯规’。”)

〔3〕 See Robert C. Post, *The Social Foundations of Privacy: Community and Self in the Common Law Tort*, California Law Review 77, p. 959, p. 965(1989).(侵权行为是为了维护个人利益而不是为了满足社区的要求,是要维护文明规则,即在某些重要方面既构成个人又构成社区,并且“对此的最合理的解释和法律结构是《侵权法重述》授权原告利用侵权行为维护社会人格利益……”)

〔4〕 Robert C. Post, *The Social Foundations of Privacy: Community and Self in the Common Law Tort*, California Law Review 77, p. 963-965(1989).

听众之间的关系(或缺乏关系)来确定隐私的——当像陌生人这样的人知道与某人之间的关系时,这是公开的与我们没有特殊的关系,只有亲密关系才是私人的。关系模型解释了为什么在某些定义的关系中公开的信息(包括受信人和受托人、律师和客户,或医生和患者)仍被视为私人信息。将隐私定义为控制权和访问权的哲学家詹姆斯·雷切尔斯(James Rachels)就是这种模式的支持者。雷切尔斯呼应默顿和高夫曼,认为我们"与不同的人保持不同类型的社会关系"的能力是隐私的中心目标。[1] 对于雷切尔斯来说,这些关系的性质决定了私人和公共共享信息之间的差异。我们共享适合于特定人际关系的条件,而合适的条件则取决于关系本身的社会规范。[2] 雷切尔斯认为,对于我们的雇主和我们的医生而言,知道我们的健康是完全合适的。该信息可能不适合陌生人甚至是熟人。[3]

这种关系模型显然是社会性的:其解释工具——相对社会行为者之间的关系——超越个人。这样,它就不会面临第1章和第2章中讨论的关于自治和基于权利的隐私概念的专制主义和规范性批评。它也可以使我们摆脱丹尼尔·索洛夫所谓的"保密范式"对隐私的侵蚀或隐私权和保密性的结合。[4] 确实,面向关系的方法以与他人(家人、朋友和亲戚)共享信息为前提,并且仍然被视为私人信息。但是,由于以下几个原因,它不能作为对信息隐私的主要理解方法。首先,通过仅关注关系,该模型使信息无关紧要。但是,事实并非如此。个人可能不会倾向于与亲密对象共享令人尴尬或污名化的信息,而与陌生人共享这些信息会感到非常自在,但仍然觉得此信息在某种意义上是私人的。其次,该模型立足于第1章和第2章讨论的许多基于权利的理论所持有的假设,即与陌生人共享的信息永远不可能是私有的。这样,我们仍然没有摆脱"保密范式"的陷阱,因为在纯关系模型下,与一个陌生人共享的任何东西都被视为公开的。

爱德华·特维德克(Edward Tverdek)修改后的关系模型有意识地从雷

---

〔1〕 See James Rachels, *Why Privacy Is Important*, Phil. & Pub. Aff 4, p. 323, p. 326-329(1975).

〔2〕 See James Rachels, *Why Privacy Is Important*, Phil. & Pub. Aff 4, p. 328(1975).

〔3〕 See James Rachels, *Why Privacy Is Important*, Phil. & Pub. Aff4, p. 331(1975).

〔4〕 See Daniel J. Solove, *The Digital Person*, New York University Press, 2004, p. 8, p. 43.

切尔斯离开的地方接手。他提供了另一种方法。[1] 特维德克承认,公私分立会因个人与其他人之间的关系而异,但他也指出并非所有信息都是可替代的。对于特维德克来说,有两种类型的个人信息:一种是会在朋友和亲密人士对我们的看法中产生"基于尊重的利益",另一种是如果陌生人或公众都知道,则会引起"防止实际伤害"。当涉及不同类型的互动伙伴时,就会产生某种兴趣:在亲密关系中更可能产生基于自尊的兴趣,而在陌生人中更可能产生防止实际伤害的兴趣。特维德克认为,这就是为什么我们可能更愿意向与我们最接近的人隐藏被污名化的性幻想,但很少有与网络上的陌生人谈论这种幻想的人。这也是为什么我们可能勉强保护配偶周围的社会安全号码(Social Security numbers),却担心如果陌生人得到他们的帮助会发生什么。[2]

特维德克的分类法有所改进,仅是因为它认识到并非全部信息都是可替代的。但是由于多种原因,它不能准确地概念化信息隐私。第一,他的自尊与实践上的区别并不像他所建议的那样适合一个连续体。许多人可能对自己的社会安全号码不太了解,大多数人甚至会说,如果不是配偶,他们不会在朋友和熟人的周围保密。并且,随着亲密感的下降,基于尊严的利益不会消失,就像牧师或当地政客的儿子或女儿会理解的那样。第二,特维德克的分类法中没有陌生人的位置,这使我们再次受到保密范式的困扰。第三,特维德克模型和雷切尔斯模型都着眼于个别信息,如识别号、污名化的疾病或薪水。正如法学教授弗兰克·帕斯夸莱(Frank Pasquale)所指出的那样,网络世界中的隐私问题已经远远超出了我们对离散数据泄露的关注。相反,任何隐私理论都必须解决有关个人数据的 TB 级数据的汇总、分析和分类。[3] 更多的模拟关系模型使我们无法处理现代信息隐私法中一些最棘手的问题。这些关系模型朝着可管理的隐私社会学理论迈出了一步,它们尝试性地做到了。他们关注关系和社会互动,但没有理会默顿和高夫曼的

---

〔1〕 See Edward Tverdek, *What Makes Information "Public"*?, Pub. Aff. Q22, p. 63 (2008).

〔2〕 See Edward Tverdek, *What Makes Information "Public"*?, Pub. Aff. Q 22, p. 73-75 (2008).

〔3〕 See Frank Pasquale, *The Black Box Society*, Harvard University Press, 2015.

教训，即隐私是一种社会现象，不仅是因为存在其他人，还因为它建立了信息从一方流向另一方的社会环境。雷切尔斯认为关系很重要是正确的。特维德克认识到分享信息的本质这一点是正确的。隐私也是一个信息流问题。

法学教授斯特拉列维茨在《芝加哥大学法律评论》(*University of Chicago Law Review*)的一篇文章中建议，信息在网络内部和网络之间流动，或者具有给定信息在特定人群中发挥作用并转移到特定人群的可能性。广泛的受众，应该确定信息是公开的还是私有的。更具体地说，当信息的性质适合与之共享时，信息有可能逃脱其原始的接收者圈子时，法律应将信息视为公开的，而不再是侵犯隐私权的依据。通过对社交网络理论的不断研究，斯特拉列维茨得出结论，一条信息越"有趣"或异常、令人惊讶、揭示或新颖，它越有可能通过网络进行传播。复杂或汇总信息，即有关一个人的数据总和，在联系紧密的群体之外不太可能被知道，因此很可能要保密。但是，如果将信息披露给包括多个社交网络中的高度联系的、积极参与社会活动的个人的群体，则该信息很可能会在最初的群体之外传播。因此，斯特拉希列维茨认为，如果我们认识的每个人加上我们不认识的几个人，都对我们有所了解，那么信息很可能会通过网络传播到其他网络。那条信息将是公开的。出于同样的原因，如果只是我们的朋友知道一个事实，但"没有任何陌生人"，那么我们可以预期它会保留在预定的接收者手中。社交网络理论可以帮助法官确定最初公开的信息是否有可能成为公开信息，而与随后的任何公开信息无关。如果是这样，它就不能成为侵犯隐私权声明的依据。[1]

这是一个动态而有力的想法。隐私学者丰富了斯特拉列维茨的贡献。它包含了雷切尔斯和特维德克的论点，即关系的性质和所披露信息的类型在确定信息的隐私或公开性方面起着作用。但是，仅使用社交网络理论来确定公共信息和私人信息之间的差异存在三个挑战。第一，应用该理论需要做出一些任意选择，这些选择可能无法反映特定社交网络的现实。对于

---

〔1〕 See Lior Jacob Strahilevitz, *A Social Networks Theory of Privacy*, U. Chicago Law Review 72, p. 919, p. 970-975(2005).

法官而言,不同寻常或丰富的秘密可能在不同人群中相当平凡。隐私的社交网络理论邀请法官将其规范性解释强加于其他可能不同的社交网络上的人。这具有独特的潜力,可以用具有污名化的身份损害边缘化群体,这些人的网络特性对于主流司法机构来说可能是陌生的,斯特拉列维茨没有讨论这个问题。第二,陌生人在微积分中的作用是有问题的。斯特拉列维茨的社交网络理论,即信息的接收者是陌生人(我们没有面对面、离线经验的人)这一事实,可能排除了我们可以保留隐私利益的可能性共享。但是,今天,一些陌生人对我们了解很多,无论这些陌生人是以网站形式还是我们从未在网上遇到的脸书"朋友"的形式出现。第三,社交网络理论可以解释信息的传播方式,但不能解释为什么我们首先共享信息,这是证明在先前共享的信息中保留隐私权合理性的基本难题。

隐私和情境

到目前为止,我们已经看到学者在争论,确定先前披露的信息是否仍然是私人的有几个因素很重要:共享者和她的听众之间的关系、共享信息的性质以及表征披露的社会背景的人际网络。隐私与社会学者海伦·尼森鲍姆认为这几个因素的包容性必定是不足的。他们试图再次将复杂、多方面的隐私概念简化为本质,但这注定会失败。她的隐私作为情境完整性的理论试图通过将隐私和适当的情境规范联系起来学习其他社会隐私理论,而不是将其范围缩小为简单的启发式。与波斯特,默顿和高夫曼一样,尼森鲍姆也认识到隐私已嵌入日常社交生活中。它构成了发生互动的社会结构背景的一部分。与索洛夫一样,尼森鲍姆要求我们从根本上考虑隐私,同时考虑隐私入侵的性质和影响。尼森鲍姆认为,当新的社交互动或新技术改变了传统的信息流时,当这些改变与情境相关的规范不一致时,这些改变就可以视为对隐私的入侵。[1]

在这种理论下,隐私是指"与情境相关的信息规范"[2]。换句话说,鉴于信息的性质,隐私是指适合不同群体了解我们的适当信息以及共享它的情境。继默顿之后,尼森鲍姆认为,人们扮演着不同的角色,并从事这些角色的活动。继高夫曼之后,尼森鲍姆指出,社会规范为这些角色规定了适当的行为,并且这些行为是针对特定目标的。这就是为什么患者愿意与医生分享私密信息(以成功诊断为目标)、向办公室管理员披露他们的信用卡信息(目的是支付他们的自付费用)。如果医生的办公室经理坐在检查室中,或者患者可以阅读其他所有患者的档案,或者有人将所有病历都放在网上供所有人查看,那么就会侵犯隐私。因此,隐私是在情境中确定的,因为多个变量的函数,包括情况的性质或情境;与该情况有关的信息的性质;代理商接收信息的角色;他们与信息主体的关系;受试者以什么条件共享信息,以及进一步传播的条款。[3]

与第 1 章和第 2 章中讨论的先验隐私定义不同,由这些因素产生的情境信息规范不是静态的。它们会随着时间的推移而发展,特别是随着新技术改变信息流实践时,这使理论变得灵活和适应性强。

"隐私作为情境的完整性"理论也有助于解释对信息流规范的某些破坏在道德上是有问题的还是没问题的。信息流情境具有特定的目的和价值。因此,理想规范是促进这些环境的目的和价值的规范。一个简单的例子可以说明这些观点:我们出于各种原因限制获得 HIV 的检测结果,比如与 HIV 相关的耻辱感、工作歧视、人身自由和其他价值观而造成的尴尬。但是,为了制定良好的公共卫生政策,社会还希望鼓励个人进行测试。挑战这些目标的 HIV 检测结果流程的任何变化都将使我们感到具有侵略性、不道德性,而且由于缺乏更好的说法而令人毛骨悚然。[4]

---

〔1〕 See Helen Nissenbaum, *Privacy in Context*, Stanford Law Books, 2010, p. 2.

〔2〕 See Helen Nissenbaum, *Privacy in Context*, Stanford Law Books, 2010, p. 129.

〔3〕 Helen Nissenbaum, "*Privacy as Contextual Integrity*", Wash. Law Review 79, p. 119, p. 155(2004).

〔4〕 See Solon Barocas & Helen Nissenbaum, *Big Data's End Run Around Anonymity and Consent*, *in Privacy, Big Data, and the Public Good*, Cambridge University Press, 2014, p. 44, p. 47.

作为信息隐私的主导理论,情境完整性为第 1 章和第 2 章中讨论的基于权利的理论增加了很多内容。它还吸取了上述社会理论的教训。尼森鲍姆的工作保留了社会理论的核心假设——隐私必须说明社会行为者之间的信息交换——并避免对关系类别的任何问题的依赖,这些依赖可能会任意限制我们的隐私利益。

尽管尼森鲍姆将社会理论带入我们对隐私理解的最新、最深刻的尝试,但该理论是模棱两可的,对于一线的法官和隐私专业人士而言,过于复杂。在试图从狭隘的方法中拯救隐私的社会理论时,隐私作为情境完整性在另一个方向上走得太远了。它缺乏可管理的启发式方法,无法使法官确定哪种类型的情境反映适当或不适当的信息流规范。就像高夫曼和默顿的观点一样,这也不是尼森鲍姆的目标。

我们已经去过的地方和将要去的地方

这是我们的目标之一。自沃伦和布兰代斯提出一项独处的权利以来,[1]隐私权学者不断研究。我们学习着定义了先验的、基于权利基础的隐私理论,但是或者太宽,或者太窄。隐私社会理论家告诉我们,最好将隐私理解为日常社会实践的一部分,该实践允许社会互动在情境中发生。因此,我们的隐私权概念必须具有背景性、灵活性和适应性,这是我们作出披露决定的前提。

隐私学者需要一种理解信息披露环境的方式,因此我们可以制定可管理的法律规则来确定隐私权案件。我们还需要一种讨论和思考信息隐私的方式,以便现实的隐私专业人员可以更好地理解其义务,实施隐私协议并保护个人隐私。在当今世界,共享信息是现代生活中必不可少的一部分,我们应该采用一种能够反映我们实际社会行为并且不会让我们在共享提示下暴

〔1〕 See Samuel D. Warren & Louis D. Brandeis, *The Right to Privacy*, Harvard Law Review 4, p. 193, p. 205(1890).

露于侵蚀之下的隐私保护方法。而且我们对隐私的愿景必须首先解决因共享信息而导致的漏洞和权力不平衡。这是信任(要扮演)的角色,也是本书其余部分的主题。

第二部分：隐私、共享和信任

本书认为，我们在信息隐私方面的丰富经验是和信任这一概念紧密相关的。因为信任规范可以缓解与他人共享信息时固有的脆弱性(vulnerabilities)和权力失衡(power imbalances)，我们更倾向于在基于信任的环境中共享信息。因此，本书认为信息隐私法的重点应该转向支持那些关于信任的规范，并强调对有权力的人(信息持有者，information holders)破坏没有权力的人(信息共享者，information shares)的信任关系时予以修复。本书的这一部分将详细讨论该论点。

第4章 信任与分享

信任遍布隐私的所有领域。当首席隐私官(chief privacy officers,CPO)谈论隐私时,他们谈论的实际是获得用户信任。[1] 一位 CPO 报告说,"正确处理公司和员工、和客户、和社会上与我们有关联的任何团体之间的关系,事实上是维护我们之间的信任关系,这也是我们一直以来追求的最终目标"。[2] 此外,在《哈佛商业评论》(*Harvard Business Review*)最近的一篇文章中,几位科技公司的高管认为,确保越来越多的在意隐私的用户继续共享数据的方法是获得用户的信任和信心。[3] 苹果公司已经认识到这一点。当尝试在新设备或台式机上登录 iCloud 时,苹果公司询问我们"是否信任此浏览器?"并要求我们输入 6 位数字的密码才能获得访问权限。用户在使用 iOS 8 或更高版本的 iPhone 跨平台共享任何数据之前,也会被问是否"信任此计算机"。脸书也了解我们基于信任而考虑隐私,例如,在 2013 年,脸书询问其用户:"脸书整体上的可信度如何?"一位发言人解释说,脸书旨在寻求反馈,以改善服务并增强用户体验。[4] 虽然它可能还有更多需要改进的

---

〔1〕 See Kenneth A. Bamberger & Deirdre K. Mulligan, *Privacy on the Ground*, The MIT Press, 2015.

〔2〕 Kenneth A. Bamberger & Deirdre K. Mulligan, *Privacy on the Books and on the Ground*, Stanford Law Review 63, p. 247(2011).

〔3〕 See Timothy Morey, *Customer Data: Designing for Transparency and Trust*, Harvard Business Review, p. 96(2015).

〔4〕 See Brian Fung, *Facebook Wants to Know If You Trust It. But It's Keeping All the Answers to Itself*, Wash. Post: The Switch(Dec. 31, 2013), www. washingtonpost. com/blogs/the-switch/wp/2013/12/31/facebook-wants-toknow-if-you-trust-it-but-its-keeping-all-the-answers-to-itself.

地方。我们知道脸书是一种天生的社交工具,旨在创建、促进和扩展社交互动。[1] 我们也知道脸书定期修改其用户界面,以激发用户的信任进而促进分享。例如,其信任工程师委员会会利用处理措辞、提供多项选择选项、设计问题的顺序等其他工具,以鼓励用户诚实地报告他们对要删除的帖子的不满意之处。[2] 那可能是一个重要的目标,但这表明脸书充分意识到信任和共享之间的紧密联系。

政府机构和非营利性倡导组织,以及一些隐私学者对此表示赞同。例如,联邦贸易委员会(FTC)和加利福尼亚总检察长办公室都建议在线平台对他们的数据实践保持透明,以激发消费者的信任。[3] 这样,消费者在共享个人信息时会感到更自在。[4] 在"未来隐私论坛"(The Future of Privacy Forum)活动中,一家提倡负责任使用数据的非营利研究组织,最近发布了一个详细的小册子,介绍了在共享经济中运营的技术公司(如优步、AirBnb 等平台)如何通过保护用户隐私来建立信任的做法。[5] 商业和管理学者柯尔斯滕·马丁(Kirsten Martin)认为,网站无法满足用户的隐私期望会让用户对该网站的信任产生负面影响,从而减少共享。[6]

因此,信任在隐私里无处不在。但这不仅是网站用来鼓励我们分享的

---

〔1〕 See James Grimmelmann, *Saving Facebook*, Iowa Law Review 94, p. 1137, p. 1151(2009).

〔2〕 See The Trust Engineers, Radiolab(Feb. 9, 2015), www. radiolab. org/story/trust-engineers.

〔3〕 See Kamala D. Harris, Cal. Dep't of Justice, *Making Your Privacy Practices Public: Recommendations on Developing a Meaningful Privacy Policy*, 2014, p. 4; Fed. Trade Comm'n, *Mobile Privacy Disclosures: Building Trust Through Transparency*, CreateSpace Independent Publishing Platform, 2013, p. 3-4; see also "Protecting Mobile Privacy: Your Smartphones, Tablets, CellPhonesand Your Privacy: Hearing Before the Subcomm", *Privacy, Technology &the Law of the S. Comm. on the Judiciary*, 2011, 112th Cong. 90(See Alan Davidson, 谷歌公司公共政策官).

〔4〕 See Kirsten Martin, *Understanding Privacy Online: Development of a Social Contract Approach to Privacy*, J. Bus. Ethics137, p. 551(2016); Roger C. Mayer et al., *An Integrative Model of Organizational Trust*, Acad. Mgmt. Review20 p. 709(2015); Michael Pirson et al., *Public Trust in Business and Its Determinants*, *Public Trust in Business*, Business & Society 58(1), p. 116(2014).

〔5〕 See Be'ne'dicte Dambrine et al., *Future of Privacy Forum*, *User Reputation: Building Trust and Addressing Privavy Issues in the Sharing Economy*(2015), https://fpf. org/wp-content/uploads/FPF_SharingEconomySurvey_ 06_08_15. pdf.

〔6〕 See Kirsten Martin, *Formal Versus Informal Privacy Contracts: Comparing the Impact of Privacy Notices and Norms on Consumer Trust Online* 1(Oct. 5, 2015)(未出版手稿), www. law. uchicago. edu/files/file/martin_formal_versus_informal_privacy_ contracts. pdf.

工具。信任的范围更广:这是基于他人行为的良好期望而进行适当性互动的社会规范。而且,正如本书将要展示的,这是我们决定与任何人共享个人信息的重要因素。它促进了对社会有益的披露,包括基于浪漫关系的、专业交流的和仅仅个人的分享等。信任也可以缓解共享带来的脆弱性。因此,信任是我们对隐私期望的核心。

本书认为,基于信任的隐私实际上是一种社会结构,它建立在社会共享者之间、个人与互联网中介之间、在线和离线互动的人群信任之间,这种信任得到了广泛的理解。由于信任鼓励了社会中我们需要的共享和开放,侵害隐私也将破坏信任的行为,因此,隐私法——作为集体裁判的决定、立法法规、支持披露、搜索和扣押、数据汇总以及关于我们的信息知识的其他方面——应该集中在保护和修复信任关系上。简言之,重新建立共享者和数据收集者之间力量平衡的唯一方法是利用法律来实施信任的规范:如果他进一步传播不是基于最初信任的语境下而共享信息,则可能要对侵犯隐私负责。

在第3章隐私学者讨论和基于信任的广泛社会科学研究的基础上,本章更详细地阐述信任的定义,并描述隐私、信任和共享之间的联系。基于信任的隐私方法,实际上是我们一直从零开始处理隐私的方式,是一种看待新旧问题的简单方式,并且具有足够的适应性和可管理性,足以经受现实世界的考验。

信任是什么?

在社会科学领域有三种类型的信任:一般信任(general trust)、机构信任(institutional trust)、特殊信任(particular trust)。简单来说,一般性的社会信任是一种大多数人都可以被信任的信仰。例如,自1972年以来,“社会调查”(Social Survey)就提出了一个问题——“一般来说,您会说大多数人可以信任吗？或者您在与人打交道时不太谨慎？”[1]机构信任是我们对机构、政府或公司实体的信任，这种信任形式的一个子集（在技术文献中广为人知）是对自动化的信任，或者我们对机器的性能比。[2] 特殊的社会信任是我们对特定其他人的信任。[3] 最后一种信任是本研究的主题，为简单起见，本书将特定的社会信任简称为信任。

为了服务于本书的目的，本书将信任定义为两个或多个人之间或之中的一种社会资本资源，它是关于他人将按照公认的准则行事的期望。[4] 让我们揭开这个定义的面纱。社会资本是源自社会关系和网络的资产。正如社会学家罗伯特·普特南（Robert Putnam）所描述的那样，社会资本是“社会生活的特征——网络、规范和信任——促进合作与协调以实现互惠互利”[5]。在微观上，社会资本构成了优势或个人因其相互联系的社会地位而实现的好处，例如，同事们在一起工作并互相学习以实现特定的目标，[6]或在小组中的位置，如通过将不同的事物给自己的生活带来多样性和新观点的领导者。[7] 在更宏观的层面上，像普特南（Putnam）和弗朗西斯·福山（Francis Fukuyama）这样的学者将社会资本描述为社区和国家的属性，这两者都可以共同受益于合作、文化交流和其他形式的互动。[8] 在所有层面上，社会资本是指由我们与他人之间的联系发展而来的美好事物。

---

[1] Ken Newtonn & Sonja Zmerli, *Three Forms of Trustand Their Association*, Eur. Pol. Sci. Review 3, p. 169, p. 177(2011).

[2] See Robert R. Hoffman et al., *Trust in Automation*, IEEE Intelligent Sys 28, p. 84-85. (2013)

[3] See Robert R. Hoffman et al., *Trust in Automation*, IEEE Intelligent Sys 28, p. 170-72(2013).

[4] See Alejandro Portes & Julia Sensenbrenner, *Embeddedness and Immigration: Noteson the Social Determinants of Economic Action*, Am. J. Soc98, p. 1320, p. 1332(1993).

[5] Robert D. Putnam, *Democracy in America at Century's End, in Democracy's Victory and Crisis*, trans by Axel Hadenius, Cambridge, Cambridge University Press, 1998, p. 27, p. 31.

[6] See Michael Useem & Jerome Karabel, *Pathways to Top Corporate Management*, Am. Social Review 51, p. 184(1986).

[7] See Ronald S. Burt, *The Contingent Value of Social Capital*, Admin. Sci. Q 42, p. 339(1997).

[8] See Robert D. Putnam, *Bowling Alone*, Touchstone Books, 2000; Francis Fukuyama, *Trust: The Social Virtues and the Creation of Prosperity*, The Free Press, 1995.

信任是其中的一件好事。这是"关于别人的行为和意图"[1]或相信别人会根据公认的上下语境以可预测的方式行事的信念。例如,爱丽丝(Alice)要求她的朋友布雷迪(Brady)拿着她的备用钥匙,是因为她相信布雷迪不会破坏性地进入她家并进行偷窃;当一个人与诸如"匿名酒鬼"(Alcoholics Anonymous,AA)之类的支持小组中的相对陌生人讲话时,他相信他们不会泄露自己的秘密;AA 成员一定会保守。因此,信任包括愿意接受一些风险和他人的脆弱性、它是润滑社会关系的重要驱动力。[2] 如果我们从不信任,我们的社交生活就会瘫痪。正如尼古拉斯·卢曼(Niklas Luhmann)所说,信任开始于知识终结的地方。[3] 所有社会互动都依赖于彼此的忠诚。我们不能肯定地说我们的邻居不会滥用他的重要特权,或者我们的支持小组的其他成员会保持我们对他们的信任,但是这些情况的规范告诉我,他们会这样做(保持秘密、遵守约定)。信任是人们将继续按照这些规范行事的期望。因此,信任使我们能够与他人互动并依靠他人。

因此,信任是社交生活中自然的,几乎是设计好的方面。这样想吧,因为我们无法预测未来,所以采取行动必须有信任。有时我们知道会发生什么:踢到空中的足球会掉下来;太阳将落在西方。这些都是科学支持的可预测事件。但是在大多数情况下,不确定性仍然占主导地位,尤其是在其他人的行为方面。因此,信任就像希望或信心一样,是一种社会现象,尽管存在不确定性,但我们仍可以采取行动。正如社会学家彼德·什托姆普矢(Piotr Sztompka)指出的那样,希望和信心是被动的。"我希望有一天有钱"只是一种出于欲望的消极情绪。信心是一个知情的希望:"根据控方在审判中提出的证据,我相信被告将被定罪。"但是,信任是一种处理不确定性的积极策

---

〔1〕 Guido Mo, *llering*, *The Nature of Trust: From Georg Simmel to a Theory of Expectation*, *Interpretation and Suspension*, Sociology 35, p. 403, p. 404 (2001); J. David Lewis & Andrew Weigert, *Trust as a Social Reality*, Social Forces 63, p. 967, p. 968 (1985); Ken Newton & Sonja Zmerli, *Three Forms of Trust and Their Association*, Eur. Pol. Sci. Review 3, p. 171 (2011).

〔2〕 See Niklas Luhmann, *Trust and Power*, John Wiley & Sons, 1979, p. 4.

〔3〕 See Niklas Luhmann, *Trust and Power*, John Wiley & Sons, 1979, p. 33 – 34; Patricia M. Doneyetal, *Understanding the Influence of National Culture on the Development of Trust*, Acad. Mgmt. Review 23, p. 601, p. 603 (1998).

略,可以解决由于缺乏信息而造成的问题。[1]

信任如何发展?

信任是相信个人会在各种情况下按照保密和谨慎的态度行事。信任发展的四种主要方式是通过反复互动、显式或隐式线索、互惠以及从已知的可信任方转移到未知的陌生人或熟人。他们每个人都可以让共享变成可能。

传统上,社会科学家认为,随着时间的推移,信任会随着与他人互动的持续过程而合理地发展。这就是爱丽丝与布雷迪的故事:如果爱丽丝随着时间的推移与布雷迪互动,并且布雷迪在这些互动中以值得信赖的方式行事,爱丽丝可以更好地预测布雷迪下次互动时将以值得信赖的方式行事。[2] 以前的互动越多,爱丽丝所依赖的信任点就越多,将来与他分享的可能性也就越大。[3]

信任的另一个显而易见的来源是,当公开语境包含明确的提示时,例如,保密条款或在对话前添加警告(这将在我们之间保密)。对机密性期望的微妙迹象同样强烈:两个人在聚会上分享一个秘密可能会在空间上使他们的身体远离人群,靠近而低语。[4] 此外,朋友可以就特别敏感、亲密或个人问题向另一位朋友寻求建议。上下语境中暗含信任和机密性。信任可能来自某些专业背景,例如,在医生与患者之间,以及在受信人与受益人之间。[5] 信息安全的这些显式和隐式标记使披露方可以相信,其信息的接收

---

[1] See Piotr Sztrompka, *Trust: A Sociological Theory*, Cambridge University Press, 1999, p. 18-27.

[2] See JohnK. Rempeletal, "*Trust in Close Relationships*", J. Personality & Social Psychol 49, p. 95, p. 96 (1985).

[3] See Patricia M. Doneyetal, "*Understanding the Influence of National Culture on the Development of Trust*", Acad. Mgmt. Review 23, p. 605 (1998).

[4] 关于这些隐含的机密性的线索在 Erving Goffman《日常生活的自我呈现》(*The Presentation of Self in Everyday Life*)中有讨论 112 - 32 (1959)。See also Erving Goffman, *Strategic Interaction*, Pennsylvania, University of Pennsylvania Press, 1969.

[5] See Alberts v. Devine, 479N. E. 2d113, 120 (Mass. 1985); Peterson v. IdahoFirst Nat'l Bank, 367 P. 2d 284, 290 (Idaho 1961).

者将继续尊重普遍的信息保密规范,通过降低披露风险来鼓励共享。

陌生人和熟人,即使没有重复互动或明确暗示的好处,也彼此信任。首先,信任是通过互惠规范而产生的。乔伊斯·伯格(Joyce Berg)、约翰·迪克豪(John Dickhaut)和凯文·麦凯布(Kevin McCabe)的著名文章《信任,互惠和社会历史》(*Trust,Reciprocity,and Social History*)中的经典"信任游戏"对此进行了说明。在此游戏中,两个人(发送者和响应者)各获得10美元,发件人可以将她的部分或全部钱发送或不发送给她的匿名响应者,无论发送者发送什么,响应者都会获得三倍的回报。然后,她选择寄回多少,响应者不退还的任何钱都归她所有。在汇款时,我们的寄件人表现出信任;在归还钱时,我们的响应者表现出对等。在互惠准则很强的游戏中,即发件人知道对响应者有很大的压力要求将钱退还给他人,发件人更有可能分享(信任)。[1] 也被证明可以在在线社交网络上工作:当用户期望更大的互惠度(有利的回复或"点赞",以及朋友和关注者之间的其他共享)时,共享也会增加。[2]

本书笔者的研究表明,互惠准则可以建立信任和鼓励。可以在Tinder和Grindr等地理位置约会应用程序上共享私密信息。专为男同性恋和双性恋男人设计的Grindr为用户提供一格照片,并使用GPS来向用户显示更多的照片。在照片上轻按并滑动即可显示简短的个人资料,其中可能包括姓名、年龄、简短的个人描述、身体特征、兴趣和HIV状况以及其他信息。在过去的两年中,笔者采访和调查了500多名使用Grindr的男同性恋和双性恋男人,几乎所有人在平台上都与他人共享了自己的私密信息:裸体或裸露的照片。正如许多用户在访谈中指出的那样,他们是基于互惠和信任的准则进行的。例如,一个在波士顿生活和工作的24岁同性恋男子史蒂文·P.(Steven P.)一年多以来一直在使用Grindr结识新朋友。他遇到了几个同龄人,他说,其中一些人"已经成为我在这个镇上最亲密的朋友。我刚搬到这

---

〔1〕 See Joyce Berg, John Dickhaut and Kevin McCabe, *Trust, Reciprocity, and Social History*, Games & Econ. Behav10, p. 122(1995).

〔2〕 See Jerzy Surma, *Social Exchangein Online Social Networks. The Reciprocity Phenomenon on Facebook*, Computer Communications73, p. 342(2016).

里时不认识任何人”。一个人“看起来足够好”和“非常友好，很酷，所以我发送一些图片给他。我记得一张赤身裸体，另一张腰部都裸露着。”在我们的讨论中，他自认为平台的规范可以实现这样的共享：“如果不共享照片，你不会真正地融入。我认为我们所有人都希望被对方认为是谨慎的，值得信任的。”史蒂文还指出，他只在对方发送照片后才发送照片，并明确指出“这是如何工作的”。他继续说道：“我认为交换使人们信任对方，认为彼此不是一个容易让对方受到伤害的人。”[1]笔者与大约 50 名其他 Grindr 用户进行的半结构化访谈以及对 500 多项匿名调查的开放式答复显示了相似的观点：Grindr 遵循复杂的互惠披露准则，使用户易受攻击并彼此开放，从而建立信任并鼓励共享，使互动成为可能。

陌生人之间的信任以另一种方式出现。我们转移我们的信任，从陌生人到认识的人或从我们认识的人到我们不认识的人。例如，我们可能会根据他们的学位来信任专家和其他专业人员，将我们对学校声誉的信任（我们知道的信任）转移给我们不信任的一名毕业生。[2] 有一些证据表明我们的信任分别基于公司或医院隶属关系的律师和医生[3]，甚至是主要房地产中的办公地点[4]和办公室设计。[5] 但转移过程并没有在那里结束，我们中的许多人并非仅根据学位选择医生。相反，我们依赖他人的建议，尤其是我们尊重的人提出的建议。[6] 在所有这些情况下，对专家的信任使我们更愿意与他们分享重要信息。

转移也可以在外行环境下进行，对共享具有相同的效果。马克·格兰

[1] *Telephone Interview with "Steven P."* (Aug. 11, 2015)（与作者有关的文件注释）.

[2] See Niklas Luhmann, *Trust and Power*, Polity, 1979, p. 606.

[3] See Mark A. Hall et al., *Trust in Physicians and Medical Institutions: What Is It, Can It Be Measured, and DoesIt Matter?*, Milbank Q 79, p. 613, p. 619–620 (2001).

[4] See Shawn G. Kennedy, *About Real Estate; Law Firms Actively Leasing Office Space in Midtown*, N. Y. Times (Feb. 18, 1987), www. nytimes. com/1987/ 02/18/business/about-real-estate-law-firms-actively-leasing-office-space-inmidtown. html.

[5] See *The Best Law Firm Offices in America: The Finalists!*, *AboveL.* (Aug. 30, 2012), http://abovethelaw. com/2012/08/the-best-law-firm-officesin-america-the-finalists/2.

[6] See Roni Caryn Rabin, *You Can Find Dr. Right, with Some Effort*, N. Y. Times (Sept. 29, 2008), www. nytimes. com/2008/09/30/health/30find. html.

诺维特(Mark Granovetter)表明,基于经济行为者在熟悉和信任的社交网络中的嵌入度使他们更可能与不认识的人打交道。[1] 亲密同事的推荐、朋友的推荐以及个人推荐是转移互动所必需的信任。一些研究表明,如果社交角色具有相同的重要性或可能带有污名化的群体内认同感,他们往往会信任陌生人。[2]

信任与共享之间的联系

因此,在考虑促使我们共享在线或离线个人信息的动机时,请转向信任:爱丽丝与布雷迪分享信息,因为爱丽丝信任布雷迪。适用的规范(可能是保密性和自由裁量)给爱丽丝提供了保密和放心分享的信心,减少了公开的内在风险。[3] 尽管这种机制具有直观的吸引力,但在越来越多的关于我们倾向于公开个人信息的文献中,特定的社会信任充其量是无声的暗流。

在我们的印象中,隐私和共享决策是偶然形成的。在写作本书的过程中,笔者与数百名使用在线社交网络和电子商务平台的个人进行了正式和

---

〔1〕 See Mark Granovetter, *Economic Action and Social Structure: The Problem of Embeddedness*, Am. J. Soc 91, p. 481, p. 490(1985).

〔2〕 See Michele Williams, *In Whom We Trust: Group Membership as an Affective Context for Trust Development*, Acad. Mgmt. Review 26, p. 377, p. 381, p. 385(2001).

〔3〕 信任不是一个文化上固定的概念,也不一定是必须的。被授予的白人美国人比其他有色人种更信任邻居(和他们的政府)。富人比穷人更信任他人。George Gao, *Americans Divided on How Much They Trust Their Neighbors*, *Pew Research Center*(Apr. 13, 2016), www. pewresearch. org/fact-tank/2016/04/13/americans-divided-on-how-much-they-trust-theirneighbors/(Trust in neighbors: White, 62 percent; Black, 31 percent; Hispanic, 27 percent; Income > $75,000, 67 percent; < $30,000, 37 percent). 造成这些差异的因素很多,但实际上与隐私有关。包括基亚拉·布里奇斯(Khiara Bridges)和约翰·吉利姆(John Gilliom)在内的数位学者表明,一些边缘化群体受到如此复杂而无所不包的监视,以至于他们对政府和其他机构深表不信任。布里奇斯花了18个月的时间研究贫困的孕妇,这些孕妇正在接受Medicaid的产前保健援助计划(PCAP)在纽约市一家大型公立医院提供的产前保健。See Khiara M. Bridges, *Privacy Rights and Public Families*, Harvard Journal Law & Gender 34, p. 113(2011). Gilliom采访了俄亥俄州东南部的低收入母亲。See John Gilliom,《穷人的监督者:监视,抵抗和隐私权的限制》(2001年)。两位学者都发现,由于参与社会安全网而进行的强制披露和持续监控使他们对政府、机构和其他人不信任。但是,尽管就社会政策而言,信任水平的这些差异很重要,但它们并没有改变信任与共享之间的基本关系:除了强制披露之外,我们仍然倾向于在表现出信任的环境中共享信息。信息隐私法应反映这一点。

非正式的交谈,几乎所有人都这样认为。笔者采访的每位非专业互联网用户,大部分人认为,我们无条件或无限制地共享信息是为了社交或购买产品。这只是一些最普遍的观点:“没有人关心他们的信息。我们只是输入他们的要求,以便我们购买东西。”“我们没有理由共享个人信息。我们甚至为了可以从一杯咖啡中得到1美元而一直在传递这些信息。”“我不对自己的隐私权作任何决定。我只是假设每个人都已经知道一切,所以为什么还要打扰呢。”“我认为我们大多数人都共享思想。”“我知道我在网上被监视,但是我真的不知道如何将其纳入我的工作中。我的意思是,如果我需要购买某些东西,这并不是说我可以决定在亚马逊上不输入我的信用卡信息。”[1]

这些担忧已反映在有关共享和隐私的学者研究中。我们倾向于放弃个人信息以获取小额报酬,并且如果放弃某些小小的利益,通常不会选择保护我们的隐私。[2] 青少年倾向于与陌生人分享大量信息。[3] 信息技术专家亚历山德罗·阿奎斯蒂(Alessandro Acquisti)和延斯·格罗斯克拉格斯(Jens Grossklags)的早期研究表明,我们作出的在线共享决策并非完全出于理性。[4] 毕竟,有很多因素会影响我们的行为,包括心理、社会和文化因素。[5]

但是后来的研究表明我们的行为是有方法的。阿奎斯蒂、莱斯利·约翰(Leslie John)和乔治·洛温斯坦(George Loewenstein)发现,披露行为是

---

〔1〕 基于2016年5月至12月七个月期间进行的与非随机样本互联网用户的一系列正式和非正式对话。这些讨论并非旨在准确评估所有互联网用户的观点。

〔2〕 See Alessandro Acquisti, Leslie K. John & George Loewenstein, *What Is Privacy Worth*?, J. Legal Stud 42, p. 249(2013).

〔3〕 See Amanda Lenhart & Marry Madden et al., *Privacy & Online Social Networks: How Teens Manage Their On line Identities and Persona lInformation in th eAge of Myspace* (2007), www. pewinternet. org/files/old-media//Files/Reports/2007/PIP_Teens_ Privacy_SNS_Report_Final. pdf. pdf.

〔4〕 原因有很多。首先,我们没有足够的信息:我们很少知道网站将如何处理我们的数据,并且将其配置成一个复杂的过程,即使是可能的过程。其次,即使我们可以访问所需的所有信息,也无法对所有信息进行处理。我们的决策过程就是学者所说的“有限的”,这就是为什么我们依靠启发法(如品牌忠诚度)来做出决策的原因。最后,即使我们无限制地进行决策并获得了可能需要的所有信息,也没有理由相信我们将做出的决策完全是对成本和收益的平衡的合理反映。Alessandro Acquisti & Jens Grossklags, *Privacy and Rationality in Individual Decision Making*, IEEE Security & Privacy 3, p. 26(2005).

〔5〕 See Cass R. Sunstein, *Laws of Fear*, Cambridge University Press, 2005, p. 35-63, p. 89-106; Mary Douglas & Aaron Wildavsky, *Risk and Culture*, University of California Press, 1982.

基于比较判断的：如果我们认为其他人愿意披露，则我们更有可能披露。阿奎斯蒂和他的同事要求个人回答一系列道德问题，其中一些要求他们承认有过侮辱行为。当被告知以前的受访者也承认过类似的经历时，研究参与者更有可能认为自己有不良行为。[1] 基于建立网站外观与安全性之间联系的研究，[2]Leslie John 还发现个人可能更违反直觉，更愿意承认看起来不专业的网站上的不良行为。换句话说，非专业网站界面中的情境提示导致人们抑制隐私问题并增加披露。[3] 其他学者发现，披露的意愿会受到情绪的操纵：对网站设计的好感、请求披露信息的类型以及隐私政策的存在都将引起更高的披露意愿。[4] 还有其他人发现，网站数据使用惯例的知识可能会影响披露行为。[5]

除此之外，这些文献还告诉我们，我们分享的倾向是与情境相关的。这种情况至少部分受到我们周围其他人的影响。这可能意味着我们的披露倾向会受到“羊群效应”的影响：当我们与其他披露者在一起时，我们就会披露。[6] 另一个可能的解释是，他人共享的知识会激发特定的社会信任：披露会造成脆弱性和期望。将陌生人联系在一起的互惠关系，为社会规范奠定了基础。

对于网络上的社交共享尤其如此。法学教授兼技术专家詹姆斯·格里姆梅尔曼(James Grimmelmann)展示了社交环境对我们决定在在线社交网络上共享信息至关重要。他说，我们“有社交理由参与社交网站”，并确定了

---

〔1〕 See Alessandro Acquisti, Leslie K. John & George Loewenstein, *The Impact of Relative Standards on the Propensity to Disclose*, J. Marketing Res 49, p. 160, p. 165, p. 171-73 (2021).

〔2〕 See Lorrie Faith Cranor, *Web Privacy with P3P*, O'Reilly Media, 2002; Lorrie Faith Cranor et al., *P3P Deployment on Websites*, Electronic Com. Res. & Applications 7, p. 274 (2008); EricC. Turner & Subhasish Dasgupta, *Privacy on the Web: An Examination of User Concerns, Technology, and Implications for Business Organizations and Individuals*, Info. Systems Mgmt 20, p. 8, p. 16-17 (2003).

〔3〕 See Alessandro Acquisti, Leslie K. John & GeorgeLoewenstein, *The Impactof Relative Standards on the Propensity to Disclose*, J. Marketing Research 49, p. 164 (2012).

〔4〕 See Han Li et al., *The Role of Affect and Cognition on Online Consumers' Decision to Disclose Personal Information to Unfamiliar Online Vendors*, Decision Support Systems 51, p. 434, p. 441-443 (2011).

〔5〕 See Pedro Giovanni Leon et al., *What Matters to Users? Factors that Affect Users' Willingness to Share Informationwith Online Advertisers*, SOUPS, July 24-26, 2013, p. 1, p. 7.

〔6〕 See Alessandro Acquisti, Leslie K. John & GeorgeLoewenstein, *The Impactof Relative Standards on the Propensity to Disclose*, J. Marketing Research 49, p. 162 (2012).

是否要在脸书上分享的几种启发式方法。[1] 所有这些都是信任的代理人,[2]可以总结为两个概括性的概念。

首先,大规模(biggness)。脸书自豪地成为地球上最大的社交网络,这并非源于对规模的简单痴迷。相反,有很多其他人共享对于鼓励我们与他们共享至关重要。正如格里姆梅尔曼指出的那样,无数人不会错。我们的"Facebook trusting Facebook"信任的朋友必须知道该平台是安全的。[3] 在这两种方式中,规模都是识别信任情境的一种方式:超过十亿用户在脸书上积极共享信息,就像布雷迪保护爱丽丝的备用钥匙十亿次。脸书的规模和增长使其可预测的安全共享场所变得更加可预测。我们看到大量的人群发布信息,很少(如果有的话)听到任何出错的消息。旨在强调其重要性,在注册后的第一步让我们能够使用我们的电子邮件联系人来查看哪些朋友已经是会员,可以邀请哪些朋友,从而扩大社区规模。每当其他成员向我们发送"朋友请求"或要请求添加到我们的网络中时,脸书都会列出她的网络规模以及我们共同朋友的数量。其中包括在我们的新闻供稿内容上方和下方对某个帖子表示喜欢或发表评论的人数。当然,脸书之所以一直吹嘘它的大小,[4]是因为大型平台更值得信赖。

其次,社区(community)。脸书的设计使我们认为我们正在与受控空间中的特定其他人交谈。我们看到别人的面孔,来到别人的个人资料页面与他们互动。这会产生对安全性和熟悉度的感知。[5] 脸书上别人在某些方面往往与我们相似,我们进而就认为他们在很多方面都与我们相似。[6] 就像

---

〔1〕 See James Grimmelmann, *Saving Facebook*, Iowa Law Review 94, p. 1160-1164(2009). 格里姆梅尔曼还指出,这些启发式方法并不总是有效或准确地评估脸书上的隐私风险。

〔2〕 尽管格里姆梅尔曼在《拯救 Facebook》中多次使用"信任"一词,但他仍然停止将这些工具归类为理解隐私和基于特定的社会信任来共享决策的代理。James Grimmelmann, "*Saving Facebook*", Iowa Law Review 94, p. 1160-1164(2009).

〔3〕 See James Grimmelmann, *Saving Facebook*, Iowa Law Review 94, p. 1161-1162(2009).

〔4〕 规模对于网络广告收入至关重要。See Jim Edwards, *In Just 2 Years, Google and Facebook Have Come to Control 75% of All Mobile Advertising*, Bus. Insider (Mar. 20, 2014), www. businessinsider. com/google-and-facebook-dominate-mobile-advertising2014-3.

〔5〕 See Danielle Keats Citron, *Hate Crimes in Cyberspace*, Harvard University Press, 2014, p. 239-241.

〔6〕 See Cass R. Sunstein, *Republic. com* 2. 0, 2007, p. 53-54.

马克斯·韦伯(Max Weber)和塔尔科特·帕森斯(Talcott Parsons)所指出的那样,我们更可能让那些我们熟悉的人选择相信我们。[1] 脸书还通过另外两种方式培养了熟悉感。第一,因为我们最亲密的朋友和我们在练瑜伽时遇到的那个人都被默认为"朋友",所以脸书使我们所有的朋友看起来都可以替代。这使我们认为我们可以与所有人共享相似的信息。第二,脸书上几乎所有互动都是公开发生的,每个人都可以看到。我们的新闻供稿中列出了我们朋友的帖子,这是我们登录脸书时看到的真实故事。每个项目都包含一些有关我们的朋友如何与之互动的指示,包括他们是否"点赞"或"评论"了另一个帖子。格里姆梅尔曼提醒我们,相互监视会建立信任,因为"我们会看看其他人是否背叛了我们",[2]它有助于我们作出比较判断,因此阿奎斯蒂、约翰和洛温斯坦认为这是决定我们倾向性公开的因素。

经验证据证明了这一点。人际交流建议研究信任是自我披露的前提,正是因为信任减轻了共享所涉及的风险。早在 1971 年,加拿大心理学家、自我披露研究的先驱西德尼·马歇尔·乔拉德(Sidney Marshall Jourard)指出:"一个人只要相信自己的听众是一个善意的人,就可以让自己被人们认识。自我披露遵循着一种爱的态度。"[3]最近,玛丽·库尔南(Mary Culnan)和帕梅拉·阿姆斯特朗(Pamela Armstrong)发现,即使对保护自己的隐私表现出浓厚兴趣的互联网用户也愿意向网站公开个人信息,前提是该网站将其用于创建消费者个人资料,并制定了公平透明的程序来保护隐私。笔者指出,鉴于用户和商业网站之间的权力不平衡,这些程序充当"建立信任的中介"。[4]

在此研究的基础上,笔者设计了一项研究来测试信任与社交网络上的共享之间的联系,并提出疑问:特殊的社会信任会对互联网在线用户共享个

---

[1] See Max Weber, *The Protestant Sects and the Spirit of Capitalism*, *in From Max Weber: Essays in Sociology*, trans. by H. H. Gerth & C. Wright Mills, Taylor and Francis, 1946, p. 302, p. 312; Talcott Parsons, *Action Theory and the Human Condition*, The Free Press, 1978, p. 47.

[2] See James Grimmelmann, *Saving Facebook*, Iowa Law Review 94, p. 162-163 (2009).

[3] Sidney M. Jourard, *The Transparent Self*, Van Nostrand Reinhold, 1971, p. 5.

[4] See Mary J. Culnan & Pamela K. Armstrong, *Information Privacy Concerns, Procedural Fairness, and Impersonal Trust: An Empirical Investigation*, Org. Sci 10, p. 104 (1999).

人信息的意愿产生什么影响?[1] 这项研究包括这些调查问题:确定受访者在脸书上共享了哪些信息(一般共享的指标)、为什么他们共享以及出于什么原因(如果有的话)与陌生人共享信息。该调查还要求分享不同类型的披露。例如,对亲密照片或个人失落时刻故事的分享意愿,比仅仅转发新闻文章或宠物狗可爱图片的分享意愿,更能深刻揭示出用户披露的行为和动机。鉴于各不相同的共享信息类型,调查可以衡量受访者的总体共享意愿和他/她共享亲密信息的意愿(一种"亲密共享"指标)。结果表明,信任是我们与他人共享个人信息的决定中极为重要的因素。[2]

尽管调查中包含的几项数据可能与在脸书上共享信息的意愿有关——年龄、性别、教育程度、性取向、种族或族裔、网络水平、在线时间、一般社会信任、对脸书将保护用户的信任隐私、一个人在脸书上有多少个朋友以及有多少个亲密的朋友在使用脸书——只有发现与信任相关的因素才具有统计学上的显著关联。[3]

关于共享(一般而言)和共享个人信息,在脸书上分享的更大倾向与一

---

〔1〕 该调查的结果在以下位置进行了更详细的讨论:Ari Ezra Waldman, *Privacy, Sharing, and Trust: The Facebook Study*, Case W. Research Law Review 67, p. 193(2016)。

〔2〕 受访者是通过 Amazon Mechanical Turk(一个在线市场)招募的,该市场向个人付款以众包方式完成各种任务,包括研究调查。在 2015 年的几个时间点收集了反馈。不允许工人多次完成调查。Turkers 按时间付费:平均而言,调查花费了 19 分 28 秒才能完成,每小时收费为 4.62 美元。要想参与,Turkerswerer 要求在平台上完成 1000 项任务至少要有 95% 的批准率。相对较高的薪水和较高的认可度以及经验,再加上甄别检查,这些检查尽可能确定了工人是否为完成调查做出了良好的信念,这是为了确保诚实,准确地做出回应。多项研究表明,Amazon Turk 为研究人员提供了随机抽样的受访者样本,其人口分布与美国人口大致相当。See TaraS. Behrendetal, *The Viability of Crowdsourcing for Survey Research*, Behav. Research Methods 43, p. 800, p. 800 – 813 (2011); Gabriele Paolacci et al., *Running Experiments on Amazon Mechanical Turk*, Judgment & Decision Making 5, p. 411, p. 416(2010).

〔3〕 首先使用双变量相关性来检验关系,然后使用局部相关性来确定该关系在控制其他变量时是否成立。相关性通常指的是变量现象的关联程度和方向:可以从另一个现象中预测一个现象的程度。双变量相关性分析两个变量之间的关系,主要用于检验假设以供进一步研究。偏相关分析在控制或从一个或多个关系中删除一个或多个变量时分析两个或多个变量之间的关系。例如,数据集可能包含诸如性别,获得的最高学历水平和年收入之类的信息。偏相关可以检验获得程度与收入之间的关系,控制性别,或者检验年收入与性别之间的关系,控制程度。

个人拥有的脸书朋友数量、[1]使用脸书的密友数量、[2]使用脸书的更亲密的朋友以及对脸书的机构信任[3]有关。当控制其他变量时，这些关联仍然很重要。

回归分析证实两者之间的关系。[4] 信任代理——信任脸书将保护我们的隐私，我们拥有的"脸书朋友"数量以及平台上的密友数量——是唯一具有统计意义上愿意分享的预测指标。更具体地说，对于信任等级上的每两个级别（"Trust in Facebook"，其中"1"表示"不信任"，"10"表示"完全信任"），用户可能会共享其他个人信息。同样，拥有1000个"脸书朋友"的受访者在平台上共享的信息平均比拥有501~1000个朋友的受访者多；在网站上拥有"很多"密友的人平均比在平台上拥有"一些"密友的人多分享两条信息。尽管这些因素可能仅占共享行为的近20%，但与信任有关的因素必须包含在我们披露信息倾向的讨论中。[5] 此外，当我们专注于共享时，信任的作用也很强，特别是私密或个人信息：与平台上亲密朋友较少的人相比，脸书上有"许多"密友的用户分享的个人信息更多。

其他可以证明特定社会信任与分享决定之间关系的数据，是接受陌生人的脸书朋友请求的动机。如上所述，已经发现重叠的网络和共享重要的或团体内的社会身份是陌生人信任的有力指标。该调查向受访者提出了几个问题，即有关给定陌生人的信息是否定义为他们以前从未亲自线下见过

---

〔1〕 总计共享，r2 =. 197，Sig。=。000；fortotalintimatesharing，r2 =. 200，Sig。=。000。Spearman' srho（r）相关性-至少有序的变量的相关性-因为数据中几乎所有变量 设置常规类别（排名类别）：按类别报告年龄，包括教育程度、脸书朋友数和脸书上的亲密朋友数。所有r系数均在0.01水平（2尾）显示，表明具有统计学意义。

〔2〕 For totalsharing，r2 =. 235，Sig. =. 000；for total intimate sharing，r2 =. 201，Sig. =. 000.

〔3〕 For total sharing，r2 =. 311，Sig. =. 000；for total intimate sharing，r2 =. 301，Sig. =. 000.

〔4〕 回归是一种预测分析的形式，它试图解释一个因变量与一个或多个自变量之间的关系（如果存在）。我们使用回归技术来回答以下问题：左手优势（独立变量）的人比一般人群具有更高的SAT分数（因变量）的可能性更大还是更低？红头或多或少是建筑师？那些被确认为宗教的人或多或少会投票选举共和党人？我们想知道一系列独立变量（如年龄、性别、受教育程度和受信任程度）中的任何一个是否对单个因变量有影响：在以下情况在脸书上共享更多信息和更多个人信息的意愿。

〔5〕 使用调查中的所有自变量，该模型将违反多元回归的多重共线性假设。当两个或多个自变量彼此高度相关时，会发生多重共线性，这使得很难确定哪个变量实际上导致了因变量与均值不同。例如，当一个足球运动员解雇四分卫时，我们知道谁干了什么。但是当三个足球运动员同时对付他时，很难确定哪个人对麻袋做出了最大的贡献。在该模型中，年龄和受教育程度高度相关：老年人往往受过更高的教育。为了解决这个问题，我从回归分析中消除了年龄和文化程度。

的个人;是否会或多或少地使他们接受陌生朋友请求。它们涵盖了接受陌生朋友请求的各种可能原因,从“大量的共同朋友”和“陌生人是您的密友的朋友”到“身体吸引力”和“您永远不会看到陌生人的现实生活”。对第一个问题和第二个问题的回答将说明重叠的网络的力量以及该网络中特定的社会信任的存在。受访者还被问到他们是否更有可能接受来自拥有少数群体身份的陌生人的朋友请求。最后一个问题用作确定重要的组内身份在与陌生人建立联系中的作用。

许多因素引起了压倒性的关注,“更多可能”和“更有可能”答案是特定的社会信任的代理。例如,如果有85%的用户共享大量共同的朋友,他们将接受来自陌生人的朋友请求。超过81%的受访者会要求陌生人是他们的好朋友,尽管只有18.3%的人更可能接受具有相同性取向的陌生朋友的请求。基于强大的重叠网络和组内标识的可信赖的提示:如上所述,个人通常将对已知实体(朋友和密友)的信任转移到未知实体(陌生人)。在脸书上积极参与(63.3%),这是值得信赖的另一种社会提示:积极参与表明该账户是真实的,缓解将陌生人带入网络的风险。当然,这正是特定的社会信任的角色。

有人可以基于给定信息量了解我们的脸书“朋友”,基于转移信任而接受陌生人的朋友请求,表明特定的社会信任在分享信息的倾向中具有强大的力量。不考虑吸引力或共享相似的名字、性别、家乡、位置或兴趣爱好的重要性,或者仅在少数情况下,受访者不太可能接受朋友的请求。这些因素与特定的社会信任无关:根据公认的社会规范,它们都不是可预测行为的有力指标。值得注意的是,有27%的受访者表示,如果他们知道自己再也见不到陌生人,他们不太可能将陌生人添加到他们的网络中。这表明,至少在脸书上,信任而不是匿名,意味着分享。

第 5 章　信任对隐私意味着什么？

信任，无论是通过反复互动、明示或暗示、互惠还是转移的方式，都是我们根据情境决定是否与他人共享个人信息这个决定的核心。我们在现实生活中可以感受到它的存在，从信任游戏到在线社交网络，从朋友之间的熟悉互动到在线相对陌生人之间的有限交流。信任赋予我们共享的信心和意愿，因为它减少了披露中固有的漏洞。

那么，如果信任和共享联系在一起，对隐私和隐私法意味着什么？迄今为止，隐私和信任之间的关系通常可以相互作用，即隐私可以建立信任，而信任可以带来披露。这种观点可能会使隐私对企业有利（确实如此），但笔者对另一个问题更感兴趣：如果我们希望隐私能够在需要大量披露才能参与现代生活的世界中蓬勃发展，那么在某些情况下，我们需要共享与隐私兼容。换句话说，我们需要重新调整隐私法的方向，以保护源自信任的社会关系的披露。

隐私建立信任

保护隐私可建立信任的概念隐含在诸如《加利福尼亚在线隐私保护

法》[1]之类的法律中以及被明确在联邦贸易委员会[2]的建议中。这些政策要求并鼓励网络平台诚实使用数据,并积极保护用户的个人身份信息。学者们正在注意,例如,尼尔·理查兹和伍德罗·哈佐格(Woodrow Hartzog)认为,应该将隐私概念化为信任的建立者,而不是作为防止入侵的盾牌。理查兹和哈佐格的论点部分是修辞性的,部分是实质性的,即隐私法应成为建立对信息共享信任的工具。[3] 法律学者杰西卡·利特曼(Jessica Litman)提出了类似的观点:"为什么我们期望与我们打交道的商人、银行和保险公司尊重我们的隐私?…… 他们被鼓励这样做,因为这是有利可图的。如果没有这种信任,我们将不会自愿提供我们的信用卡号;在进行令人尴尬的购买或观看某些按次观看的电影之前,我们会三思而后行。"[4]利特曼继续指出,使用、汇总并且出售消费者数据是违反信任的行为,并非出于她所描述的原因。

利特曼、理查兹和哈佐格的论点是提醒在线平台隐私是一件好事的重要一步。但是,正如本书上面所论证的那样,如果共享是在特定社会信任的情况下发生的,那么尚不清楚这些对隐私的理解是否足以使隐私适应数字时代。在当今世界,我们的大量数据都掌握在第三方手中,在有可能进一步泄露给私人或政府的情况下,说隐私建立信任并不能为继续保护已知的信息提供明确的理论途径。仅根据隐私的支配性选择方法就要求对数据使用实践进行通知,而忽略了网络平台通过利用网站设计、他们收集的有关我们社交网络的信息以及其他工具来操纵我们共享倾向的多种方式。并且,将信任看作是有效的隐私权制度的副产品,忽略了共享者这一事实:倾向于在已经存在信任的情况下期望获得隐私保护。

---

〔1〕 See Cal. Bus. and Prof. Code § § 22575-22579(West 2017).

〔2〕 See Fed. Trade Comm'n, *Mobile Privacy Disclosures: Building Trust Through Transparency* 3-4 (2013), www. ftc. gov/sites/default/ files/documents/reports/mobile-privacy-disclosures-building-trust-throughtransparency-federal-trade-commission-staff-report/130201mobileprivacyre port. pdf.

〔3〕 See Neil Richards & Woodrow Hartzog, *Taking Trust Seriously in Privacy Law*, Stanford Technology Law Review 19, p. 431, p. 464(2016).

〔4〕 Jessica Litman, *Information Privacy/Information Property*, Stanford Law Review 52, p. 1283, p. 1308 (2000).

侵犯隐私是违反信任的行为

确实,信任起到了抵消公开中固有的脆弱性和权力丧失的作用。它形成了允许共享首先发生的社会结构背景。而且,在这些信任规范被破坏的当下,而不是在此之后,我们会遇到侵犯隐私的情况。[1] 正如我们在整本书中所看到的那样,这种理解隐私的方式不同于许多基于权利的传统方法。在平台将“大数据”用于行为目标确定、预测分析和自动决策的情况下,这种对比得到了明显缓解。[2]

在线行为广告,或使用网络浏览历史记录和其他数据,将特定广告定位到更可能有兴趣观看广告的人,[3]这是在线平台的通常规范。谷歌广告是有针对性的,正如我们在亚马逊上看到的建议一样。我们在大多数访问的网站上看到的在线广告也是基于我们的在线行为。这就是为什么我们在谷歌或亚马逊电子市场下搜索“平板电视”后看到了新电视广告的原因。

网络平台对我们数据的使用不止于此。2012年,《纽约时报》报道了一位父亲冲进当地塔吉特(Target)公司的故事,该父亲反对大型零售商向他十几岁的女儿发送婴儿衣服和婴儿床的优惠券。父亲认为优惠券是鼓励她怀孕然后诱使她在塔吉特购买孕妇装、婴儿配方奶粉、尿布和连体衣的一种

---

〔1〕 See Mary J. Culnan& Pamela K. Armstrong, *Information Privacy Concerns, Procedural Fairness, and Impersonal Trust: An Empirical Investigation*, Org. Sci 10, p. 104(1999).

〔2〕 “大数据”是一个流行词,但并不总是被理解。通常,它指的是在预测分析科学中使用巨大的数据集。See Kate Crawford & Jason Schultz, *Big Data and Due Process: Toward a Framework to Redress Predictive Privacy Harms*, B. C. Law Review 55, p. 93, p. 98(2014). 预测分析正是Target用来识别潜在怀孕客户的工具。正如法律和信息学者凯瑟琳·斯特兰德堡(Katherine Strandburg)所指出的那样,大数据集是通过“监视,获取作为另一项活动的副产品以及转移已有信息来获取的”。Katherine J. Strandburg, *Monitoring, Datafication, and Consent: Legal Approaches to Privacy in the Big Data Context*, in *Privacy, Big Data, and the Public Good: Frameworks for Engagement*, Julia Lane et al. eds., Cambridge University Press, 2014, p. 5. 例如,诸如谷歌和脸书之类的平台从我们的“点赞”,朋友、职业、位置和其他数据中获取他们对我们的了解,将其与Web浏览历史记录,在线购买行为和其他元数据进行汇总,然后通过复杂的方式对其进行处理,可以帮助他们预测我们希望在搜索结果中或新闻订阅源中看到的信息类型的算法。

〔3〕 See Daniel J. Solove, *The Digital Person*, NYU Press, 2004, p. 1-7; Howard Beales, *The Value of Behavioral Targeting* (2010), www. networkadvertis ing. org/pdfs/Beales_NAI_Study. pdf.

绝妙的方式。但是真实的故事令人毛骨悚然，这位年轻女子怀孕了，还没有告诉任何人，包括她父亲。该公司的营销团队希望知道哪些顾客在脸书、Instagram 或其他地方发布消息之前怀孕了，这样他们就可以从对手那里避开不可避免的婴儿相关广告竞争。因此，在市场部门的要求下，目标统计人员使用“大数据”和算法创建了一个怀孕预测模型。它输入了客户的购物习惯、脸书的“点赞”情况、婚姻状况、估计的薪水、信用卡使用情况、网络浏览历史记录，等等，最终产生了特定的客户名称。[1] 随后的邮件发送虽然没有夺走一位年轻女子掌控她身体的决定权，却引起了家庭争执，因为他们本来就是敏感的私人信息。

有时，数据收集、汇总和分析可能会有所帮助——笔者在谷歌上搜索了“平板电视”，实际上，笔者想看看一台 55 英寸的三星电视，它在 Best Buy 的售价为 450 美元。有时，它可能令人烦恼、令人毛骨悚然且具有侵入性。在其他时候，它可能会具有歧视性。凯特·克劳福德（Kate Crawford）发现，允许波士顿司机自动报告坑坑洼洼的智能手机应用程序偏向那些居民更可能拥有智能手机的地区，即较富裕的社区。[2] 此外，通过向房东或雇主提供使用脸书“点赞”的工具——研究表明，可以非常准确地预测用户的性别、种族、性取向和政治观点[3]——识别并宣传他们喜欢的申请人类型，大数据允许歧视性定位，无须宣传“仅白人”或“不需要同性恋申请者”。[4] 谷歌输入与有色人种相关的名字时，其回避记录的广告所占的比率要比白人名字高。[5] 法律执法部门使用大数据来预测犯罪和分配资源，可能会导致歧视

---

〔1〕 See Charles Duhigg, *How Companies Learn Your Secrets*, N. Y. Time sMag. (Feb. 16, 2012), www. nytimes. com/2012/02/19/magazine/shopping-habits. html.

〔2〕 See Kate Crawford, *Think Again: Big Data*, *Foreign Pol' y* (May 10, 2013), http://foreignpolicy. com/2013/05/10/think-again-big-data.

〔3〕 See Michal Kosinski et al., *Private Traits and Attributes Are Predictable from Digital Records of Human Behavior*, National Academy of Sciences, p. 110 (2013).

〔4〕 Solon Barocas & Andrew D. Selbst, *Big Data's Disparate Impact*, California Law Review 104, p. 671 (2016).

〔5〕 See Latanya Sweeney, *Discrimination in Online Ad Delivery*, Comm. ACM, May p. 44, p. 47 (2013).

性策略,即通过对某些社区实施过度监管,甚至进一步对犯罪数据造成偏见。[1]

因此,数据分析是保护隐私的工具。广告定位,没有提到目标行为和算法歧视,是非常具有侵入性的。[2] 在最近的一项研究中,卡耐基梅隆大学的几位学者发现,许多互联网用户认为部署基于因特网的跟踪功能以量身定制的广告,他们是"令人毛骨悚然的"。许多参加者表示不愿被追踪。他们不仅担心自己的个人信息可能被共享或可能不正确,他们也刚刚经历了数据收集的入侵。有时,他们对这种做法感到"惊讶"或"害怕"。[3]

但是,第 1 章和第 2 章中讨论的隐私理论本身并不具备足够的能力来解释这些对数据收集事实及其对受众定位和预测使用的反应。网络平台用于开发行为档案的信息在任何传统指标下都不是私有的。当然,我们会与网站和服务提供商共享它。因此,数据不是秘密地在互联网上被使用,我们显然可以选择访问免费的网站,与该网站共享数据。[4] 数据也不是特别私密的,例如,它包括我们访问这个网站 www. nytimes. com 每天四次的事实;每次我们在网站上花费的时间在 1 分钟到 7 分钟;我们使用最新的 iOS,并且购买订阅了填字游戏。

这也可以认为是对目标的不安感。客户已经披露了塔吉特收集其怀孕预测算法中的所有信息。他们有目标 ID,可以跟踪他们的购买。与这些 ID 关联的是基本的人口统计数据点,从收入、信用卡到位置以及从家到商店要花多长时间。塔吉特还购买了有关种族、工作经历、阅读习惯、破产、离婚、大学、消费者偏好、政治、慈善捐赠和购车的公开数据。此外,塔吉特的在线

---

[1] See Andrew D. Selbst, "Disparate Impact in Big Data Policing", *Ga. L. Rev.* 51, 2017, https://ssrn. com/abstract=2819182.

[2] 皮尤研究中心(Pew Research Center)的访调员提出类似的情况时,超过一半(51%)的受访者认为这是不可接受的侵犯隐私行为。Lee Raine & Maeve Duggan, Pew Research Ctr., *Privacy and Information Sharing* 31(2016), www. pewinternet. org/ files/2016/01/PI_2016. 01. 14_Privacy-and-Info-Sharing_FINAL. pdf.

[3] See Blase Ur et al., *Smart, Useful, Scary, "Creepy: Perceptions of Online Behavioral Advertising"*, *SOUPS*, July 2012, p. 11-13.

[4] 这是社会交换理论所建立的消费者与网站的关系。See Kelly D. Martin & Patrick E. Murphy, *The Role of Data Privacy in Marketing*, J. Acad. of Marketing Sci 45, p. 135(2016).

隐私政策中披露了塔吉特有权或可能有权访问此信息,并将其用于"增强"用户体验。塔吉特所做的只是雇用有才华的统计人员来处理这一切。因此,客户已经发出通知,表示同意,并且表面上愿意将信息移交给他们。

这些论点由于几个原因而无法兑现。首先,塔吉特、在线广告商和其他数据收集者"已经公开"的理由认为,互联网用户在上网时就放弃或减少了他们的隐私权。但是,正如我们已经讨论过的,只有当我们的隐私概念仍然限于基于权利的分离、自治、选择和控制的概念时,这才是正确的。在这些方法下,确定私人信息与公共信息之间差异的拐点是事实,而不是情境,是将隐私侵蚀为秘密。这将使使用互联网的行为等同于无限制地将我们的数据使用给任何第三方。

这不是我们使用互联网的方式。相反,我们在对如何使用我们的数据抱有期望的情况下,向网站或技术公司披露信息。正如各个学者所表明的那样,消费者信任网站以尊重共享信息的"使用条款"。当违反这些条款时(即数据收集者过分地打破了信任规范或超出了期望而与第三方共享我们的数据时),我们认为隐私受到了侵犯。[1] 因此,除了基于权限的隐私保护方法之外,难以回应"已经公开"的想法,我们需要一种与现象学经验和在线数据收集相匹配的隐私保护方法,并认识到我们的数据被无限制地用于广告、预测性分析和自动决策可能构成对隐私的侵犯。

其次,即使可以将各个数据点视为公开的并且可以使用的、聚合的数据,也不仅是其各个部分的总和,这使对"大数据"的分析和处理成为单独的隐私问题。任何一条信息可能都不是特别亲密的或个人的,但其总和可以描绘出一幅详尽的图画。几十年来,最高法院的理性头脑一直在警告我们。例如,鲍威尔(Powell)法官在"史密斯诉马里兰州"(Smith v. Maryland)案提出的异议中,已经将其公开理由推定为事事关宪法的事务,他辩称执法部门不

---

〔1〕 See Mary J. Culnan & Robert J. Bies, *Consumer Privacy: Balancing Economic and Justice Considerations*, J. Social. Issues 59, p. 323(2003); Zhan Liu et al., *Privacy as a Tradeoff: Introducing the Notion of Privacy Calculus for Context-Aware Mobile Applications*, IEEE(2014), available at www.researchgate.net/publication/262251023_Privacy_as_a_Trade off_Introducing_the_Notion_of_Privacy_Calculus_for_ContextAware_Mobile_Applications.

能在没有禁令的情况下访问我们拨打的电话号码，即使只有一个数字可能不会透露太多关于我们的信息。但列表“可能会显示出一个人的身份和住所，从而揭示出一个人生活中最亲密的细节。”[1]美国诉琼斯案（United States v. Jones）中，在有关 GPS 跟踪上，五位大法官撰写或加入了意见，至少部分认为，长时间进行 GPS 监视构成搜索的原因之一。因为可观察到的行为汇总所揭示的，不仅是观察以下内容的摘要。[2] 索托马约尔（Sotomayor）大法官明确表达了这一担忧，认为警察使用 GPS 设备在公共道路上跟踪汽车这一事实，并不一定会造成在没有宪法允许的情况下对流动车监视范围的扩大。她认为，“GPS 监视的独特属性”，尤其是允许不间断且精确的监视，暗示着第四修正案对不合理搜索和扣押的保证：

> 当考虑在某人的公共运动中存在合理的社会隐私期望时，我会考虑 GPS 监视的这些属性。我想问一下人们是否合理地期望他们的活动会被记录和汇总，从而使政府能够或多或少地确定他们的政治和宗教信仰、性习惯等。[3]

正如索托马约尔大法官所建议的那样，以如此深刻的方式进行信息的大规模汇总和分析并不是我们认为我们正在做的事情。当我们走出家门时，我们可能会期望某种程度的宣传，这就是为什么我们在公共场合穿好看的衣服的原因。但是，这种期望与普遍接受我们数据的所有类型不相同。与基于权利的隐私概念化（难以区分数据操作的类型）不同，我们需要一种隐私方法，该方法围绕分离可信地使用数据和破坏嵌入在社会生活中的信任规范的数据而构建。

再次，行为定位、预测分析和自动决策是嵌入在披露结构中的权力行使过程。但传统的、基于权利的隐私概念误解了这种动态性。如果隐私是关

---

〔1〕 Smith v. Maryland, 442 U. S. 735, 748（1979）（Stewart, J., dissenting）.

〔2〕 See United States v. Jones, 565 U. S. 400, 413 – 18（Sotomayor, J., concurring）; United States v. Jones, 565 U. S. 400, 418–31（Sotomayor, J., concurring）（Alito, J., concurring in the judgment）.

〔3〕 United States v. Jones, 565 U. S. 400, 956（Sotomayor, J., concurring）.

于不可访问或对信息的选择和控制，则上网并确认我们已阅读网站的隐私政策使我们可以选择访问。有观点认为，为了让亚马逊记住我们遗留在购物车中的内容，我们放弃了对数据的控制，以换取便利。如此理解，披露是我们选择权利的一种行使：我们让网站根据我们明确或暗含的许可使用我们的数据。这就是为什么联邦贸易委员会（Federal Trade Commission）投入大量时间和精力来确保网站提供足够的通知，而不是最低限度的信息保护标准。[1] 这也是为什么网站可以在我们认为合适的情况下操纵我们的数据。假定我们在披露之时已经同意使用数据的隐私权概念化，这就直接导致了关于用户数据的“一切皆有”的心态。

但这当然不是真正发生的事情。我们的大部分在线生活和我们的相关披露不能被视为自由选择的主题。换句话说，如果我们从没有选择过首先共享数据的选项，我们就不能承担数据将被使用、共享、出售和操纵的风险。[2] 即使我们可以分离出纯自愿的在线互动，但我们经常缺乏管理披露信息的工具。网站使隐私策略变得不可访问、难以理解且无法阅读。[3] 他们未能履行其隐私承诺。[4] 他们误导了我们必须管理我们首选项的能力。[5] 很难甚至不可能行使我们可能拥有的权利。

取而代之的是，行为定向和其他数据操纵是网站对我们的强大控制。就像拥有我们秘密的朋友一样，网站的强大力量来自我们的披露。它们可以非常简单地汇总、分析、出售和操作我们的数据。实际上，对于许多依赖来自其用户的稳定个人信息流的平台，它们和它们的广告商将目标锁定为

---

〔1〕 See Chris Jay Hoofnagle, *Federal Trade Commission Privacy Law and Policy*, Cambridge University Press, 2016; Daniel J. Solove & Woodrow Hartzog, *The FTC and the New Common Law of Privacy*, Colum. Law Review 114, p. 583(2014).

〔2〕 See e. g. , Smith v. Maryland, 442 U. S. 735, 749(Marshall, J. , dissenting)(1979).

〔3〕 See Ari Ezra Waldman, *Privacy, Notice, and Design*, Stanford Technology Law Review 20, 2018.

〔4〕 美国联邦贸易委员会（FTC）的隐私工作开始了，但仍围绕着违约承诺诉讼，使公司对数据使用惯例和承诺在隐私政策中披露的承诺保持诚实。See Daniel J. Solove & Woodrow Hartzog, *The FTC and the New Common Law of Privacy*, Columbia Law Review114, p. 628-630(2014).

〔5〕 See Vindu Goel, *Flipping the Switches on Facebook's Privacy Controls*, New York Times (Jan. 29, 2014), www. nytimes. com/2014/01/ 30/technology/personaltech/on-facebook-deciding-who-knows-youre-adog. html? _r=0.

潜在的消费者，它们的商业利益与隐私直接相联。在其他地方，披露会导致利益相关者之间的重大权力失衡，信任规范和强大法律武器的介入，是为了保护弱势群体免遭掠夺。例如，在律师—客户和医生—患者的关系中，共享是必不可少的，并且对社会有益，道德规范确保律师和医生将保持信任他们的人的信任。[1] 信托人，其中一些人实际上被称为“受托人”，对依靠他们的人负有忠诚义务。这些是信任规范。而且，如果实践规范崩溃，那些因被破坏的信任而受害的人可以提起诉讼。这与许多在线披露中发挥作用的动力是相似的。

信任和隐私法

现在，我们准备定义“隐私即信任”（privacy-as-trust）。如果信任能给社会联系带来益处，可以减少披露中固有的风险，从而创造有利于与他人共享信息的环境，那么信息隐私就是基于信任的信息流的社会规范。然后，信息隐私法通过使用其强制性和表达能力来保护该信任，在信任崩溃时对其进行修复并限制数据持有者的权力，从而使该规范生效。在“隐私作为信任”下，针对侵犯我们隐私的诉讼、保护我们信息的法律规则、消费者与数据收集者之间的治理关系以及关于前沿隐私问题的司法意见都将集中表达信任关系的价值，并根据我们的社会期望限制对共享信息的使用来保护他们免受伤害。

在实施“隐私保护”时，一些原则应指导法官、政策制定者和监管者。第

---

〔1〕 保持客户的信任已深深植根于法律教育和实践中。Am. B. Ass'n, *A. B. A. Canons of Professional Ethics*(1937), available at www. americanbar. org/content/dam/aba/migrated/ cpr/mrpc/Canons_Ethics. auth-checkdam. pdf.（律师有责任维护其委托人的信心。这项职责使律师的工作寿命更长，并且也延伸到他的雇员；他们中的任何一个都不应接受涉及或可能涉及披露或使用这些置信的工作，无论是出于律师或其雇员的私人利益还是对当事人的不利，未经他的知情和同意，甚至还有其他可用的信息来源。律师发现该义务妨碍其对前任或新客户履行其全部职责时，不应继续受雇。）路易斯·拉斯加纳（Louis Lasgana）博士撰写的现代版《希波克拉底誓言》（*Hippocratic Oath*）在某种程度上说：“我将尊重我患者的隐私，因为他们的问题没有向我透露世界可能知道的。” PeterTyson, *The Hippocratic OathToday*, NOVA（Mar. 27, 2001）, www. pbs. org/wgbh/nova/body/hippocratic-oath-today. html.

一个原则是：

> 共享不仅是必然的，而且是必要的。
>
> (Sharing is not only inevitable, it is necessary)

我们的社会是共享者的社会。伯纳德·哈考特（Bernard Harcourt）称为“暴露”（exposed）。[1] 我们一直在与他人共享信息，无论是与朋友聊天或与挚爱共进晚餐，还是在支持小组内分享个人故事。这样做可以满足与生俱来的心理需求，并实现巨大的社会、公共卫生和政治利益。信任即隐私理论不仅接受共享和披露的必然性和必要性，该理论也促进、鼓励和保护这种共享和披露。

我们在互联网上的披露几乎没有什么是真正免费的。尽管没有人强迫我们在脸书上列出我们喜欢的电影或“点赞”我们朋友的帖子，但在大多数情况下，我们是非自愿的在线共享者。我们在亚马逊上购买任何东西，使用银行的在线平台或使用信用卡付款都需要大量在线数据披露，甚至浏览网页也是一个信息共享事件。如果我们希望参与现代生活，那么大部分共享是无法避免的，而且由于它是出于必要而做的，所以实际上并不是自由选择的结果。[2]

我们大部分的在线共享都是建设性的非自愿行为，这使得许多“已经公开”的论点变得毫无根据。我们已经在本书中看到了这些论点。例如，夫妻俩不会反对在报纸上发表他们亲吻的照片，因为媒体这样做是为了充分了解农民市场上所有顾客的情况。[3] 任何使用电话的人都不会反对电话公司将我们拨打的电话号码移交给政府，因为该信息已经被披露。[4] 同样，持卡

---

[1] See Bernard E. Harcourt, *Exposed: Desire and Disobedience in the Digital Age*, Harvard University Press, 2015.

[2] See John Locke, *An Essay Concerning Human Understanding*, Peter H. Nidditch ed, Oxford University Press, 1690, p. 8.

[3] See Gill v. Hearst Pub., Co., 253 P. 2d 441 (Cal. 1953).

[4] See Smith v. Maryland, 442 U. S. 735, 744 (1979).

人在美国运通共享客户的购买历史记录和其他信息时也不能提出异议，因为该数据已在某时被自由地移交给他们。[1] 而且，当航空公司在公司外部共享客户信息时，在线购买机票的航空旅行者也无法反对。航空公司成功地争辩说，这些客户选择使用互联网购买机票并输入各种数据。[2] 那么还有什么选择呢？不能指望我们在没有电话、没有互联网的情况下度过一生。一定程度的公开是现代生活的副产品。如今，很多隐私法都没有反映出这一点。

我们在这些情况或其他情况下的初步披露并非完美和自由选择的结果。这些初步披露行为大多数是因为我们生活在一个网络技术世界中而不得不为的选择，正如杜尔凯姆说的那样，这是现代生活的社会事实，因此对我们的行为构成了限制。[3] 换句话说，与他人和企业在线互动是我们生存的必要事实。因此，随之而来的是数据共享。我们在这个世界中的选择不是免费的。马歇尔法官(Marshall)在一个特别有力的隐私异议中，抓住了这一想法的法律含义："隐含是承担风险的概念"，普通法学说是以在先共享信息中隐私利益受到侵蚀为核心，是一种选择的观念……除非一个人准备放弃使用许多已经成为个人或职业上必不可少的信息，否则他就不得不忍受监视的危险。在个人没有现实选择的情况下谈论"承担"风险是无聊的。[4]

马歇尔当时在谈论电话，但是如果他今天仍在，他的话同样可以(甚至更多)适用于互联网。因此，隐私法必须适应现代社会、商业和职业生活中披露的必要性。

如果共享是经常必要和不可避免的，那么"隐私即信任"的第二个原则就是保护我们免受披露中固有风险的侵害：

---

〔1〕 See Dwyer v. American Express Co. ,652 NE. 2d 1351(Ill. App. Ct. 1995).

〔2〕 See In re Nw. Airlines Privacy Litig. ,No. Civ. 04-126,2004 WL 1278459(D. Minn. June 6,2004).

〔3〕 See E'mile Durkheim, *The Rules of Sociological Method*, in Steven Lukes ed. Trans. By and W. D. Halls, New York, The Free Press, 1982.（讨论了社会的事实）; Pierre Bourdieu, *The Logic of Practice*, trans. by Richard Nice, Cambridge, Polity, 1980, p. 52-65(1990)(1980)(习惯上); Julie E. Cohen, *Cyberspace as/and Space*, Columbia Law Review 107, p. 210(2007).

〔4〕 Smith, 442 U. S. at 749(Marshall, J. ,反对).

> 隐私不是隔离个人和社会的盾牌，而是一种社会结构的要素，它通过限制信息持有者的力量来促进共享和社会互动。
>
> (Rather than a shield separating individuals and society, privacy is an element of social structure that facilitates sharing and social interaction by constraining the power of information holders)

维护隐私的努力不仅是内向的或防御性的，也不只是将我们与他人分开。有时，他们是外向型的社会行为，有助于塑造期望和社会规范。[1] 斯科特·斯金纳-汤普森(Scott Skinner-Thompson)举例说明了在公共场合穿连帽衫：连帽衫的隐藏能力是微不足道的，但这是对现代生活普遍监视的有力反抗。信任情境中的披露是类似的。[2] 尽管我们无法确定我们的披露将按照我们的期望使用，但我们在信任、遵循和巩固准则的过程中共同分享。这对隐私法的重点及其基本目的和观点产生了重大影响。传统上，隐私法旨在保护个人自由，而根据"隐私即信任"原则，隐私和信息法则侧重于保护和修复信任关系。这意味着要利用法律来保护披露情境，而不仅是受害者个人，要求数据收集者对我们发送给他们的信息负责，并允许信息流而不是制止信息流。

法律学者尼尔·理查兹和哈佐格持类似的观点。理查兹和哈佐格感叹隐私权的"悲观主义问题"，指出我们的隐私权方法主要是纠正错误。[3] 沃伦和布兰代斯提出了"独处的权利"的概念，因为他们担心"即时摄影"将允许无原则的记者窥探他人的私生活。[4] 联邦贸易委员会基于其制止不公平和欺骗性贸易行为的权利来保护消费者隐私，发现数据使用行为不公平，

---

〔1〕 See Scott Skinner-Thompson, *Performative Privacy*, U. C. Davis Law Review 50, p. 1673, p. 1734-1137(2015).（挑战当前为证明公共场所存在隐私权而进行的尝试，并争辩说，在"公共场所"中维护隐私的许多努力都被适当地概念化为表演形式，或对无处不在的监视社会的表现性抵制。）

〔2〕 See Scott Skinner-Thompson, *Performative Privacy*, U. C. Davis Law Review 50, p. 1673, p. 1697-1705(2015).

〔3〕 See Neil Richards and Woodrow Hartzog, *Taking Trust Seriously in Privacy Law*, Stanford Technology Law Review19, p. 447-451(2016).

〔4〕 See Samuel D. Warren & Louis D. Brandeis, *The Right to Privac*, Harvard Law Review 4, p. 193 (1890); Neil Richards, *Intellectual Privacy*, Tex. Law Review 87, p. 387-393(2008).

“很可能对消费者造成重大伤害，而这是消费者自己无法合理避免的，并且是不能抵消对消费者或竞争对手的抵消性利益”。[1] 理查兹和哈佐格认为，将隐私法定位于损害、侵害他人的行为是正确的。[2] 隐私即信任将强调另一点，即传统上将隐私法的重点放在对个人和个人权利的伤害上，旨在给个人提供喘息的机会和远离社会的自由。但是入侵隐私也是对社会结构背景的伤害，这种社会结构首先允许共享。“隐私即信任”理论下仍将使用法律，适用于保护这些伤害的场合。

这具有强大的作用。正如卡斯·桑斯坦(Cass Sunstein)等人所论证的那样，法律具有多种功能：它通过惩罚违法行为来直接削减活动，并通过表达关于社会道德的集体观念来间接地暗示适当的行为。[3] 隐私法传统上对个人伤害的关注是它有限的强制作用：只有在一个人可以证明其个性化、特定性以及通常是金钱上的伤害时，它才起作用。毕竟，这就是最高法院最近在 Spokeo 诉罗宾斯案(Spokeo v. Robins)中的判决。[4] 一名男子试图起诉 Spokeo 网站，它是一个有关个人信息的搜索引擎。访问该网站的任何人都可以输入一个人的姓名、电话号码或电子邮件地址，Spokeo 将对与该数据相关的任何信息进行广泛搜索。当罗宾斯(Robins)发现 Spokeo 报告有关于他的不正确信息，使他担心自己的隐私并导致严重的心理伤害时，他提起了诉讼。[5] 罗宾斯案引发了什么足以引发诉讼的问题？该案一直打到最高法院，在那里，法院忽略了罗宾斯的诉讼请求。法官们发现，由于 Robins 仅发现了 Spokeo 发布不准确的信息所造成的“无形”损害，因此他没有遭受足够的“具体”伤害。[6] 这对于经常遭受无形资产侵害的数据隐私受害者尤其

---

〔1〕 15 U.S.C. § 45(n)(2012).

〔2〕 See Neil Richards and Woodrow Hartzog, *Taking Trust Seriously in Privacy Law*, Stanford Technoligy Law Review19, p. 431-437, p. 451(2016).

〔3〕 See Cass R. Sunstein, *On the Expressive Function of Law*, U. Pa. Law Review144, p. 2021-2022 (1996).

〔4〕 See 136 S. Ct. 1540(2016).

〔5〕 See 136 S. Ct. 1544(2016).

〔6〕 See 136 S. Ct. 1549-50(2016).

成问题。[1] 因此，Spokeo可能会阻却许多因数据泄露和信息滥用而造成的受害者，因为他们从一开始就没有将案件提起诉讼，这使我们对保存数据的需求感到失望，需要我们对自己的行为负责。

隐私对个人的关注也限制了其表达效果。隐私法的叙述既是狭隘的又是个人主义的。因为它只对想要独处的个人带来直接伤害，所以它既无效又反社会。这就是为什么从技术公司的高管到普通的互联网用户，许多人都认为我们"无论如何都没有隐私"，应该"克服它"。[2] 这也是一些学者开始批评隐私的原因。阿米泰・埃齐奥尼（Amitai Etzioni）辩称，公共健康和公共安全有时会与强有力的隐私保护发生冲突，例如，所谓的《梅根法》（Megan's Laws）要求性犯罪者向地方当局注册。[3] 在这种情况下，隐私必会丧失。杰出的法律和经济学学者从不同的角度批评隐私，波斯纳（Posner）法官认为，隐私法允许人们隐瞒自己的信息，以便"误导与之互动的人"。[4] 对于波斯纳而言，这会造成效率低下、交易成本提高和伤害。他写道："在某个时候，保密就变成欺诈。"[5]换句话说，为什么法律应该正确地阻止卖方对商品质量进行说谎，却允许个人对自己的身份进行说谎？正如波斯纳所指出的那样，"人们'出售'他们自己以及他们的商品。他们自称行为高标准，以诱使他人与他们进行社会或商业往来，从而从中获得好处。"[6]女权主义学者凯瑟琳・麦金农（Catherine MacKinnon）批评隐私是一种反对女性平等的武器。尤其是像斯奈特诉罗德斯案（State v. Rhodes）这样的基本隐私案件，[7]使用了"内部隐私"（domestic privacy）或"婚姻固有隐私"的概念，作为允许丈夫殴打妻子的手段，这意味着隐私是维持现状的工具，是一种陷

---

〔1〕 See Daniel J. Solove & Danielle Keats Citron, *Risk and Anxiety: A Theory of Data Breach Harms*, Tex. Law Review 96, 2017（认为即使数据隐私损害往往是无形的，以风险为导向并且是分散的，法院仍应认识到它们）.

〔2〕 Polly Sprenger, *Sun on Privacy*: "*Get Over It*," (Jan. 26, 1999), http://archive.wired.com/politics/law/news/1999/01/17538.

〔3〕 See Amitai Etzioni, *The Limits of Privacy*, Basic Books, 1999, p. 43-44.

〔4〕 Richard A. Posner, *The Right of Privacy*, Ga. Law Review 12, p. 393, p. 399 (1978).

〔5〕 Richard A. Posner, *The Right of Privacy*, Ga. Law Review 12, p. 398 (1978).

〔6〕 Richard A. Posner, *The Right of Privacy*, Ga. Law Review 12, p. 399 (1978).

〔7〕 See 1868 WL 1278 (N. C. 1868).

阱，可以加强根深蒂固的等级制度和权力，而不是保护有需要的个人。[1] 对于麦金农来说，隐私权是国家无法控制的“让男人独自压迫妇女”的权利。[2]

但是，即使有这些有力的批评，仍然有学者认为隐私是个人隐藏或与社会隔离的权利。埃齐奥尼（Etzioni）担心如果性犯罪的再犯者可以掩饰自己的身份，将会给儿童带来风险。波斯纳认为，隐藏数据是我们的社会、商业和专业决策的基础，这对经济造成了损害。麦金农正确地指出，男人可以借口躲在婚姻的后面，以保护自己免受法律的攻击和殴打。

“隐私即信任”通过将隐私法律重新定位为保护、促进和修复个人之间以及个人与技术公司之间的信任来挑战这一假设。它的强制力将确保拥有我们个人信息的人会根据信息最初被公开的期望来对待该信息，从而限制了我们数据的“一切力量”。而且它的表现力将突出因认真对待社会而产生的社会团结。

“隐私作为信任”的第三个原则，是一个实际的原则。认识到许多披露（尤其是在线披露）并非纯粹出于自愿，并且了解到隐私是基于信任的社会结构的一个要素，这种信任可以重新平衡披露情境中的权力关系，法官、律师和政策制定者可以通过识别那些表明信任的披露情境进行判断，将信任的隐私作为一种可管理的学说。

> 法官可以通过了解当事方的经验，明确的和隐含的社会暗示，以及从已知到未知的转移来确定以信任为特征的披露背景和情境。
>
> （Judges can identify disclosure contexts that are characterized by trust by looking to the experience of the parties, explicit and implicit social cues, reciprocity, and transference from knowns to unknowns）

---

〔1〕 See Catharine A. MacKinnon, *Toward a Feminist Theory of the State*, Harvard University Press, 1989.

〔2〕 See Catharine A. MacKinnon, *Privacy v. Equality: Beyond Roe v. Wade*, Feminism Unmodified, p. 102 (1987).

这些启发式方法反映了我们掌握的有关个人信息公开倾向的最佳社会科学证据,并很容易为决策和法庭取证提供依据。

传统的隐私法一直在寻求包容性明确的规则,以确定公共和私人之间的区别。正如丹尼尔·索洛夫在其 2005 年出版的《数字人》(*The Digital Person*)一书中所指出的那样,我们太多的隐私决定都是基于所谓的"保密范例"(secrecy paradigm),即只有秘密信息才可以私有的思想。[1] 普通法财产原则还根据传统的基于权利的思想(所有权、排斥能力和财产界限确定了我们隐私利益的限制)来管理隐私决策。[2] 并且联邦隐私政策在限制时体现了"自主性原则"、企业隐私义务以及发布有关数据使用惯例的通知。

"隐私即信任"从这些狭窄的方法中拯救了隐私和信息法。吸取隐私的社会方法的经验教训表明,对隐私的滥用、对先前共享信息的法律保护,取决于该信息是否在信任的情况下共享。凭经验可以观察到信任,也就是说,我们知道在公开情境中有助于形成信任的社会力量。律师只需要寻找他们,而不必被社交互动偶尔的模糊性所吓倒,并在证明信任时具有创造力。但是,这提出了一个重要的问题:如果"隐私即信任"是理解共享和隐私入侵的情境、社交方式,那么它对对话有什么帮助?与我们在第 3 章中讨论的其他社会隐私理论有何不同?隐私即信任理论有三个重要贡献:它是基于我们如何共享以及发挥作用的动力经验证据从头开始构建的;它是可管理的,允许法官、律师、陪审团、隐私专业人士甚至公众在现实生活中概念化和应用隐私;它反映了我们的社会价值。我们需要一个更频繁、更明确、更有效地重视信任的社会。

"隐私即信任"理论接受了丹尼尔·索洛夫在"隐私概念化"中提供的建议,他在其中呼吁采用一种彻底的方法来理解隐私。确实,事实上,隐私即信任始于实践,即基于我们社会行为的经验证据。学者们表明,我们在线公

---

〔1〕 See Daniel J. Solove, *The Digital Person*, New York University Press, 2004.

〔2〕 See Cf. Orin S. Kerr, *The Fourth Amendment and New Technologies: Constitutional Myths and the Case for Caution*, Michigan Law Review 102, p. 801 (2004).

开信息的倾向受到情境线索的影响,这种情景包括他人的行为和情境的设计等。[1] 这些研究的大部分基础是特殊的社会信任。在第 4 章中,本书讨论了对在线社交网络用户的调查结果,该调查表明对他人的信任和对平台的信任是我们在线共享决定中具有统计意义的重要因素。对于个人或私人信息也是如此。无疑,这项研究必须重复、扩展和继续。这个项目绝不是关于信任和共享之间关系的最终决定。但这是基于数据的,它反映了对我们如何在实践中真实作出隐私和披露决定的日益了解,这使其更有能力在信息披露环境中被用来回答现代隐私问题。

我们大多数人应该熟悉隐私即信任这种从下而上的分析方法,特别是对法律人而言。在许多披露环境中,包括医生与病人之间的关系以及受托人与受益人的安排,类似的权力动态也在起作用。在这些情况下,信息必须公开。信任规范是由道德规范和普通法的忠诚义务共同发展而来的,可减少披露风险并使信息共享者感到不那么脆弱。一般而言,"信任即隐私"吸取了这些教训,因为它们适用于公开情境中。

隐私即信任是由数据驱动的,反映了我们在实践中的行为,也意味着它带有明确定义的准则,使其成为信息隐私环境中的可管理标准。毫无疑问,任何试图通过查看情境来回答法律问题的标准都必然比诸如保密范式或隐私即亲密关系之类的明晰规则更复杂。[2] 这些方法的简单性和连贯性是使它们如此吸引人的一部分,但是这种简单性掩盖了锋利的边缘。即使在自愿共享个人信息的狭窄范围内,此类规则也未包含在内。我们已经在无数情况下看到了这种情况,这些情况开启了已经公开的教条(已经公开的

〔1〕 See NeilRichards & WoodrowHartzog, *Taking Trust Seriously in Privacy Law*, Stanford Technoligy Law Review 19, p. 431, p. 464(2016).

〔2〕 See Scott Skinner-Thompson, *Outing Privacy*, Nw. Law Review 110, p. 159, p. 161-162, p. 175-176 (2015)(在某种程度上说,将隐私理解为可以防止由于传播亲密信息而造成的歧视,具有简单、明确和易于管理的好处).

信息丧失了保密的正当性）。[1]

情境很重要，情境在不同情况下的表现也有所不同。隐私即信任试图就披露的社会背景进行其他无限制的讨论，并提炼出最有可能与我们分享倾向相关的因素。如果要对信任的情况下进行的披露来进行法律保护，并且我们有证据表明信任是通过经验、显性或隐性的社会暗示、互惠以及从已知向未知的转移而发展的，那么对法官、陪审团和律师如何对信息隐私案件进行诉讼和裁定就具有指导意义。律师知道要收集什么样的证据，事实调查者知道要什么样的证据评估。也就是说，他们不必止于正式协议，保密条款或明确提示。隐私即信任更加动态，尽管这可能要求法官和陪审团深入了解具体情况，而不是依赖简单分明的规则。

最后，也许是最重要的一点，隐私即信任反映了一种重要的社会价值。[2] 信任由于缺乏更好的表达而成为一件好事，并且可以通过法律的表达能力加以培育。

信任通过允许我们依靠他人的建议来帮助我们应对不确定性和复杂性。[3] 也许有 100 家瑜伽工作室可供选择，但是只有 1 到 2 个瑜伽工作室会推荐一位有 15 年瑜伽经验的人。信任使我们能够承担风险，[4] 与他人合

---

〔1〕 See Gill v. Hearst Pub. Co. ,253 P. 2d 441,444(Cal. 1953)（"原告的照片仅允许她的公众……看到他们是自愿表现出来的。根据他们自己在公共场所对这种特殊情况的自愿假设，原告对此次拍摄的事件的隐私权已经终止，实际上已成为公共领域的一部分。总之，该照片未披露任何，直到那时，它都是私人的，而只是将有关特定事件的知识扩展到更大的公众，然后才在事件发生时目睹。"）；Moreno v. Hanford Sentinel, Inc. ,91 Cal. Rptr. 3d 858,862(2009),asmodified(Apr. 30,2009)原告的"将其评论发布到 MySpace"的"有礼貌的行为"使她的文章对任何有计算机的人都可以公开使用，从而使它向公众开放。在这种情况下，没有一个合理的人会对所发表的材料有隐私的期望；Cox Broadcasting Corp. v. Cohn,420 U. S. 469,472-73(1975)（允许发布强奸受害者的名字，因为在刑事起诉书中已经可以使用）；Florida Star v. B. J. F. ,491 U. S. 524,527(1989)（拒绝停止披露强奸受害者的名字，因为在新闻发布室报告中可以找到）. But see e. g. ,Daily Times Democrat v. Graham,162So. 2d474,478(Ala. 1964)（尽管在公共场所她的衣服被风吹了，但仍被认为是私人的照片）.

〔2〕 杜尔凯姆认为，法律在反映随着时间而建立的深层结构性社会价值时，才是最有效的。Emile Durkheim, *The Division of Labor in Society*, trans. by W. D. Halls, London, Palgrave, 1893, p. 24.

〔3〕 See Talcott Parsons, *Action Theory and the Human Condition* 45-47(1978).

〔4〕 See James S. Coleman, *Foundations of Social Theory*, Harvard University Press, 1990, p. 91.

作，[1]尽管作出决定仍很复杂，[2]并在混乱中建立秩序。[3] 信任还通过向所有人（包括酗酒者和患有抑郁症的人以及亲密的朋友）提供他们需要披露的个人信息以及可能带有侮辱性信息的信心，从而鼓励进行治疗性共享。[4] 在这些情形中，我们希望其他人去遵循的规范——保密和自由裁量权——对于创造必要的共享环境至关重要。

信任也对社会产生积极影响。信任已被证明可以促进经济成功和有效的公民参与，因为它可以促进团队合作。[5] 信任度高的组织效率更高，而且表现往往优于竞争对手。[6] 这对于曾经在团队中工作过的人很有意义。当同事们了解到他们可以期望彼此按照公认的公司准则行事时，包括对公司机密的保密、对公司使命的奉献和对成就的尊重等，个人更有可能分享新想法。[7] 信任他人以维持这些准则的能力使团队更有效。信任也是发展社会和政治信任的必要条件，[8]两者都是社会中的积极力量。在社会、经济和政治参与者彼此不认识的现代异质社会中，信任是必不可少的。[9] 它是“合作

---

〔1〕 See Diego Gambetta, *Foreword to Trust: Making and Breaking Cooperative Relations*, New Jersey, Blackwell, 1988, ix.

〔2〕 See Niklas Luhmann, *Trust and Power*, Polity, 1979, p. 4.

〔3〕 See Barbara A. Misztal, *Trust in Modern Societies*, Polity, 1996.

〔4〕 See Aaron T. Beck& Brad A. Alford, *Depression: Causes and Treatment*, Philadelphia, University of Pennsylvania Press, 2009, p. 292-324.

〔5〕 See S. V. Subramanian et al. , *Social Trust and Self-Rated Health in U. S. Communities: A Multilevel Analysis*, J. Urban Health S21 79, p. 21-22 (2002); Charles M. Tolbert et al. , *Local Capitalism, Civic Engagement, and Socioeconomic Well-Being*, Social Forces 77, p. 401, p. 405-406 (1998); Gerry Veenstra, *Social Capital, SES and Health: An Individual-Level Analysis*, Soc. Sci. & Med 50, p. 619, p. 620 (2000).

〔6〕 See Jeffrey L. Bradach& Robert G. Eccles, *Price, Authority, and Trust: From Ideal Types to Plural Forms*, Ann. Rev. Soc 15, p. 97, p. 107 (1989).

〔7〕 See Amy C. Edmondson, *Teaming to Innovate*, Jossey-Bass, 2013, p. 78; AmyC. Edmondson, *The Local and Variegated Nature of Learning in Organizations: A Group-Level Perspective*, in *Sociology of Organizations: Structures and Relationships*, in Mary Goodwyn and Jody Hoffer Gittel eds. , Organization Science, INFORMS, Vol. 13 (2), 2012.

〔8〕 Ken Newton and Sonja Zmerli, *Three Forms of Trust and TheirAssociation*, Eur. Pol. Sci. Rev. 3, p. 169, p. 176 (2011).

〔9〕 See Peter Nannestad, *What Have We Learned About Generalized Trust, If Anything?*, Ann. Rev. Pol. Sci11, p. 413, p. 422 (2008); Ken Newton & Sonja Zmerli, *Three Forms of Trust and TheirAssociation*, Eur. Pol. Sci. Review 3, p. 171 (2011).

的基石”,并促进了经济繁荣;[1]它使民主制度更有效地运转;[2]它有助于我们与我们不同的人建立联系,并鼓励共享和更大、更有意义的互动。[3]

信任对法律也至关重要。毕竟,它是一般保密概念和更具体的特权学说的核心。正如法律学者尼尔·理查兹和哈佐格所指出的那样,“也许是人们在披露个人信息时作出的最基本假设”,无论是对医生、恋人还是互联网服务提供商,“他们都是收件人,都会保持谨慎”。他们指出,我们信任医生“不要透露有关我们的健康和精神状态的信息”,而信任恋人则“不要亲吻和透露”。[4] 理查兹和哈佐格的自由裁量权因此是建立在信任或期望的基础上的。个人将继续按照公认的社会规范行事。我们希望医生保持我们的医疗信心,而爱人则保持我们的性信心,因为这样做符合准则的规定。因此,我们与他们共享了亲密的细节。信任和机密规范也证明了特权学说的合理性,包括律师—委托人,医生—患者和配偶特权,[5]因为此类规范能有效鼓励律师,[6]支持性护理和爱心所必需的充分而坦率的披露。[7]

我们需要更加直率地对待这些规范利益。如今,隐私正在失去我们认为对社会具有极大好处的价值观,例如,言论自由、国家安全以及法律和秩序。我们希望个人了解隐私如何使他们受益,我们希望公司了解隐私对企业的好处。隐私即信任强调了这些规范性好处,因为它将隐私与信任绑定在一起,这是美好生活的基本要素。这样,隐私即信任使隐私成为公民话语中更强大的凝聚点。

---

〔1〕 See Ken Newton & Sonja Zmerli, *Three Forms of Trust and TheirAssociation*, Eur. Pol. Sci. Review 3, p. 422(2011).

〔2〕 See Ken Newton & Sonja Zmerli, *Three Forms of Trust and TheirAssociation*, Eur. Pol. Sci. Review 3, p. 428-430(2011).

〔3〕 See EricM. Uslaner & RichardS. Conley, *Civic Engagement and Particularized Trust: The ties that Bind People to Their Ethnic Communities*, Am. Pol. Res 31, p. 331-332(2003).

〔4〕 See Neil Richards & Woodrow Hartzog, *Taking Trust Seriously in Privacy Law*, Stanford Technoligy Law Review 19, p. 460(2016).

〔5〕 See 23 Samuel Williston & Richard A. Lord, ATr cts § 62:12(4th ed. 2002).

〔6〕 See Upjohn Co. v. United States, 449 U. S. 383, 389(1981)(律师—客户特权“鼓励充分和坦率的沟通”,使双方可以安全地共享事实、细节和印象,而不必担心披露).

〔7〕 Trammel v. United States, 445 U. S. 40, 44(1980)(这种特权可免除不利的配偶证言的现代理由是,它在促进婚姻关系的和谐与神圣方面所发挥的重要作用).

本书的下一部分和最后一部分说明了如果法律确实反映了“隐私即信任”，那将是什么样的。通过研究针对当前五项隐私和信息法辩论的对比方法，包括确定消费者与数据收集者之间的法律关系、应用与隐私侵权、在线骚扰、知识产权和社交机器人，本书将说明如何应用“隐私即信任”方法在广泛披露的世界中更有效地保护我们的隐私。

第三部分:一种基于信任的隐私和信息法上的方法

当今的隐私法在很大程度上是围绕自主性、选择权和个人权利的概念而构建的。我们在第1章和第2章中对此进行了讨论。即使数据收集者滥用了我们的信息,法官们也拒绝进行恢复,因为我们被推测为最初是自由选择自愿共享我们的数据。因此,我们承担了可能进一步传播和共享信息的风险。在这种情况下,在先公开的信息不再是私有的,并假设我们是在合理的基础之上作出隐私和披露决定的。联邦和州的隐私法将其精力集中在要求数据收集者起草和发布隐私政策上,这些政策详尽地列出了公司的数据使用惯例。如果不是因为联邦贸易委员会强大的隐私权执行力,数据收集者在披露我们的数据后几乎没有责任。

隐私即信任认识到这些关于隐私的思考方式过时或不完整。将信任作为隐私的基准,将使隐私法的方向从狭隘地关注个人选择转向更广泛地关注公开的关系。在本书的这一部分中,我们将确切地说明其含义。隐私法是多方面的,除此之外,它是普通法责任、法院判决、联邦和州法规以及监管执法行动的集合,可同时管理公民和数据收集者的权利和责任。接下来的五章将使用五个不同的案例研究来阐明"隐私即信任"对隐私和信息法各个方面的影响。尽管"隐私即信任"可能不会改变每种情况的结果或改变每条法规,但将隐私法作为受信任关系的保护者的结果是,在不可避免地进行信息共享和广泛传播的信息时代可以更为有效地保护隐私。

每章的组织结构上,一方面说明了传统的隐私方法与当前法律制度之间的对比;另一方面说明了隐私即信任及其法律含义。第6章介绍了法律规则,这些规则规范了我们与收集我们数据并使用复杂、不透明的算法来控制我们在网上看到的内容的公司之间的关系。本章认为与传统对隐私的理解相反,隐私即信任解释了为什么基于“大数据”的预测分析的核心是隐私入侵。在杰克·巴尔金等人的工作基础上,本章建议将一些数据收集者视为我们信息的受托人,以解决模糊的黑匣子人工智能的隐私危险。第7章从宏观到微观,显示了隐私即信任将如何能够将以前公开的信息作为私人信息来保护。第8章使用非自愿色情(也称为“复仇色情”)的案例研究来探讨网络骚扰问题,以表明“隐私即信任”将如何使侵犯保密权的侵权行为能够帮助受害者寻求补救。第9章从隐私情境出发,探讨了知识产权方面的信息流问题。讨论表明,作为一种如何共享数据的学说,对隐私的追求可以更好地保护传统上边缘化的发明者和创造者的权利。最后,第10章展望未来。在这里,本书认为“隐私即信任”最适合理解社交机器人或具有人类特质的机器人固有的隐私危险,这些机器人旨在触发人类对于联系社交和爱情的基本需求。

第6章　数据收集者的责任

收集、汇总、分析和共享我们信息的公司对我们具有强大的影响力。但是,根据现行法律,它们的责任微乎其微。那是因为我们与数据收集者的关系是建立在"隐私即自治"原则的基础上的。尽管规则因行业而有所不同,[1]但通用方法是相同的:根据我们有权自行决定如何和何时公开信息的理论,数据收集者需要向我们提供更多信息而不是其数据使用实践的完整列表以及同意数据收集或使用其他平台的机会。这种制度被称为"通知和选择"(notice-and-choice),具有严重的缺陷。

但是,根据"隐私即信任",网站将对其用户承担更多的义务。通知和选择取决于通知的数据收集,隐私即信任取决于信任,这是有先例的。医生、投资经理和房地产执行人可以控制我们的健康、金钱和期货,就像网站可以控制我们的信息和数字生活一样。因此,就像信托法设计的那样,只有受托人考虑被受托人利益最大化时才被赋予权力,当他们不考虑受托人利益就相当于"引火自焚";"隐私即信任"理论需要谷歌,脸书和其他公司也和受托人一样(考虑信息被委托人的最大利益),这些公司被耶鲁大学法学院教授

---

〔1〕 例如,《健康保险可移植性和责任法案》(The Health Insurance Portability and Accountability Act,HIPAA)规范了某些类型的健康和医疗信息的收集,存储和共享。《儿童在线隐私保护法》(The Children's Online Privacy Protection Act,COPPA)适用于收集有关13岁或以下儿童信息的平台。格拉姆-里奇-布莱利法案(Gramm-Leach-Bliley Act)规定了一些金融机构的信息管理规则。这些法规有一些不同的规则,每个规则在某些情况下对数据共享施加了额外的限制。

杰克·巴尔金称为“信息受托人”(information fiduciaries)。[1]

在本章中,笔者列出了通知和选择的平台义务与信息受托人的更广泛职责之间的对比,后者是构建互联网和技术公司法律关系的两种截然不同的方式。前者基于传统的隐私原则,不适合在当今几乎完全由算法设计决定和限制我们在线体验的世界中保护我们的数据。后者基于信任的隐私,将解决由披露引起的权力不对称问题,并使我们有信心在知道我们的利益受到保护的情况下与技术合作。

通知和选择

作为管制的法律制度,“通知和选择”是不言而喻的。收集我们数据的公司应该告诉我们它们收集了什么信息,收集信息的方式和目的以及与谁共享信息,这是通知的部分。之后我们就有机会选择退出,[2]选择此平台或使用其他平台是我们的选择。一旦我们基于该通知表示同意,数据收集者便可以根据其隐私政策使用我们的数据。

通知和选择来自公平信息实践原则(FIPPs),该原则是根据1973年联邦住房、教育和福利部(HEW)的报告制定的。[3] 该报告建议任何政府机构应该向公民公开其数据使用惯例,给每个人机会以更正其数据,并征求个人对其信息的任何二次使用的同意。[4] 联邦贸易委员会(FTC)认真考虑了这些

---

[1] See Jack M. Balkin, *Information Fiduciaries and the First Amendment*, U. C. Davis Law Review 49, p. 1183(2016).

[2] See Daniel J. Solove & Woodrow Hartzog, *The FTC and the New Common Law of Privacy*, Columbia Law Review 114, p. 583, p. 592(2014).

[3] Sec'y's Advisory Comm. on Automated Pers. Data Sys., *U. S. Dep't of Health, Educ. & Welfare, Records, Computers, and the Rights of Citizens*(1973), www. justice. gov/opcl/docs/rec-com-rights. pdf.

[4] Sec'y's Advisory Comm. on Automated Pers. Data Sys., *U. S. Dep't of Health, Educ. & Welfare, Records, Computers, and the Rights of Citizens*, p. 41 – 42 (1973), www. justice. gov/opcl/docs/rec – com – rights. pdf.

建议,并敦促国会,[1]在此过程中将“通知”确定为最重要的公平信息实践原则,并提高了隐私权政策,即有关公司数据使用惯例的声明,纳入有效的法律文件,概述数据收集者对其用户的职责范围。

与欧盟或加拿大不同,美国没有全面的关于通知和选择权隐私保护的法律。[2]“通知—选择”制度通过一系列联邦和州数据隐私法被编入美国法律。[3]美国联邦数据隐私保护是“行业的”(sectoral),或限于特定类型的信息。例如,《健康信息携带和责任法案》(HIPAA)帮助保护某些医疗信息的隐私权,[4]而《格拉姆-里奇-布莱利法案》向个人发出通知并对某些金融机构持有的信息进行某些控制。[5] HIPAA 和 Gramm-Leach-Bliley 以及《儿童在线隐私保护法》(COPPA)[6]和其他法规是众多联邦法律中的一部分,就像其所基于的公平信息实践原则一样,[7]这些法律大部分要求数据收集者向我们提供通知和选择。[8] 例如,COPPA 可以防止未经授权地使用、收集和传播 13 岁及以下儿童的信息,[9]要求某些面向儿童的网站披露其收集的数据,无论是主动还是被动获得的数据,将如何使用以及是否与他人共享。[10]《格拉姆-里奇-布莱利法案》要求某些金融机构采取以下行动:向客户解释其数据收集和使用实践。它们必须说明收集哪些信息,与之共享信

---

〔1〕 Privacy Online: Fair Information Practices in the Electronic Marketplace: Prepared Statement of the Fed. Trade Comm'n Before the S. Comm. on Commerce, Sci., & Transps. § Ⅲ(1)(May 25, 2000).

〔2〕 欧洲议会和理事会 1995 年 10 月 24 日第 95/46 / EC 号指令 Directive 95/46/EC,关于在处理个人数据和此类数据自由流动方面的个人保护,1995 O. J.(L 281)31, http://eur-lex. europa. eu/legal-content/en/TXT/? uri= CELEX:31995L0046。值得注意的是,该指令已由《通用数据保护条例》代替,生效日期为 2018 年年中。请参见《欧盟数据保护规则的改革》Reform of EU Data Protection Rules, Eur. Commission: http://ec. europa. eu/justice/data-protection/reform/index_ en. htm(last updated Jan. 18, 2016)。

〔3〕 See Daniel J. Solove & Paul M. Schwartz, *Information Privacy Law*, Wolters Kluwer Law & Business, 2011, p. 37-39.

〔4〕 See 42 U. S. C. § § 300gg, 1320d(2012); 29 U. S. C. § 1181(2012).

〔5〕 See 15 U. S. C. § § 6801-6809(2012).

〔6〕 See 15 U. S. C. § § 6501-6506(2012).

〔7〕 See Marc Rotenberg, *Fair Information Practices and the Architecture of Privacy*(*What Larry Doesn't Get*), Stanford Technology Law Review 1, p. 44(2001).

〔8〕 See Ari Ezra Waldman, *Privacy, Notice, and Design*, Stanford Technoligy Law Review20, 2017(调查各种州和联邦法规,表明该领域法律的主要重点是通过强制要求将某些实质性披露纳入隐私政策来实施通知和选择).

〔9〕 See 15 U. S. C. § § 6502(b)(1)(A)(i)-(ii).

〔10〕 See 15 U. S. C. § § § 6502(b)(1)(A)(i).

息的关联第三方和外部第三方的名称,与它们共享哪些数据以及如何选择退出。[1]

HIPAA 的内容要求更加具体。所有 HIPAA 通知必须使用相同的介绍性句子,以告知读者该政策的目的。它们还必须披露收集的信息以及将如何使用这些信息,医疗保健公司将如何保护患者对其数据的权利以及与谁联系以获取更多信息。[2] COPPA 和 HIPAA 关于数据收集器的主要监管重点是 Gramm-Leach-Bliley,它要求它们向我们提供有关数据使用惯例的通知。

州法律还规范在线中介机构,保护个人信息,并要求公司将其数据使用习惯告知用户。州总检察长发布了指导文件,向互联网公司施压,并发起了隐私执法诉讼,以增强用户的注意和选择。[3] 例如,加利福尼亚的《在线隐私保护法》(California's Online Privacy Protection Act,Cal OPPA)是一项开创性的法律,要求商业网站以及其他收集加利福尼亚居民信息的在线服务运营商,向我们提供有关数据使用习惯的通知并遵守这些通知。[4] 像 COPPA,Gramm-Leach-Bliley Act 和 HIPAA 一样,Cal OPPA 要求公司披露哪些信息是收集的,与谁共享数据,如何使用数据以及如何通知个人有关政策变更的信息。[5] 在该州的"亮光"(Shine the Light)法中也可以找到类似的焦点。这项法律是在 Cal OPPA 之后不久通过的,它要求在过去一年内出于营销目的向第三方披露有关加利福尼亚居民个人信息的企业,披露其数据使用和信息共享做法。[6]

其他州也效法了加利福尼亚。在纽约,《互联网安全和隐私法》(Internet Security and Privacy Act)要求州机构在其网站上创建、采用和显示数据使用

---

〔1〕 See 15 U. S. C. § § 6803(a)(1)-(2);16 C. F. R. § § 313. 6(a)(3),(6).

〔2〕 See 45 C. F. R. § 1640. 520(b)(1)(2016).

〔3〕 See Danielle Keats Citron, *The Privacy Policymaking of State Attorneys General*, Notre Dame Law Review 92, p. 746(2016).

〔4〕 See Cal. Bus. & Prof. Code § § 22575-22579(West 2017).

〔5〕 See Cal. Bus. & Prof. Code § 22575(b)(1),(3).

〔6〕 See Cal. Civ. Code § 1789. 83(West 2017).

通知。[1] 该法规再次要求公开采用何种方式进行数据使用的做法：该政策必须披露在什么情况下以及在什么情况下提供正在收集的信息，该状态将由国家保留，如何（主动或被动）收集数据，收集的自愿性，用户如何才能获取其信息的访问权限以及该州为确保安全而采取的步骤。[2] 康涅狄格州和密歇根州的法律要求对在业务过程中收集社会安全号码的任何个人或实体进行类似的披露。[3] 在犹他州，《政府互联网信息隐私法》（Government Internet Information Privacy Act）要求在任何政府机构发布之前发出收集公民数据的通知。[4] 特拉华州的《在线隐私和保护法》（Online Privacy and Protection Act）要求以 Cal OPPA 相同的方式进行披露。[5]

隐私政策是通知和选择的主要体现。联邦贸易委员会将这些隐私政策强制执行，规定了公司数据隐私义务。[6] 尽管 FTC 自此开发了广泛的隐私法学，实际上是“处理个人信息的企业的土地法”，[7] 其许多执法措施都针对未能充分告知其数据使用习惯的公司。无论是在 FTC 的投诉还是在和解中，这都是显而易见的。在用户与数据收集者两端，FTC 关注的重点一直是发出通知，因为该法律管理着他们之间的关系。

例如，当一家公司提出“访客自愿向我们网站提交的个人信息……永远不会与第三方共享”，[8] 实际上却与之相反时，FTC 认为这些是“违约承诺”的行为。例如，在礼来公司（Eli Lilly & Co.）案中，联邦贸易委员会（FTC）指

---

[1] See N. Y. State Tech. Law § 203(McKinney 2017).

[2] See N. Y. State Tech. Law § 203 § 203(1)(a)-(g).

[3] See Conn. Gen. Stat. § 42-471(b)(2015)；Mich. Comp. Laws § 445. 841(1)(2016).

[4] See Utah Code Ann. § 63D-2-103(2)(LexisNexis 2016).

[5] See Del. Code Ann. tit. 6, § 1201(2017).

[6] See PaulM. Schwartz, *Property, Privacy, and Personal Data*, Harvard Law Review117, p. 2056, p. 2114(2004).（该机构无能为力——缺乏特定的法定授权——来规范那些不对自己的隐私惯例做出任何承诺或者告诉个人他们将不受限制地使用和转移其个人数据的公司对个人数据的收集。）

[7] See Daniel J. Solove & Woodrow Hartzog, *The FTC and the New Common Law of Privacy*, Columbia Law Review 114, p. 589(2014). 正如作者所指出的那样，FTC 对不公平或欺骗性行为已形成了更广阔的视野，例如包括“不作为而欺骗”。在 631，“诱使”共享个人信息，前引 632-33，“pretexting”，前引 633，仅举几例。他们的说服力是：“通过类似普通法的程序，FTC 的行为发展了丰富的法理学，这实际上是处理个人信息的企业的土地法。”

[8] First Amended Complaint for Permanent Injunction and Other Equitable Relief, FTC v. Toysmart. com, LLC, No. 00-11341-RGS(D. Mass. July 21, 2000)[以下称 Toysmart. com Complaint], www. ftc. gov/sites/default/ files/documents/cases/toysmartcomplaint. htm.

控该公司向近700人发送了一封电子邮件,其中披露了使用Prozac. com网站的客户的个人信息。[1] 这违反了隐私政策。该政策曾承诺会采取“安全措施”来保护消费者的机密信息。[2] 由于没有采取此类安全措施,因此该公司违反了其承诺。举例而言,美国联邦贸易委员会(FTC)还针对那些承诺但未能保护其用户数据机密性、[3]仅收集某些类型的数据、[4]实施适当的安全保护措施[5]和保持用户匿名的公司采取行动[6]。从本质上讲,违约承诺诉讼是要确保适当通知,这仍然是FTC总体隐私执法行动的重要组成部分。[7]

FTC整理通知和选择的第二种方式是要求公司在其结算命令中作出特定的通知披露。FTC在其第一项隐私执法行动中称,GeoCities出售其客户的个人信息明显违反了其隐私政策。[8] 作为和解的一部分,FTC命令该公司遵守通知和选择制度:披露何时使用数据的方式、收集了什么信息、为什么收集信息、将信息出售给了谁以及客户如何访问他们的信息并选择退出。[9] FTC在其最近的隐私执法行动中也继续关注通知。例如,在In re Frostwire,LLC案中,FTC声称该公司开发了点对点文件共享软件,误导客户以为某些文件不会在点对点的网络上被公开访问,Frostwire也未能充分披

[1] See In re Eli Lilly & Co. ,133 F. T. C. 763,767(2002)(complaint).

[2] See In re Eli Lilly & Co. ,133 F. T. C. 765-66(2002).

[3] See In re Eli Lilly & Co. ,133 F. T. C. 763.

[4] See In re Microsoft Corp. ,134 F. T. C. 709,715(2002)(complaint).

[5] See e. g. ,id. at 712;Complaint for Permanent Injunction and Other Equitable Relief 43,FTC v. Rennert,No. CV-S-00-0861-JBR(D. Nev. July 12,2000),www. ftc. gov/sites/default/files/documents/cases/2000/07/ ftc. gov-iogcomp. htm.

[6] See Complaint,In re Compete,Inc.,FTC File No. 102 3155,No. C-4384(F. T. C. Feb. 20,2013),www. ftc. gov/sites/default/files/documents/cases/ 2013/02/130222competecmpt. pdf.

[7] See Chris Jay Hoofnagle,*Federal Trade Commission Privacy Law and Policy*, Cambridge University Press,2016, p. 159-166. Daniel J. Solove & Woodrow Hartzog,*The FTC and the New Common Law of Privacy*,Columbia Law Review114,p. 628-638(2014).

[8] See Complaint 13-14,In re Geo Cities,FTC File No. 982 3015,No. C-3850(F. T. C. Aug. 13,1998),www. ftc. gov/sites/default/files/documents/cases/ 1998/08/geo-cmpl. htm.

[9] See Decision and Order,In re GeoCities,FTC File No. 982 3015,No. C-3850(F. T. C. Feb. 12,1999),www. ftc. gov/sites/default/files/documents/cases/ 1999/02/9823015. do_. htm.

露该软件的实际工作方式。[1] 在索尼音乐公司上诉案件中(In re Sony BMG Music Entertainment),联邦贸易委员会(FTC)声称,索尼未能告知客户其安装在某些 CD 上的软件会将听音乐的数据传回索尼。[2] 联邦贸易委员会通过相同的方式解决了这两个案件。在每次和解中,FTC 都命令 Frostwire 和 Sony 向其客户进行具体的披露。[3] FTC 每次都将其监管力量集中在通过详细、全面的隐私政策来实现通知和选择上。

正如丹尼尔·索洛夫和哈佐格所发现的,几乎所有联邦贸易委员会的执法行动都会采用一些常见的经常性元素来解决,特别是要求公司将其不当行为通知客户,对隐私策略进行实质性更改或添加,建立全面的隐私和数据安全计划并告知用户有关要求。[4] 并且,收集我们信息的公司的法律义务通常仅限于通知其数据使用惯例。

如果我们通过自主权和选择权来了解隐私,则通知选择是平台责任的限制。我们在第 2 章中对此进行了讨论。"通知与选择"的核心是基于自主决策的知情同意原则:向我们提供隐私政策中我们需要的所有信息,并允许我们自由地进行隐私保护,进行自己知情的决定。该论点认为,如果公司披露其数据使用实践的细节,那么我们同意共享我们的信息将是我们对我们的信息进行控制的合理行使。[5]

---

〔1〕 See Complaint for Permanent Injunction and Other Equitable Relief at 19, FTC v. Frostwire, LLC, No. 1:11-cv-23643 (S. D. Fla. Oct. 12, 2011) [以下称 Frostwire Complaint], www. ftc. gov/sites/default/files/docu ments/cases/2011/10/111011frostwirecmpt. pdf.

〔2〕 See Complaint at 4, In re Sony BMG Music Entm't, FTC File No. 062 3019, No. C-4195 (F. T. C. June 29, 2007) [Sony BMG Complaint], www. ftc. gov/sites/default/files/documents/cases/2007/01/070130cm p0623019. pdf.

〔3〕 See Frostwire Complaint, Decision and Order, In re GeoCities, FTC File No. 982 3015, No. C-3850, at 6; Sony Complaint, Complaint at 4, In re Sony BMG Music Entm't, FTC File No. 062 3019, No. C-4195, at 4.

〔4〕 See Daniel J. Solove & Woodrow Hartzog, *The FTC and the New Common Law of Privacy*, Columbia Law Review114, p. 610-611, p. 614-619 (2014).

〔5〕 See Ryan Calo, *Against Notice Skepticism in Privacy (and Elsewhere)*, Notre Dame Law Review 87, p. 1027, p. 1049 (2012).

对“通知与选择”理论的批判

但是“选择—通知”是行不通的。对数据隐私中通知—选择方法的批评集中在其潜在的理论、实质和实践效果上。从理论上讲，自主用户的概念是一个神话，[1]是早期的遗物，当时像约翰·佩里·巴洛(John Perry Barlow)这样的理想主义者和网络自由主义者，[2]称互联网为“一个世界，任何地方都可以表达他或她的世界信仰，无论多么奇异，都不必担心被强迫保持沉默或顺从”。[3] 纽约客在其著名的漫画中表达了这一点：一只狗坐在电脑桌旁，低头看着地板上的小狗朋友，说：“在互联网上，没人知道你是狗。”[4]当然，那不是真的。我们整个线上生活不仅受到我们访问信息的平台的影响，而且这些平台对我们的了解也很多。它们的人工智能工具和算法决定了我们的许多在线体验，从我们看到的搜索结果到所提供的广告和销售。

而且，正如我们在第5章中讨论的那样，我们没有作出完全合理的披露决定。[5] 通知和选择法则忽略了我们的具体经验和隐私期望的情境性

---

[1] See Julie E. Cohen, *Configuring the Networked Self*, Yale University Press, 2012, p. 16–21; Michael J. Sandel, *Democracy's Discontent*, Harvard University Press, 1996, p. 3–28; Julie E. Cohen, *Cyberspace as/and Space*, Columbia Law Review107, p. 210, p. 225–227(2007).

[2] See Mary Anne Franks, *Unwilling Avatars: Idealism and Discrimination in Cyberspace*, Columbia J. Gender & Law 20, p. 224(2011), p. 234–237; Jack Goldsmith & Tim Wu, *Who Controls the Internet?: Illusions of a Borderless World*, Oxford University Press, 2016, p. 17.

[3] John Perry Barlow, *A Declaration of the Independence of Cyberspace*, *Electronic Frontier Found.* (Feb. 8, 1996), https://projects. eff. org/~barlow/Declaration-Final. html. Barlow was one of the founders of the Electronic Frontier Foundation, a libertarian privacy advocacy group.

[4] Peter Steiner, *Cartoon: On the Internet, Nobody Knows You're a Dog*, New Yorker, July 5, p. 61 (1993).

[5] See Alessandro Acquisti & Jens Grossklags, *What Can Behavioral Economics Teach Us about Privacy?*, *in Digital Privacy*, in Alessandro Acquisti et al. eds., 2008, p. 363–364; Alessandro Acquisti & Jens Grossklags, *Privacy and Rationality in Individual Decision Making*, IEEE Security & Privacy 3, p. 26(2005).

质。[1] 此外，通知和选择在不断收集数据的世界中，选择是没有意义的。正如几位首席隐私官所说的那样，"通知"和"同意"等概念在其公司处理隐私问题的方式中扮演"有限的角色"，因为无法期望用户会随着时间的推移不断评估其披露偏好。[2]

通知和选择也不可取。它反映了对公平信息实践采取的任意选择方法，其中还包括数据收集方面的限制、安全要求、拒绝黑匣子、用户对数据的权利以及强大的问责政策。[3] 还有一些行政批评：公司很难遵守一系列法律，其中包括管理数据隐私的无数州法律，这些法律有时会应用于某些实体中的某些信息。

隐私政策也不充分。它们令人困惑（confusing）、[4]不起眼（inconspicuous）[5]和难以理解（inscrutable）[6]。它们也无效：没有人阅读隐私策略，[7]部分原因是它们很长，[8]并且难以理解，[9]甚至专家发现它们具有

---

[1] "受感染"的体验是指现象学和实用主义的观念，即理解和真理之类的东西只有通过我们周围社会结构所调动的生活经验才有可能实现。See Maurice Merleau-Ponty, *Phenomenology of Perception*, Ted Honderich ed., Colin Smith trans., 1962, xi. 朱莉·科恩将其应用于网络空间。See Julie E. Cohen, *Configuring the Networked Self: Law, Code, and the Play of Everyday Practice*, Yale University Press, 2012, p. 34-31; Julie E. Cohen, *Cyberspace As/And Space*, Columbia Law Review 107, p. 210, p. 226-235(2007).

[2] See Kenneth A. Bamberger & Deirdre K. Mulligan, *Privacy on the Books and on the Ground*, Stanford Law Review 63, p. 247, p. 266-267(2011).

[3] See Org. for Econ. Co-operation and Dev., *OECD Guidelines on the Protection of Privacy and Transborder Flows of Personal Data*, 2001, p. 14-16.

[4] See Joel R. Reidenberg et al., *Disagreeable Privacy Policies: Mismatches Between Meaning and Users' Understanding*, Berkeley Tech. L. J 30, p. 39, p. 40, p. 87-88(2015).

[5] See Janice Y. Tsai et al., *The Effect of Online Privacy Information on Purchasing Behavior: An Experimental Study*, Info. Systems Research 22, p. 254, p. 266-26*(2011).

[6] See Mark S. Ackerman et al., *Privacy in E-Commerce: Examining User Scenarios and Privacy Preferences*, *Proc. ACM Conf. on Electronic Com.* 1, 1999; Lorrie Faith Cranor & Joseph Reagle, Jr., *Designing a Social Protocol: Lessons Learned From the Platform for Privacy Preferences Project*, *in Telephony*, *the Internet*, *and the Media*, Jeffrey K. in MacKie-Mason & David Waterman eds., Oxfordshire, Routledge, 1998, p. 215.

[7] See George R. Milne & Mary J. Culnan, *Strategies For Reducing Online Privacy Risks: Why Consumers Read(or Don't Read) Online Privacy Notices*, J. Interactive Marketing 18, p. 15(2004); Jonathan A. Obar & AnneOeldorf-Hirsch, *The Biggest Lieon the Internet: Ignoring the Privacy Policies and Terms of Service Policies of Social Networking Services*(Aug. 24, 2016)(未发表的手稿), http://papers.ssrn.com/sol3/papers.cfm?abstract_id=2757465.

[8] See George R. Milne et al., *A Longitudinal Assessment of Online Privacy Notice Readability*, J. Pub. Pol'y & Marketing 25, p. 238, p. 243(2006).

[9] See Mark A. Graber et al., *Reading Level of Privacy Policies on Internet Health Web Sites*, J. Fam. Prac51, p. 642(2002).

误导性。[1] 它们中的许多都是单行距的，以较小的字体写成，难以区分白色、灰色和黑色。[2] 洛里·费斯·克兰纳(Lorrie Faith Cranor)的研究方向为计算机科学、工程学和公共领域，是卡内基·梅隆大学(Carnegie Mellon University)的政策学者，她估计，用户平均每年需要花费244个小时来阅读她访问过的每个网站的隐私政策。[3] 这意味着每个美国消费者每年要阅读540亿小时他或她遇到的所有隐私政策。[4]

实际上，隐私策略提供的保护很少。我们可以一时兴起更改它们，并且至少有一个法院裁定，由于我们大多数人不阅读隐私政策，因此它们不能代表“思想的集会”，也不是有效的、有约束力的合同，将公司约束于特定的义务。隐私政策无济于事，以至于有些学者认为我们应该依靠内在形式的通知[5]或网站的用户控制的隐私设置来设置平台隐私义务。[6]

最后，“选择通知”不能充分保护用户免受与大数据、算法定位和预测分析相关的隐私损害。这有两个原因。首先，建立所谓的大数据算法来创建自己的个人可识别信息，[7]根据定义，该信息的收集和使用不能在隐私政策中公开。以塔吉特为例，它将客户直接提供的用于塔吉特网站的信息、社交媒体上的信息，与通过使用目标网站自动生成的数据、社交媒体信息以及第

---

[1] See Joel R. Reidenberg et al. , *Disagreeable Privacy Policies: Mismatches Between Meaning and Users' Understanding*, Berkeley Tech. L. J 30, p. 39, p. 40, p. 87–88(25).

[2] See Ari Ezra Waldman, *Privacy, Notice, and Design*, Stanford Technology Law Review 20, 2018(认为隐私政策是经过美学设计的，并以使其无法理解的方式呈现给用户，充其量在最好的情况下是无法理解的，而在最坏的情况下则无法进行操纵). Sheila F. Anthony, *The Case for Standardization of Privacy Policy Formats*(July 1, 2001), www. ftc. gov/public-statements/2001/07/case-standardization-priv acy-policy-formats(“如果行业自我监管工作的目标是向消费者提供知情同意，那么它就失败了……一般而言，隐私政策令人困惑，也许是故意的，并且行业也没有动力使信息共享做法透明化”).

[3] See Lorrie Faith Cranor, *Necessary But Not Sufficient: Standardized Mechanisms for Privacy Notice and Choice*, J. Telecomm. & High Tech. Law10, p. 273, p. 274(2012).

[4] See Aleecia M. McDonald& Lorrie Faith Cranor, *The Cost of Reading Privacy Policies*, A Journal of Law and Policy for the Information Society 4, p. 543, p. 563(2008).

[5] See Calo, Ryan Calo, *Against Notice Skepticism in Privacy*(*and Elsewhere*), Notre Dame Law Review 87, p. 1027, p. 1034–1044(2012).

[6] See Woodrow Hartzog, *Promises and Privacy: Promissory Estoppel and Confidential Disclosure in Online Communities*, Temp. L. Rev 82, p. 891, p. 893–896(2009).

[7] See Kate Crawford & Jason Schultz, *Big Data and Due Process: Toward a Framework to Redress Predictive Privacy Harms*, B. C. Law Review 55, p. 93, p. 94(2014).

三方可用于生成信息的数据相结合。但是,由于该预测信息是通过数学公式生成的,而不是从某些在线来源收集的,因此未在塔吉特的隐私权声明中列出。[1] 其次,公司用于定制中介和约束我们的在线体验的算法是不透明的。我们不知道塔吉特是如何生成其怀孕客户列表的,我们也不知道谷歌如何对搜索结果进行排名、脸书如何订购其新闻源,或者征信机构如何确定我们的信用评分。[2] 这些算法要么因为被猜忌而受到保护,[3]要么受到商业秘密法的保护。[4] 我们无法充分了解预测分析使用我们信息的方式。

基于信任的方法

在当前的"通知和选择"框架内,可以通过更清晰、更简单的文字,更令人愉悦的设计以及更广泛的情境(而非隐私权政策)来改善通知。他们要求我们承担维护隐私的全部责任,并且保留了基于自治的思想,即隐私只不过是决定何时披露我们个人信息的自由,而一旦披露,信息就不再受制于个人。面对强大的数据收集器,仅这些想法无法保护脆弱的用户。隐私即信任走得更远。隐私保护不仅让公司义务提供给我们一系列数据使用实践以进行合理的隐私决策,还认识到信任已使我们将收集到的信息委托给数据收集者。因此,应将其保持在比仅仅发出通知更高的标准上。实际上,他们是我们数据的受托人,应该以可信赖的方式行事。这个观点是杰克·巴尔金最近提出的,其直接依据是将隐私法重新定位为信任关系。

信托法是一种普通法的结构,这意味着法官可以随着时间的流逝,逐渐

---

〔1〕 See Target Privacy Policy, Target, www. target. com/c/target-privacy-policy/-/ N-4sr7p (last updated Nov. 1, 2016).

〔2〕 See Danielle Keats Citron and Frank Pasquale, *The Scored Society: Due Process for Automated Predictions*, Wash. Law Review 89, p. 1, p. 10-11 (2014).

〔3〕 See Tal Z. Zarsky, *Transparent Predictions*, U. Ill. Law Review, p. 1503, p. 1512 (2013).

〔4〕 See VanLindberg, *Intellectual Property and Open Source*, O'Reilly Media, 2008, p. 130-131; Urs Gasser, *Regulating Search Engines: Taking Stock and Looking Ahead*, Yale J. Law & Tech 8, p. 201, p. 232-233 (2006).

适应现实中不断变化的现实。合同法规定了正式受自愿协议约束的当事方的义务,而侵权法确立了社会交往的背景规则,信托法则侧重于建立在信任和信心基础上的一些特殊关系。简言之,受信者有忠诚和守信的特殊义务。客户将信任放在信托中,信托人有义务不背离该信托。其必须为客户的利益行事[1],房地产经纪人、投资顾问、律师和医生是受托人的典型例子:他们在忠实的义务下处理客户的金钱、秘密和护理。[2]

正如巴尔金所解释的那样,受信义务是"信任的职责",甚至"信托"(fiduciary)一词也来自拉丁语"信任"(trust)。而且,正如本书在第 5 章中指出的那样,"信任和信心集中于信息的收集、分析、使用和披露。"[3]因此,处理我们个人信息的人员,无论是医生、律师还是在线社交网络对我们的信息负有"特殊责任"。这些当事人是"信息受托人"(information fiduciaries)。[4]其他几位主要的隐私法学者对此表示同意。丹尼尔·索洛夫在《数字人》中指出,从我们这里收集个人信息的企业应"与我们建立信托关系"。[5] 法律教授丹尼尔·基茨·西特罗(Danielle Keats Citron)还建议,数据经纪人和用户之间的信托关系将对在线应对大规模的权力失衡有所帮助。[6]

所有的信托关系都具有两个总体相似之处,即不对称性(asymmetry)和脆弱性(vulnerability)。医生、律师和投资经理具有客户没有的特殊技能。尽管我们可能惧怕医院,但我们无法自己诊断或进行手术。相反,我们依靠医生来执行这些任务。我们还缺乏有效监控或评估医生工作表现的能力。由于这些不对称性,相对于我们的受托人,我们处于脆弱状态。我们将信

---

[1] See Deborah A. DeMott, *Beyond Metaphor: An Analysis of Fiduciary Obligation*, Duke Law. J., p. 879, p. 882(1988).

[2] See Jack M. Balkin, *Information Fiduciaries and the First Amendment*, U. C. Davis Law Review 49, p. 1207-1208(2016).

[3] See Jack M. Balkin, *Information Fiduciaries and the First Amendment*, U. C. Davis Law Review 49, p. 1207-1208(2016).

[4] See Jack M. Balkin, *Information Fiduciaries and the First Amendment*, U. C. Davis Law Review 49, p. 1208-1209(2016).

[5] See Daniel J. Solove, *The Digital Person*, NYU Press, 2004, p. 102-103.

[6] See Danielle Keats Citron, *Big Data Brokers as Fiduciaries*, Concurring Opinions (June 19, 2012), www. concurringopinions. com/archives/2012/ 06/big-data-brokers-as-fiduciaries. html.

息、金钱、健康和命运交由他们掌握。[1]

像脸书、谷歌、优步和 Match. com 这样的公司应被视为信息受托人，其理由与医生、房地产经理和投资分析师被视为受托人相同。第一，我们与这些公司的关系"涉及重大漏洞"(involve significant vulnerability)。[2] 传统的受托人具有许多客户无法使用的特殊技能，就像许多互联网和技术公司一样。它们了解关于我们的一切，贸易保密措施使它们的算法对我们隐藏了。它们监控我们在网上采取的每一个步骤，我们对它们如何处理我们的信息知之甚少。第二，我们绝对依赖这些公司。没有互联网，我们将无法从事现代生活，顺理成章地跟踪我们的在线活动。[3] 第三，许多互联网公司将自己作为行业专家，将自己推向市场：脸书是最好、最大的社交网站；[4] Match. com 自称"约会、人际关系和婚姻排名第一"；[5] 而谷歌是大多数互联网用户的主要搜索引擎和万维网的主要途径。[6] 第四，这些公司保持自己的信誉。正如肯尼斯·班贝格(Kenneth Bamberger)和迪尔德雷·穆利根(Deirdre Mulligan)在对隐私专业人士的开创性研究中发现的那样，世界各地许多领先的首席隐私官都认为企业隐私策略旨在保持用户信任，并具有足够的灵活性、适应性，并正视其可能满足消费者的期望。[7]

这不是说它们至少会去行动以防止诉讼。相反，它们必须进行持续的

---

[1] SeeJack M. Balkin, *Information Fiduciaries and the First Amendment*, U. C. Davis Law Review 49, p. 1216-1217(2016).

[2] See Jack M. Balkin, "*Information Fiduciaries and the First Amendment*", U. C. Davis L. Rev. 49, p. 1222(2016).

[3] See Jack M. Balkin, "*Information Fiduciaries and the First Amendment*", U. C. Davis L. Rev. 49, p. 1222(2016).

[4] See Mark Zuckerberg, Facebook (Aug. 20, 2013), www. facebook. com/zuck/ posts/10100933624710391.

[5] Match, www. match. com/cpx/en-us/match/IndexPage(last visited Mar. 29, 2017).

[6] See Dan Frommer, *Google Has Run Away with the Web Search Market and Almost No One Is Chasing*, Quartz(July25, 2014), http://qz. com/239332/ google-has-run-away-with-the-web-search-market-and-almost-no-one-ischasing.

[7] See Kenneth A. Bamberger & Deirdre K. Mulligan, *Privacy on the Ground*, The MIT Press, 2105, p. 59, p. 65, p. 67; Kenneth A. Bamberger & Deirdre K. Mulligan, *Privacy on the Books and on the Ground*, Stanford Law Review 63, p. 247, p. 280(2011).

风险管理,并跟上消费者不断变化的期望。[1] 一些 CPO 以受信的方式谈论了他们的工作:它们是数据的“管理者”,是对数据的“响应”者,对消费者负责。[2] 简言之,一些隐私线索将与客户、员工和社会建立和维护“公司的可信赖关系”视为主要目标。[3]

鉴于这种不对称的关系,发布晦涩、难以理解和模糊的隐私政策不足以履行谨慎和忠诚的信托义务。除了提供信息的义务外,巴尔金和网络法律学者乔纳森·齐特雷恩提出调整旧的法律观念以创建一种新的法律——明确阐明在线公司对其最终用户和客户的义务。这些职责中最基本的职责是“关注用户的利益,同步用户的数据可以给公司带来税收的收益”。换句话说,信息受托人永远不应像“骗子”那样行事,以引起信任,然后努力损害其用户的利益。谷歌地图不应该提供从洛根国际机场到 Westin Copley 的最佳或最快路线给 IHOP,仅仅是因为 IHOP 向谷歌支付了 20 美元。[4] 即使它从未明确承诺向用户提供谷歌地图上最快的路线,当他们以任何方式诱使他人信任并中断信任时,也应追究谷歌和其他信息受托人的责任。

巴尔金和齐特雷恩除了行为不端之外还增加了一些其他义务的骗子行为。公司“将制订一套公平的信息惯例,包括安全和隐私保证以及违规披露。它们将保证不会利用个人数据不公平地歧视或滥用最终用户的信任。”这就是踢球者:“他们只会向同意类似规则的人出售或分发消费者信息。”[5]或者,正如巴尔金所写的那样,信息受托人不能以意想不到的方式使用数据,不能对使用它们服务的人产生不利影响,或以违反其他一些重要社会规范的方式使用这些数据。这就是隐私作为信任的本质。正如我们在第 5 章中讨论的那样,信任是两方或更多方之间关于他人根据公认准则行事的

---

〔1〕 See Kenneth A. Bamberger and Deirdre K. Mulligan, *Privacy on the Ground*, The MIT Press, 2105, p. 59, p. 65, p. 67.

〔2〕 See Danielle Keats Citron and Frank Pasquale, *The Scored Society: Due Process for Automated Predictions*, Wash. Law Review 89, p. 1, p. 10–11(2–14).

〔3〕 Tal Z. Zarsky, *Transparent Predictions*, U. Ill. Law Review, p. 1503, p. 1512(2013).

〔4〕 See Jack M. Balkin & Jonathan Zittrain, *A Grand Bargain to Make Tech Companies Trustworthy*, Atlantic(Oct. 3, 2016), www. theatlantic. co m/technology/archive/2016/10/information-fiduciary/502346.

〔5〕 Jack M. Balkin &Jonathan Zittrain, *A Grand Bargain to Make Tech Companies Trustworthy*, Atlantic (Oct. 3, 2016), www. theatlantic. co m/technology/archive/2016/10/information-fiduciary/502346.

期望的社会资本资源。[1] 我们与包括在线数据收集者在内的其他人共享信息,公司将根据现行规范和承诺对待我们的数据。我们将数据进一步出售或传播给未知的第三方是违反我们隐私的行为,这恰恰是因为这种传播违反了允许我们首先共享的信任。我们对这些第三方一无所知,尤其是它们的数据使用习惯。根据信息受托相关法律,将不允许在线数据收集者与不遵守相同数据隐私义务的第三方共享收集的数据。

在实践中运用信息信托义务

将数据收集者和用户之间的关系从通知和选择规则改变为信息受托人的直接结果是:思考和谈论隐私是保护信任关系,而不是分离和排斥他人的自由。巴尔金和齐特雷恩提出了一项“大交易”,在线数据收集者将同意承担信息受托人的责任,以换取联邦法规,而该法规将优先于广泛的州和联邦隐私法。[2] 这对美国的数据隐私法产生了重大影响,限制了互联网公司处理我们的数据。它也将具有强大的表达效果。如果法律开始将数据收集者视为我们的受托人,是为了我们的最大利益而不是它们的最大利益,那么使用互联网和在线共享信息的现行准则将会改变。我们将使用我们的信用卡,知道我们的购买历史不会被滥用;我们会在安全的空间在约会网站分享我们的个人性欲;我们会发表自己的意见,而不必担心平台会容忍骚扰;我们会下载移动应用程序,因为我们知道无论我们走到哪里,它们都不会利用我们的麦克风和摄像头来收听和观看我们的内容。还有其他含义。正如巴尔金和齐特雷恩所说,将某些数据收集者视为信息受托人的主要结果意味着,它们无法在我们之间引起信任,然后再利用它来损害我们的利益。但这

---

〔1〕 See Alejandro Portes & Julia Sensenbrenner, *Embeddedness and Immigration: Notes on the Social Determinants of Economic Action*, Am. J. Social 98, p. 1320, p. 1332(1993).

〔2〕 See Jack M. Balkin & Jonathan Zittrain, *A Grand Bargain to Make Tech Companies Trustworthy*, Atlantic(Oct. 3, 2016), www. theatlantic. co m/technology/archive/2016/10/information-fiduciary/502346.

正是许多在线平台现在所做的。Snapchat 是一个很好的例子。[1] 临时消息传递服务 Snapchat 本身就是一个保护隐私的平台。它通过推销跨平台发送的任何图像或视频或快照将在几秒钟后自动消失的想法,在千禧一代用户中赢得了信任。在发送快照之前,它向用户显示了一个屏幕,要求他们指定快照在消失之前可以保留的时间。如果不选择一个选项,则无法发送快照。但实际上,有几种发送快照、保存、下载或复制快照的方法。这种做法给了用户一种虚假的信任感,这种信任在平台的产品说明和常见问题中得到了加强,它们实际上已经控制了收件人可以使用快照进行的操作。

此外,在用户界面背后,Snapchat 的原始设计还侵害了隐私。在 2013 年 10 月之前,它将所有视频存储在用户手机上不受保护的空间中,使收件人可以简单地搜索和下载他们想要保存的视频。Snapchat 还允许任何第三方应用程序访问其应用程序编程界面并下载或复制视频和图像。[2] 这些漏洞没有传达给用户,平台的设计反而产生了相反的期望。FTC 主要基于 Snapchat 的承诺与其设计现实之间的对比,发起了针对 Snapchat 的执法行动。但是 Snapchat 案是一个完美的例子,说明即使没有误导性的隐私声明,"隐私保护"下的"无骗子"诉讼可能是什么样子的。

FTC 将受到"隐私即信任"的鼓舞。正如索洛夫和哈佐格所指出的,FTC 已经开发出了强大而多样的隐私判例。[3] 信任即隐私将为该机构提供一个理论基础,包括将误放的信任作为"欺骗性商业惯例"纳入第 5 节。《联邦贸易委员会法》规定,允许介入平台利用其设计来吸引信任,然后违背其成员利益的行为。确实,FTC 在监管欺骗行为类似于诱导信任方面已经有很长的历史。它对具有欺骗性的产品演示提出了挑战,这些演示以比实际

〔1〕 See Complaint, In re Snapchat, Inc., FTC File No. 1323078, No. C-4501 (F. T. C. May 8, 2014), www. ftc. gov/system/files/documents/cases/140508snap chatcmpt. pdf.

〔2〕 See Complaint, In re Snapchat, Inc., FTC File No. 1323078, No. C-4501 (F. T. C. May 8, 2014), www. ftc. gov/system/files/documents/cases/140508snap chatcmpt. pdf. 6-17.

〔3〕 See Daniel J. Solove & Woodrow Hartzog, *The FTC and the New Common Law of Privacy*, Columbia Law Review 114, p. 583, p. 592 (2014).

产品更好的方式展示了产品。[1] 通过借口或欺骗性的电话来诱使客户披露信息，[2]和通过欺骗收集数据[3]等许多其他示例。将隐私理解为保护消费者与我们使用的网站之间的信任关系可以使FTC巩固和发展这种判例。

还有另一个例子。脸书设计其平台以建立用户的信任，因此我们对彼此分享，或者如法律和技术学者格里姆梅尔曼所主张的那样，“刮擦其用户的社会瘙痒”(scratch its users’ social itches)。[4] 允许建立我们的信任，然后对我们使用它。但是，这正是脸书所做的。脸书设计了多种元素来引发信任并鼓励分享。它使我们制定和维护公开个人资料，从而使我们能够明确表达自己的身份。它还使我们能够加入亲和力团体，并导入和公布我们在其他人的时间表上发布的内容。脸书加深了我们与朋友的联系并帮助建立了新的朋友：我们将人们添加为联系人或“朋友”，发送带有朋友姓名的笔记或消息或生日蛋糕图片，并在我们自己的内容中“标记”人。[5] 并且所有这些都是公开进行的，以鼓励相互分享。

脸书还帮助我们找到社区并在该社区中建立我们的价值。我们增加联系，发表评论并分享我们的激情，因为这样做有助于我们找到其他位置相似的潜在朋友和伴侣。增加联系可以增加我们的社会资本。[6]

脸书还通过告诉我们朋友们在忙什么来利用信任，从而鼓励我们分享。

---

〔1〕 See Daniel J. Solove and Woodrow Hartzog, *The FTC and the New Common Law of Privacy*, Columbia Law Review 114, p. 630-633(2014); see also Volvo N. A. Corp., 115 F. T. C. 87(1992)(广告中描述了一辆巨型卡车将除沃尔沃之外的所有竞争对手的汽车广告都具有欺骗性，因为广告中的沃尔沃得到了加强，而其他汽车的车顶却被削弱了).

〔2〕 See Daniel J. Solove & Woodrow Hartzog, *The FTC and the New Common Law of Privacy*, Columbia Law Review 114, p. 631-633(2014); *Complaint for Permanent Injunction and Other Equitable Relief* at 5-6, FTC v. Sun SpectrumCommc'ns Org., Inc., No. 03-CV-8110(S. D. Fla. Oct. 3, 2005), available at www. ftc. gov/sites/default/files/documents/cases/2004/01/0312 02cmp0323032. pdf(通过错误地暗示代表信用卡公司打电话来诱使他人).

〔3〕 See Daniel J. Solove & Woodrow Hartzog, *The FTC and the New Common Law of Privacy*, Columbia Law Review 114, p. 641(2014); Complaint at 4, In re Aspen Way Enters., Inc., FTC File No. 112 3151, No. C-4392(F. T. C. Apr. 11, 2013), available at www. ftc. gov/sites/default/files/documents/cases/ 2013/04/ 130415aspenwaycmpt. pdf(安装间谍软件以收集数据而不另行通知是不公平的).

〔4〕 See James Grimmelmann, *Saving Facebook*, Iowa Law Review 94, p. 1137, p. 1151(2009).

〔5〕 See *How Tagging Works*, *Facebook*, www. facebook. com/about/tagging (last visited Mar. 29, 2017).

〔6〕 See James Grimmelmann, *Saving Facebook*, Iowa Law. Review 94, p. 1156-1158(2009).

当我们加入时,它会告诉我们还有谁加入了,并让我们一起邀请友好的面孔。当我们寻求加入亲密团体或事业时,这些页面会立即告诉我们,我们的朋友中谁也是社区成员。当我们登录时,我们主页上的朋友的点赞、观点和兴趣都在首页上,默认的组织算法对我们可见,该算法优先考虑最亲近的人的社交互动。当我们收到另一个脸书用户的好友请求时,我们共有的好友数会立即显示在该用户名的下方。将鼠标悬停在数字上可以告诉我们共同的朋友,或者处于两个网络世界中的人。这些信息为我们提供了有关请求者的可信度的线索,使我们能够将对朋友的信任转移给未知者。这对我们从未在线下认识的人来说尤其重要的。[1]

在 2015 年 4 月到 2016 年 7 月的一系列更新中,脸书加强利用信任的策略来鼓励我们分享。更具体地说,它对 News Feed 算法进行了调整,使其对来自亲朋好友的帖子和互动具有更高的偏好,从而将其推向了顶端。[2] 脸书出售了此更改,以此来实现该平台的"将人们与他们的朋友和家人的思想联系起来",并让我们"与我们想要联系的人,地方和事物保持联系"。[3] 的确如此,但脸书的设计变更不可以被理解为独立于该平台的无限需求用户数据。将朋友和家人的帖子优先于第三方发布者自己的帖子,可能会限制来自 Vocativ 或 Upworthy 的裸露帖子的访问范围,但如果朋友分享他们视频中的一个,则不可以。这对于脸书来说是理想的,原因有两个。首先,用户往往不喜欢看到第三方的帖子。其次,在新设计下,用户看到的大多数第三方内容将来自他们可信赖的朋友的社交网络。这暗示了该帖子的可信赖性远胜于任何发布者裸露的帖子。

---

〔1〕 皮尤研究中心(Pew Research Center)的研究表明,有 31%的年轻人表示接受陌生人(他们从未认识过的人)的朋友请求。Amanda Lenhart & Mary Madden et al. *Life Project, Teens, Privacy, and Online Social Networks*, at ii(2007), www. pewinternet. org/files/old-media// Files/Reports/2007/PIP_Teens_Privacy_SNS_Report_Final. pdf. pdf.

〔2〕 See Max Eulenstein & Lauren Scissors, *News Feed FYI: Balancing Content from Friends and Pages*, Facebook Newsroom(Apr. 21, 2015), http:// newsroom. fb. com/news/2015/04/news-feed-fyi-balancing-content-fromfriends-and-pages.

〔3〕 See Lars Backstrom, *News Feed FYI: Helping Make Sure You Don't Miss Stories from Friends*, Facebook Newsroom(June 29, 2016), http:// newsroom. fb. com/news/2016/06/news-feed-fyi-helping-make-sure-youdont-miss-stories-from-friends.

来自我们网络内部和外部的会员帖子会通知我们,如果朋友最近添加了评论——“莉萨·辛普森(Lisa Simpson)回复了对此帖子的评论”,或仅在帖子中被提及——“帖子中提到了查理·布朗和薄荷帕蒂”。此外,脸书告诉我们,“ 阿比·雅各布森(AbbiJacobson)、伊拉娜·格拉泽(Ilana Glazer)和其他 76 个人都喜欢这样”,而不仅仅是列出给定帖子的“点赞”数量。当我们的朋友都没有点赞的帖子时,便笺上写着“9 个人点赞这个”。

在 2016 年 7 月对其设计进行更新后,Instagram 也这样做。这种设计策略应用于社交帖子时,通过表明该帖子是真实的、引人入胜的和可信赖的,有助于润滑社交互动的方向。但是,当应用于本地广告或旨在看起来像社交帖子的第三方链接时,该策略就违反了“以保密为原则”的“禁止犯罪”原则。脸书会在其用户之间建立信任,然后操纵我们单击第三方的帖子,即使这样做会使我们不容易受到较弱的或根本不存在的隐私保护。像社交帖子一样,这些广告通常以“点赞”广告客户页面的朋友的名字开头。例如,克拉拉·奥斯瓦尔德(Clara Oswald)、莎拉·简·史密斯(Sarah Jane Smith)、玛莎·琼斯(Martha Jones)和其他 7 个人(如 J. Crew)的声明可能会出现在 J. Crew 广告弹窗的顶部。而且,“爱丽丝、巴里、凯瑟琳和其他 22 个点赞阿迪达斯的人”可能会出现在最新阿迪达斯跑鞋的广告上方,我们朋友的信息是我们看到的第一件事。将这些广告与我们朋友的社交文章区分开来的唯一一件事是“赞助商”一词,以公司名称用浅灰色文字书写,夹在广告中的较大图形内容和脸书粗体的信任提示之间。而且,脸书在吸引我们信任这些第三方方面具有重大的财务利益,即使这种信任可能放错了位置:从目标用户那里获得的本地广告点击次数越多,脸书可以向 News Feed 房地产收取的费用就越多。

这些策略违反了信息受托人的责任。如果他们是我们朋友行为的准确写照,脸书在社交帖子上的通知可以暗示信任并帮助我们保持在社交互动的最前沿。但是,当用来掩盖社交职位与商业职位之间以及社交互动与认可之间的差异时,信任共享链接可能是欺骗性和强制性的。考虑到脸书诱使我们点击其广告客户帖子的行为可能与现行的隐私规范以及我们与脸书之间的权力不对称发生冲突,因此脸书可以利用这一优势。它利用了特定的社会信任和分享倾向之间的关系——就像我们更可能接受与我们分享共同朋友的人提出的朋友请求一样,我们也更有可能点击我们的朋友,特别是我们的亲密朋友们也点击了——以利润的名义引起我们的信任。

FTC 在隐私即信任原则下的判例可以通过多种方式来规范这一点。它可能会禁止本地广告,但是这种做法过于严厉,可能会产生意想不到的负面影响,而且无论如何都不太可能发生。FTC 也可以接受巴尔金的建议并寻求妥协。信息受托人必须能够从我们的数据中收集收益并赚钱:“不可能是免费或有补贴的在线服务的基本商业模式固有地违反信托义务的情况。”同时,我们有权使用不“滥用(我们)收集和使用个人信息牟利的能力”的在线平台。这意味着社交网络不应操纵我们为特定候选人投票,或者 GPS 应用程序不应为了赚钱而使我们走很长的路。[1]

关于脸书在社交帖子和本地广告上使用信任提示的问题,FTC 可能需要进行简单的设计更改,以使 News Feed 对本地广告更加透明。它可能会限制脸书在广告上使用社交信任提示,从而在不操纵信任的情况下保留脸书的商业模式。或者,FTC 可能需要更多与众不同的设计。对许多用户来说令人困惑的“赞助”一词应该更大且更明显,[2]而不会被浅色字体和其他更丰富的内容所掩盖。美联社的移动应用程序是一个很好的模型:界面上的标准新闻文章在黑色背景上的白色文本中。与文章相关的图片在右侧,标题在左侧。赞助的帖子不仅颠倒了图片和标题的位置,而且它们的开头还带有一个明亮的黄色栏,上面写着“Pay for by...”更高的透明度消除了可能导致放错信任的误导因素。

FTC 已经制定了完善的隐私规则。正如索洛夫和哈佐格所指出,FTC

---

〔1〕 See Jack M. Balkin, *Information Fiduciaries and the First Amendment*, U. C. Davis Law Review 49, p. 1227(2016).

〔2〕 See Bartosz W. Wojdynski & Nathaniel J. Evans, *Going Native: Effects of Disclosure Position and Language on the Recognition and Evaluation of Online Native Advertising*, J. Advert 45, p. 157, p. 161–162, p. 164–165(2016).

规定的不公平或欺骗性诉讼范围很广,包括诱使互联网用户共享个人信息,[1]操纵用户信任以诱导共享,然后损害用户利益,FTC 将为缺乏数据的平台和产品的用户扩展隐私保护范围。

[1] See Daniel J. Solove & Woodrow Hartzog, *The FTC and the New Common Law of Privacy*, Columbia Law Review 114, p. 631-633(2014).

第7章　先前公开的信息

在上一章中,我们了解了“隐私即信任”如何收集、分析和使用我们的数据以及给公司带来新的责任。我们基于信任的关系将信息共享给这些公司。它们坚持认为自己值得信赖。它们对我们了解很多,但我们对它们了解甚少。我们很容易受到它们行动的影响,而且我们缺乏监控其行为的能力。因此,如果我们从隐私即信任的角度来考虑隐私,我们将这些公司视为信息受托人,应禁止它们违反我们的利益行事。我们还讨论了诱发信任后滥用信任的信托义务将如何适合联邦贸易委员会的“不公平和欺骗性”判例,从而使其能够监管设计平台公司,防止其不道德地从我们对广告商的操纵披露中获利。

隐私即信任和信息信托的核心是本书第5章中讨论过的概念,在信任情境中,共享的信息仍可以视为是私有的。第6章说明了规范我们与数据收集者关系的现行联邦和州法律如何使这成为不可能。当前的隐私侵权法,虽然有助于调节私人团体之间的互动,但也存在同样的问题。法律学者斯特拉列维茨在他的文章《隐私的社交网络理论》(*A Social Networks Theory of Privacy*)中谈到了这一问题。他认为,通过网络理论的角度来分析信息流的问题可以帮助维持他所谓的“有限隐私”,即先前披露信息中的隐私。[1] 从斯特拉列维茨的研究出发,本章说明了“隐私即信任”将如何从保密范例到

〔1〕 See Lior Jacob Strahilevitz, *A Social Networks Theory of Privacy*, U. Chicago Law Review 72, p. 919 (2005).

保护信任关系,从侵权法的角度改变了我们确定公共信息和私人信息之间差异的方式。

四种隐私侵权类型

1890年之前,只有27个联邦案件提到"隐私"一词:涉及诽谤(2)、搜查和扣押(5)、一夫多妻制/性(1)、财产(6)、欺诈和合同(4)、证据和证词(4)、银行—破产(1)、知识产权(1)、毒品(1),甚至是船只(2)。[1] 可以理解,在1890年之前,各州法院受理的案件不多。大多数美国法律在1900年以前在州一级解决该问题,与隐私相关的普通法侵权索赔一直是各州的专有权限。但是,这些州的大多数法院拒绝承认有关侵犯隐私的明确主张。对于在1890年之前提出过侵犯和诽谤主张的案件,州法院承认并发表了42条意见,但因主张中明确提出的"侵犯隐私权"而驳回了所有主张(7)。[2]

塞缪尔·沃伦和路易斯·布兰代斯改变了这一点。他们在开创性的文章《隐私权》(*The Right to Privacy*)中指出,侵权行为中普通法可以用来保护个人隐私。沃伦和布兰代斯的"普通法"指的是英美法律传统核心的不断发展和法官制定的法律。他们特别指出,由于侵权行为的普通法已经从仅提供对身体伤害的狭义保护演变为纠正情感和心理伤害,侵权法是保护个人免受与侵犯隐私相关的无形伤害的自然武器。他们文章的缘起是对不道德的报纸和爱管闲事的摄影师发布有关个人的私人细节信息的不满。他们称这种普通法学说为"独处的权利"。[3]

---

〔1〕 See WestlawNext, http://next. westlaw. com [sign in; search for "privacy & da(bef 1890)" in "all-feds"].

〔2〕 See WestlawNext, http://next. westlaw. com [搜索"privacy&da(bef1890)" in "allstates"]. There are, of course, more than10,000 cases before1890 that include the word "private."(当然,在1890年之前,有10,000多个案例包含"私有"一词)。从某种意义上说,研究可能有助于理解沃伦和布兰代斯的文章之前如何使用该术语,但是这已经超出了本书的范围。

〔3〕 See Samuel D. Warren & LouisD. Brandeis, *The Right to Privacy*, Harvard Law Review 4, p. 193 (1890); Neil M. Richards & Daniel J. Solove, *Prosser's Privacy Law: A Mixed Legacy*, California Law Review 98, p. 1887, p. 1891-1892(2010).

慢慢地，普通法的确在发展以保护沃伦和布兰代斯提出的隐私权。有两种情况是说明性的。1902 年，纽约最高法院审理阿比盖尔·罗伯逊(Abigail Roberson)的案件，少年时代的她起诉富兰克林·米尔斯面粉公司(Franklin Mills Flour Company)“侵犯隐私权”，原因是未经许可，该公司就在数千个广告传单上使用了自己的肖像。罗伯逊声称使用她的形象导致了她受到屈辱和伤害，但是纽约上诉法院找不到在英美普通法中提起隐私诉讼的先例。[1] 这一判决引起了前所未有的批评:《纽约时报》在随后的几周内发表了五篇关于该判决的文章，其中包括给编辑的几封批评信，强烈反对该判决结果。以至于以罗宾逊法官为首的多数法官不得不在《哥伦比亚法律评论》期刊上发表论文，再次论证该判决的正当性以为其判决结果辩护。[2] 一年后，纽约州立法机关通过了《纽约民权法》第 51 条，成为第一个规范侵犯隐私权行为的州。[3]

在类似帕维西克诉新英格兰人寿公司案(Pavesich v. New Egnland Life Company)中，佐治亚州最高法院遵循了沃伦和布兰代斯的建议，并更新了州普通法，针对侵犯隐私权的受害者制定补救措施。在帕维西克案中，一家保险公司的报纸广告包含未经许可使用的原告照片。佐治亚州最高法院认为，原告提起诉讼，指控侵犯隐私，该主张“源于自然法”。法院裁定，“在某些限制下，未经他人同意，任何人的尸体都不能在任何时间或任何地方展出……因此……侵犯隐私权是一种直接侵犯个人的(长期)法律权利。”[4] 这正是沃伦和布兰代斯所主张的。在接下来的 30 年中，州普通法逐渐演变为遵循帕维西克案的法律。到 1939 年，《第一次侵权行为重述》第 867 条包含了个人隐私权:“一个不合理地并严重干涉他人利益的人，因为他的事务不为他人所知……对他人负有责任。”在接下来的 10 年中，有 14 个州和哥伦比亚特区认可了至少一项使用类似语言的隐私侵权行为。[5]

---

[1] See Roberson v. Rochester Folding Box Co. ,64 N. E. 442(N. Y. 1902).

[2] See Denis O' Brien, *The Right of Privacy*, Columbia Law Review 2, p. 437(1902).

[3] See N. Y. Civ. Rights Law § 51(McKinney 2017).

[4] Pavesich v. New England Life Ins. Co. ,50 S. E. 68,70-71(Ga. 1905).

[5] See Richards & Solove, supra note 4, at 1895.

多年后,法律学者威廉·普罗瑟(William Prosser)对普通法保护隐私权的发展进行调查,查明隐私侵权法,并确定自 1890 年以来侵犯隐私行为的受害者一直在使用的四个“隐私侵权法”,以寻求司法公正:隐居时的侵入(intrusion upon seclusion)(用于摄影师将相机推到您的脸上或通过窗户拍照时)、公开披露私人事实(public disclosure of private facts)(用于当他发布您脱衣服的照片时)、虚假信息(false light)(用于在发布的照片中将你描绘成堕落的你时)和挪用(appropriation)(用于当他使用你的照片来宣传他的摄影服务时)。

正如隐私法理论家尼尔·理查兹和丹尼尔·索洛夫所表明的那样,普罗瑟的工作使美国隐私法走上了一条适合普罗瑟以及沃论和布兰代斯的统治理论,即隐私权是一种将他人拒之门外的工具。[1] 考虑一下侵权行为本身:要求从公共信息传播中获得特定的伤害;所有这些都需要获取个人密切掌握的信息。普罗瑟就是这样想的:正如理查兹和索洛夫所说,普罗瑟对美国普通法中正在发展的隐私侵权行为持怀疑态度,因为他发现这些侵权行为含糊不清,并且如果侵犯范围太大,也有可能侵犯其他个人权利。[2] 结果,他的文章通过强调入侵行为必须是“极端和暴行”或“高度冒犯性”而缩小了侵权范围,并且他没有提及原告也曾用来保护其隐私的其他普通法侵权行为。[3] 我们将在下一章中进一步讨论这些侵权行为——违反机密性的侵权行为。

普罗瑟在《第二次侵权法重述》中将他在 1960 年文章中提到的 4 种隐私侵权行为包括在内,他担任主要撰稿人,该篇文章巩固了这些侵权行为,成为美国隐私法的框架。[4] 首先,普罗瑟采用了看似矛盾的判例法,并

---

〔1〕 See Neil M. Richards & Daniel J. Solove, *Privacy's Other Path: Recovering the Law of Confidentiality*, Geo. Law J. 96, p. 123, p. 147(2007).

〔2〕 See Neil M. Richards & Daniel J. Solove, *Prosser's Privacy Law: A Mixed Legacy*, California Law Review 98, p. 1899-1900(2010).

〔3〕 See Neil M. Richards & Daniel J. Solove, *Privacy's Other Path: Recovering the Law of Confidentiality*, Geo. Law. J. 96, p. 151-152(2007).

〔4〕 See Neil M. Richards & Daniel J. Solove, *Privacy's Other Path: Recovering the Law of Confidentiality*, Geo. Law. J. 96, p. 148(2007).

以一种表面上中立的方式与20世纪中叶学术界的“共识思维”相协调。[1]学者认为，普罗瑟的天赋在于“要承认并确定各种利益平衡需求，同时坚持不懈地断言……根据适当的分析，案件的结果是……普罗瑟自己的一般规则的一致示例。”[2]在这样的协调受到高度重视的时代开展工作，普罗瑟成为典型的实践者。结果，整个法律界都对他的4个隐私侵权行为给予了关注。其次，在更实际的层面上，普罗瑟的隐私法叙述成功了，因为该学说没有竞争对手。正如法律学者沙龙·桑德恩(Sharon Sandeen)所指出的，隐私与相关法律领域(尤其是保护商业机密的商业秘密)不同，它逃避了被法律全面改革的宿命。因为美国律师协会或全国统一州法律委员会规范法律后的主要推动力是商业利益和律师利益，但隐私法规则是主要规范个人信息的法律，并不过度涉及上述两种利益。因此，杂乱无章的隐私规则从来没有在普通法的发展中受到关注，不存在被改革的推动力，[3]因此，普罗瑟的特殊叙述(对侵害隐私行为的四种分类)成为塑造类同隐私法未来发展的唯一模式。

隐私侵权和在先披露的信息

当另一个私人团体(如以个人身份或公司身份行事的个人)侵犯了他们的“独处的权利”时，侵犯隐私权的受害者会关注四个隐私权侵权行为中的一个或多个。《重述法》第652D条规定，某人在公开披露私人事实的侵权行为中应承担责任，例如，如果他“对与另一人的私人生活有关的事情进行了公开……如果所公开的事情属于(a)会冒犯合理的人，并且(b)不会引起公众的合理关注”。这种侵权行为有四个要素：(1)公开传播。(2)私人事务。(3)令人高度反感。(4)没有新闻价值。侵权行为(第652B条)规定“如果

[1] See G. Edward White, *Tort Law in America*, Oxford University Press, 2003.

[2] Craig Joyce, *Keepers of the Flame: Prosser and Keeton on the Law of Torts (Fifth Edition) and the Prosser Legacy*, Vand. Law Review 39, p. 851, p. 858 (1986).

[3] See Sharon K. Sandeen, *Relative Privacy: What Privacy Advocates Can Learn from Trade Secret Law*, Mich. St. Law Review, p. 667 (2006).

他人或他的私事或关注事项被孤立或隐瞒,则有意或有意侵害人身或其他……如果侵害对合理的人具有很高的冒犯性,则负有民事责任。”此侵权也包含四个要素:(1)故意。(2)侵犯。(3)隐居或隐私。(4)冒犯性高。因此,这两个侵权行为都要求法官首先确定某些东西是不是私人的。

斯特拉列维茨认为,法官并没有采用任何清晰或连贯的方法做出这一决定,而是选择了“我一见即知”(I know it when I see it)的方法。[1] 如我们所见,传统基于权利的隐私权方法将依靠严谨的明确规则决定,如丹尼尔·索洛夫所说的“保密范式”,将公共和私人差异化。但是在这样的规则下,几乎所有情形的披露都会丧失隐私权,从而将隐私权侵蚀得一无所有。[2] 本书将使用斯特拉列维茨教授文章基础的几个案例和其他案例,进一步对比在涉及传播先前披露信息的案例中,传统方法与当前方法的不同。

回想一下奥利弗·西普尔的情况。西普尔拯救了当时的总统杰拉尔德·福特使暗杀未遂之后,《旧金山纪事报》发表了有关西普尔英雄主义的故事。该文章以及引用该文章的许多其他文章都披露,西普尔是同性恋,并推测福特总统未能及时感谢西普尔是由于西普尔的性行为。尽管旧金山的同性恋社区中的许多人都知道西普尔是同性恋,但西普尔从来没有将此说出,并且在严密的同性恋社区之外一直对自己的性取向保密。当他的家人发现后,他们便将他驱走。西普尔起诉该报纸,声称侵犯了隐私。法院驳回了这一请求,因为有关西普尔的性取向的信息不是私人的。[3] 为了支持该结论,法院列举了以下事实:

> 在进行暗杀之前,上诉人花了很多时间在旧金山出名的同性恋场所“Tenderloin”和“Castro”;他经常去同志酒吧……他曾几次参加同性恋游行……他与另一位著名同性恋哈维·米尔(Harvey Milk)的友谊广为人知,并在同性恋报纸上予以宣传;并且在有关

---

〔1〕 See Lior Jacob Strahilevitz, *A Social Networks Theory of Privacy*, U. Chicago Law Review72, p. 973 (2005).

〔2〕 See Daniel J. Solove, *The Digital Person*, NYU Press, 2004.

〔3〕 See Sipple v. Chronicle Publ'g Co. , 201 Cal. Rptr. 665, 666-67 (Ct. App. 1984).

> 出版物发表之前,他的同性恋协会和名字曾在同性恋杂志(如《数据男孩》《太平洋海岸时报》《男性快车》等)上报道过多次。事实上,上诉人很坦率地承认他没有隐瞒自己是同性恋的秘密,而且如果有人问,他会坦率地承认自己是同性恋。[1]

其中一些"事实"比事实本身更让人产生古怪的刻板印象。在 Castro 酒吧度过的时间并不能证明其性取向。但是,对于当时的法院提出的,证据表明,至少在同性恋圈内,西普尔的性取向是已知的。这种宣传足以使侵犯隐私声明成为不可能。

在斯特拉列维茨的著作中,另一个著名的案例是纳德诉通用汽车公司案(Nader v. General Motors)。该案源于拉尔夫·纳德(Ralph Nader)在针对汽车行业的广泛调查后,发表了《以任何速度都不安全:美国汽车的设计危险》(*Unsafe at Any Speed:The Designed-In Dangers of the American Automobile*)一书。该书显示了包括通用汽车在内的汽车公司如何知道但忽略了汽车设计中的重大安全风险,以求偷工减料并降低成本,从而使客户的生命处于危险之中。通用汽车对此作出回应,试图在公众眼中抹黑纳德。除其他策略外,通用汽车公司的代理商还试图通过虚假借口采访纳德的一些朋友和同事,以发掘有关纳德的犯罪信息。当纳德反对时,纽约最高法院裁定"不能将他人知道的有关原告的信息视为私人信息",而忽略了这些"其他人"是纳德的密友。[2]

在约翰斯顿诉富勒案(Johnston v. Fuller)中也有类似的叙述,其中两个人之间长期存在的仇恨情绪蔓延到了工作场所。约翰斯顿(Johnston)声称,对威胁他生命的行为进行的调查变成了对他隐私的侵犯,也就是说,雇主的调查没有构成威胁雇员的行为,而是与约翰斯顿的朋友交谈,并了解了约翰斯顿的性行为和过去破坏性活动的详细信息。约翰斯顿声称这些卑鄙的采访是在他的隐居生活之后进行的,但是法院以拒绝纳德类似主张的相

---

〔1〕 Sipple v. Chronicle Publ'g Co. ,201 Cal. Rptr. 669(Ct. App. 1984).

〔2〕 See Nader v. Gen. Motors Corp. ,255 N. E. 2d 765,770(N. Y. 1970).

同理由拒绝了该主张。所获悉的所有信息已为他人所知,因此不再是私有的。[1]

同样,在一个具有讽刺意味的广为人知的案件中,密歇根州的一家法院发现,哥伦比亚法官孔苏埃洛・桑切斯・杜兰(Consuelo Sanchez Duran)在起诉毒品大佬巴勃罗・埃斯科巴尔(Pablo Escobar)后逃离了她的国家,但是在她搬迁的底特律地址中没有隐私权保护。因为她在租赁公寓时使用了真实姓名,并告诉几个好奇的邻居为什么要有保安,所以法院认为她已经作出了让自己的身份"对公众开放"的选择。[2]

有时,这些情况特别悲惨。例如,在多伊诉卫理公会医院案(Doe v. Methodist Hospital)中,一名邮政雇员多伊(Doe)因明显的心脏病而被送往医院。尽管多伊先前曾向"一小撮密友和同事"透露自己的 HIV 检测结果呈阳性,但他并没有"向全体同事透露"。他告诉救护车中的救护人员,救护人员将信息记录在多伊的档案中。由于多伊的性取向和 HIV 感染状况多年来一直是谣言的话题,因此一些同事开始质疑。一位同事给他的妻子打电话,他的妻子在医院工作,可以查看多伊的病历,她得知多伊是 HIV 阳性。消息传开了,同事们互相要求佐证。另一位邮政工作人员凯茜・邓肯(Cathy Duncan)尤其积极地传播有关多伊的 HIV 状况的信息,与几位同事交谈,并与多伊在工作中最亲密的朋友之一 Ron Okes 进行了核实。Okes 拒绝确认邓肯的八卦,但后来还是分享了该信息。多伊起诉邓肯侵犯隐私权,但印第安纳州最高法院基于两个原因驳回了这一诉求:首先,多伊"已经"向邓肯公开了邓肯试图传播的信息。由于其他人已经知道该信息,因此,多伊无法证明公开侵权行为中的"私人事项"要素。其次,邓肯没有将八卦传播给足够多的人以满足侵权的公开要求。[3]

笔者并不认为所有这些情况都是错误的。但是当法院将所有公开内容都认定为相同的情况时,可以说是错误的。西普尔先生与旧金山同性恋社

[1] See Johnston v. Fuller, 706 So. 2d 700, 701-03 (Ala. 1997).

[2] See Duran v. Detroit News, Inc., 504 N. W. 2d 715, 720 (Mich. Ct. App. 1993).

[3] See Doe v. Methodist Hosp., 690 N. E. 2d 681, 683-84, 693 (1997).

区分享他的性取向,纳德先生与朋友分享信息,杜兰女士在租约上的强制性披露以及对几个邻居的解释,以及多伊对几个朋友在狭小范围内的披露都是可替代的——出于隐私侵权的目的,它们都被视为"公开"披露——因为在第1章和第2章中讨论的许多传统隐私理论下,任何披露都会侵蚀隐私权。他们都选择与他人共享个人信息,这样做之后,他们承担了可能更广泛地被传播信息的风险。

当然,并非所有披露都应得到同等对待。一些法院已经意识到这一点。例如,在桑德斯诉美国广播公司案(Sanders v. American Broadcasting Company)中,加利福尼亚最高法院裁定一个卧底新闻记者侵犯了她所调查的公司员工之一的隐私权。记者在一家"心理"公司通过电话按每分钟收费发送心理读数的公司找到了工作,她为了可以调查有关欺诈的指控,使用隐藏在帽子中的小摄像头和隐藏在胸罩中的小麦克风记录了与包括桑德斯(Sanders)在内的各种员工的对话。当其中一些对话的视频在电视上播出时,桑德斯提起诉讼,他声称与同事的对话是私密的。被告辩称,任何简单的隐私权都被桑德斯在场同事并可能窃听对话的事实所抵消。换句话说,这些对话已经公开。法院同意桑德斯的意见。法院说,隐私"不是二进制的,要么全有要么全无……""一个人被其他人所见的事实并非自动意味着他或她可以合法地被所有人看到。"[1]在这里,法院能够区分仅对几个同事公开的信息与向被告广播受众公开的信息之间的区别。

Y. G. 诉犹太医院案(Y. G. v. Jewish Hospital)和多媒体公司诉库巴赫案(Multimedia WMAZ, Inc. v. Kubach)以类似方式解决了类似问题。在Y. G. 案中,一对年轻夫妇违反了保守派教会的教义进行了体外受精,他们在参加医院的聚会后在夜间新闻中发现了自己的照片。在此之前,只有医院的雇员和这对夫妇的父母知道他们有这个家庭计划,并且只有医院的雇员和体外受精计划的其他参与者参加了聚会。法院驳回了这对夫妇参加聚会即放弃其隐私权的观点,认为这对夫妇"显然选择仅向其他参加聚会的体外受

[1] Sanders v. ABC, Inc. 978 P. 2d 67, 70-72(Cal. 1999).

精的夫妇披露这个事实。通过参加这一范围有限的聚会,他们没有放弃保留隐私的权利"。[1] 在库巴赫(Kubach)的另一起艾滋病毒披露的案件中,库巴赫接受了一家电视台采访,但是电视台并没有将库巴赫的脸孔隐去,尽管他提出了要求。他已向朋友、医护人员和艾滋病毒支持小组透露了自己的身份,但在其他场合对有关他身份的任何讨论都保持匿名。采访播出后,库巴赫起诉了该电视台。法院的结论是,尽管先前有披露,但他仍保留其身份的隐私权。法院认为,仅仅因为库巴赫告诉某些人他是艾滋病毒阳性,电视台并不能违背其将自己的脸打上马赛克的诺言,因为这些信息只针对那些"关心他的人……或者因为他们也患有艾滋病"。法院认为,库巴赫可以期望他所倾诉的人不会进一步透露他的病情。[2]

这些情况的结果各不相同。但最重要的是,似乎没有确定先前披露何时消除隐私权的连贯一致的判断标准。仅基于权利的理论是无济于事的。共享者自由地和自愿地向他人公开信息,并且基于分离、保密和排斥的隐私理论不能充分地超出最初的公开范围。他们证明了西普尔、纳德、杜兰和多伊的僵化且明确规则是正确的。在诸如 Y. G. 和库巴赫之类的案件中,至少部分是由于向原告提供了隐私保护这一事实,从而推动了这些利益相关者持有信息。在 Y. G. 案中,原告"确保'不会进行宣传或公开曝光'",并且"他们两次拒绝了被采访或被摄制,并尽一切努力避免被摄制。"[3] 电视台"明确同意尊重原告的隐私,以确保他参加采访。"[4] 保证使原告可以进行披露。斯特拉列维茨分析这些案件时,看到了非常偶然善变的结果,有时保护隐私权,有时不保护。他的这种发现是对的。但是在表面之下,发生了一个重要的变化——从仅基于共享者的行为确定公共与私人之间的差异到还需考虑披露的情境。

---

〔1〕 Y. G. v. Jewish Hosp. of St. Louis, 795 S. W. 2d 488, 501-02 (Mo. Ct. App. 1990).

〔2〕 Multimedia WMAZ, Inc. v. Kubach, 443 S. E. 2d 491, 494 (Ga. Ct. App. 1994).

〔3〕 Y. G., 795 S. W. 2d at 501.

〔4〕 Kubach, 443 S. E. 2d at 494.

基于信任的方法

正如我们在第3章中讨论的那样,斯特拉列维茨试图提供一种连贯的通用的方法来分析在先披露的案例。他认为,在先共享的信息将被认为是公开的,因此当共享的信息很可能会自己通过网络传播或在网络之间传播时,就不会受到进一步共享的保护,从而使以后任何传播的宣传都变得多余。当信息不太可能传播时,它将被视为私人信息,仍然受到侵权法的保护。

斯特拉列维茨基于社会网络理论(网络结构如何影响行为的跨学科研究)得出了这一结论。[1] 网络是一组对象,包括人、细胞、发电厂,通过社会邂逅、突触、网格,它们在社会建立起了联系。它们无处不在:一个家庭是一个(社会)网络,就像大脑中的(神经)网络和纽约市垃圾收集路线的(分布)网络一样。要查看通过网络进行扩散的一种可视化效果,须将记号笔的笔尖轻拍到一张工作纸的中间,您将实时看到墨水从一个原点或节点通过构成纸张的纤维状格子状网络。[2] 脸书是典型的现代社交网络:其总体网络具有数十亿个节点(成员),但它也具有数十亿个子网,其中节点重叠、交互和共享信息。这是网络邀请、传播和保留与我们有关的信息的能力。

斯特拉列维茨展示了网络内部和网络之间的信息流动理论,他开始讨论何时向小团体公开的信息仍然是私人的。它有助于建立两个重要的理论,即网络的结构和网络中所公开信息的性质都会影响通过它的信息流。

尽管网络是不断发展的生态系统[3]——人们不断进出——但人类社交

---

〔1〕 See DuncanJ. Watts, *Six Degrees: The Science of A Connected Age*, W. W. Norton & Company, 2003, p. 28.

〔2〕 网络结构是多种多样的。在 Google www. google. com 图像中对"网络可视化"的简单搜索即可显示广泛的网络视觉表示(搜索"网络可视化",然后单击"图像")。

〔3〕 See DuncanJ. Watts, *Six Degrees: The Science of A Connected Age*, W. W. Norton & Company, 2003, p. 28.

网络往往是紧密联系且高度“聚集”的，[1]具有“牢固的联系”，将我们与朋友联系在一起。家庭成员是人际关系牢固很好的例子：每个人都认识其他人，每个成员之间都反复进行社交互动。他们在一起度过了很多时间，建立了深厚的情感联系。[2] 其他紧密聚集的网络成员——支持组、娱乐运动队、具有相同政治信仰的个人——彼此共享。社交网络理论并不能确切地告诉我们为什么这些人彼此之间很乐意分享个人信息，但是它确实解释了一种信息传播的形式：两个人之间的联系越牢固，他们的朋友越可能重叠，信息越可能将停留在那些紧密重叠的网络中。例如，米歇尔（Michelle）向她最好的朋友妮可（Nicole）讲述了自己关于开发新移动应用程序的想法，希望妮可能给她一些建议。妮可可能会告诉 Opher——她的丈夫和米歇尔的儿时朋友。在这个网络中，米歇尔的移动应用想法不太可能传播。如果网络之间只有牢固的联系，我们会看到很多朋友在他们之间循环利用信息。[3] 根据这项研究，我们可以得出结论，紧密联系中的联系很少会传播给广大公众。

信息通过标记在不同集群之间传播，格兰诺维特（Mark Granovetter）称之为“弱关系”。[4] 一些弱关系是“超节点”，即社会上的社交名流：[5]他们有不同群体的朋友并在他们之间建立联系。但是，人们之间经常会通过彼此相识而联系在一起——比如火车上的两个陌生人惊讶地发现他们拥有相同的共同朋友。[6] 格兰诺维特指出，这些薄弱的桥梁是信息从一个紧密联

---

〔1〕 See Duncan J. Watts, *Six Degrees: The Science of A Connected Age*, W. W. Norton & Company, 2003, p. 40; Lior Jacob Strahilevitz, *A Social Networks Theory of Privacy*, U. Chicago Law Review 72, p. 95 (2005).

〔2〕 See MarkS. Granovetter, *The Strength of Weak Ties*, Am. J. Soc 78, p. 1360, p. 1361 (1973).

〔3〕 See MarkS. Granovetter, *The Strength of Weak Ties*, Am. J. Soc 78, p. 1360, p. 1366 (1973).（如果一个谣言告诉他所有的亲密朋友，而且他们也照做，那么许多人会第二次和第三次听到这个谣言，因为那些有着牢固关系的人往往会分享给朋友……）

〔4〕 See MarkS. Granovetter, *The Strength of Weak Ties*, Am. J. Soc 78, p. 1360, p. 1366 (1973).（通过软弱的联系而不是牢固的联系，将要传播的东西可以覆盖更多的人，并穿越更大的社交距离即路径长度。）

〔5〕 See Lior Jacob Strahilevitz, *A Social Networks Theory of Privacy*, U. Chicago Law Review 72, p. 951 (2005).

〔6〕 See Duncan J. Watts, *Six Degrees: The Science of A Connected Age*, W. W. Norton & Company, 2003, p. 38, p. 41; 邓肯・瓦茨（Duncan Watts）的项目“小世界问题”以两个陌生人意识到他们有一个共同的朋友的反应而得名。他们说：“多么小的世界！” DuncanJ. Watts, *Six Degrees: The Science of A Connected Age*, W. W. Norton & Company, 2003, p. 38.

系的小组到另一个紧密联系的小组传播的推动力。〔1〕 我们不是很熟悉他们是否是熟人,但是如果我们想将外部信息引入一个紧密联系的小组中,与他们的互动至关重要。〔2〕 例如,詹妮弗(Jennifer)同时是医生和徒步旅行爱好者。她的孩子参加足球训练,她与同事是朋友,与她孩子足球队友的父母在不经意间结识,与她的远足伙伴 Machu Picchu 关系密切,她每年都与 Machu Picchu 一起旅行。詹妮弗偶尔会在工作中或在观看孩子的足球比赛中涉及徒步旅行的话题,这些随机对话可能让那位一直住在曼哈顿的詹妮弗孩子足球队友的爸爸对户外运动产生兴趣。格兰诺维特指出,这些类型的弱势关系对于获得工作尤其重要:〔3〕弱势关系会带给你原本不会获得的联系和信息。〔4〕 如果个人之间没有弱势关系,仅需几步即可连接,或者当这些联系不活跃时,即使是附近的节点也极不可能会遇到彼此或它们传播的信息。它们之间有罗纳德·伯特(Ronald Burt)所谓的"结构性漏洞"(structural hole)。〔5〕 作为紧密群体之间的主动连接桥梁,弱联系对于信息传播至关重要。但是网络的结构——群集、群集之间的距离以及连接的类型以及对网络的任何外部限制——不是唯一重要的元素。信息的性质也很重要。薄弱关系并不善于传递所有类型的信息。职位空缺或谣言很容易被传递。它们是简单的信息,不会沿线退化,因此易于在相遇的偶然机会中传播。〔6〕 但是研究表明,弱联系的网络不具备传输复杂信息或聚合的能力。〔7〕 换句话

---

〔1〕 See MarkS. Granovetter, *The Strength of Weak Ties*, Am. J. Soc78, p. 1360, p. 1366(1973).

〔2〕 See Duncan J. Watts, *Six Degrees: The Science of A Connected Age*, W. W. Norton & Company, 2003, p. 49.

〔3〕 See MarkS. Granovetter, *The Strength of Weak Ties*, Am. J. Soc 78, p. 1371-1373(1973).

〔4〕 因此,弱连接对于克服 Cass Sunstein 在 Republic. com 2. 0 中描述的问题至关重要,他在该论据中指出,在线社交网络加剧了社会中的政治两极分化,因为网络算法会增强个人选择以寻找他们已经同意的信息的选择。Cass R. Sunstein, Republic. com 2. 0 46-73(2007).

〔5〕 See Lior Jacob Strahilevitz, *A Social Networks Theory of Privacy*, U. Chicago Law Review72, p. 952(2005). (See Ronald S. Burt, *Structural Holes: The Social Structure of Competition*, Harvard University Press, 1992, p. 18)

〔6〕 See Morten T. Hansen, *The Search-Transfer Problem: The Role of Weak Ties in Sharing Knowledge Across Organizational Subunits*, Admin. Sci. Q44, p. 82, p. 105(1999); Gabriel Weimann, *The Strength of Weak Conversational Ties in the Flow of Information and Influence*, Soc. Networks 5, p. 245, p. 254-255(1983).

〔7〕 See Lior Jacob Strahilevitz, *A Social Networks Theory of Privacy*, U. Chicago Law Review 72, p. 957-958(2005).

说,薄弱联系不能将两个人和两个人放在一起形成四个人。与熟人的对话很少涉及深入的分析。换句话说,任何曾经玩过“电话”游戏的人都记得简单的陈述会通过,但是复杂的陈述会被弄乱。

综上所述,斯特拉列维茨得出了一些结论,这将有助于法官运用社交网络理论来回答隐私问题:首先,松散的网络很难传播复杂的信息。因此,“散布有关个人的私人信息并公开汇总信息的情况很少见”。但是,当在关系密切的网络之间共享信息时(如朋友或彼此之间有广泛联系的人),“对该信息进行聚合的可能性更大,并且原告对聚合信息的隐私期望应该较低。”其次,一条信息越有趣或令人震惊,它越有可能在各种类型的网络之间有效地传播。“如果私人信息涉及非常不寻常或令人惊讶的事件……它很可能通过网络进行传播。”因此,如果某人“披露了以前可能被认为是非常有趣、新颖、具有启发性或娱乐性的私人信息,则该信息很可能会被传播。”[1]

斯特拉列维茨继续将这些理论应用于我们上面讨论的案例。在库巴赫案中,原告已将其HIV阳性状态告知医疗专业人员以及亲朋好友。斯特拉列维茨得出结论,由于规范阻止医生披露患者信息,并且由于多项研究表明,艾滋病毒状态信息很少在某些紧密的网络之外泄露,因此信息不太可能自行传播。因此,库巴赫具有隐私权,可以起诉电视台广泛传播其私人信息。[2] 斯特拉列维茨认为Y. G.案难以决定。他没有研究如何在网络中传播体外受精的信息。取而代之的是,他基于这样的假设:“与体外受精相关的污名似乎比艾滋病毒状态要少。”有关信息——这对夫妇违反他们的宗教团体的意愿在体外使用——很难拼凑在一起,因此参加聚会的人并不多。而且许多参与者要么是共同参与者,要么是医疗保健提供者,因此传播新闻的可能性较小。斯特拉列维茨认为法院的判决承认隐私利益是“可辩驳

---

〔1〕 Lior Jacob Strahilevitz, *A Social Networks Theory of Privacy*, U. Chicago Law Review 72, p. 972-975 (2005).

〔2〕 See Lior Jacob Strahilevitz, *A Social Networks Theory of Privacy*, U. Chicago Law Review 72, p. 977 (2005).

的”,尽管在社交网络理论下也不是轻而易举的事情。[1]

但是,社交网络理论会说杜兰案错了。斯特拉列维茨指出,在餐厅购物和进餐是“弱联系”,因此,使用真实姓名只会变得有趣,并且如果服务员能够拼凑出杜兰(Duran)是起诉巴勃罗(Pablo)的哥伦比亚法官,则可能会通过网络传播。斯特拉列维茨指出:“也许,哥伦比亚的服务员本来可以将两个人放在一起。”但是,互动太短暂、信息太复杂,以致无法传播出去并吸引更多的观众。[2]

这些结论很有意义。就像海伦·尼森鲍姆将隐私视为情境完整性的方法一样,一种社会网络理论将给定交互的社会情境提升为形式规则和纯粹的披露事实。它还强调了社会科学在裁定现代法律问题中发挥的重要作用。只是仍然存在证据问题。斯特拉列维茨从未说过律师将如何证明信息的复杂性,给定信息在网络中流动的速度是快或慢,或者如何识别网络中的重要节点。如果没有证据,我们将假设法官的个人观点,这将进一步边缘化其网络与美国司法系统的主流成员截然不同的人群。例如,对于千禧一代,40 岁以下的单身男人和女人以及性活跃的同性恋者来说,某人拍摄并分享自己的亲密或裸露的照片可能是相当普遍的信息。对于完全不同的,由完全不同的人组成的网络,不能总是说相同的话。

社交网络的隐私理论也存在与陌生人的关系问题。尽管斯特拉列维茨明确表示其公开性的定义是,当私人信息到达“原告希望保留该信息的人”时,[3]尚不完全清楚,一个陌生人了解我们的情况与许多陌生人了解我们的情况有何不同或相同。在某些情况下,即使是一个陌生人也对我们有所了解,社交网络理论也会消除我们的隐私权。从定义上讲,陌生人不在我们的

[1] See Lior Jacob Strahilevitz, *A Social Networks Theory of Privacy*, U. Chicago Law Review 72, p. 978 (2005).

[2] See Lior Jacob Strahilevitz, *A Social Networks Theory of Privacy*, U. Chicag. Law Review 72, p. 979 (2005).

[3] See Lior Jacob Strahilevitz, *A Social Networks Theory of Privacy*, U. Chicago Law Review 72, p. 973-974 (2005).

社交网络之内。[1] 但是我们知道，情况并非如此：基于信任的隐私可以存在于陌生人之间，因为他们之间也存在社交线索，可以引发随后互动的可能性，陌生人之间可以存在基于信任的隐私。对隐私的追求会修正斯特拉列维茨的网络理论，以欣赏与陌生人共享信息的情境，并在表现出信任、自信和谨慎的情境中保留与任何人共享的信息的隐私利益。

最后，社交网络理论忽略了促使我们分享的动机。作为信息流的一种方法，查看社交网络的结构和功能有助于我们了解信息将如何传播。这就是斯特拉列维茨的方法如此吸引人的原因。但是，我们共享的理由以及当时共享的情境对于理解社会行为者对保密性和自由裁量权的期望至关重要。要在公共信息和私人信息之间划清界限，我们还需要在初始披露的情境中考虑信任的指标。在适当的情况下，社交网络和信任可以共同应对涉及个人有限披露信息的案件。

正如我们在第5章中讨论的那样，“隐私即信任”为法官提供了在以前的公开案例中区分私人与公共的几个原则。第一，共享是不可避免的，通常是非自愿的。因此，仅出于共享的事实并不能得出公开信息非侵犯隐私权的结论。第二，我们经常希望法律和政策鼓励人们分享。成为艾滋病毒抗体阳性者并在艾滋病毒抗体阳性者群体中寻求情感、医疗和政治支持具有压倒性的积极影响。信息隐私法既不应积极胁迫也不应有效劝阻人们进行情感上的回报，更不用说经济上的分享了。第三，法官在确定个人是否在先前披露的信息中保留隐私权时，应考虑原始披露的情境，并根据当事方的经验、明示或暗示的社会信号、互惠性准则或转移性来寻找信任的暗示。

有时，在先的披露案例中，隐私即信任和社交网络方法可以得出类似的结论。以杜兰案件为例，将毒贩巴勃罗·埃斯科巴尔(Pablo Escobar)绳之以法的法官杜兰(逃离到第三国)，在购物、租房时向几个邻居公开了她的真实身份[法庭认定她的这个行为是已经向公众公开(open to public eye)]。但是，斯特拉列维茨指出，杜兰与他人的交往是短暂的，她可能已经在几家商

[1] See Lior Jacob Strahilevitz, *A Social Networks Theory of Privacy*, U. Chicago Law Review 72, p. 974 (2005).

店与销售人员进行了互动,但是没有证据表明这些联系足以使人们记住她的名字。关于她的信息很复杂,有人可能不得不将自己的名字和在哥伦比亚的恶名拼凑起来,才能公开身份,而在底特律郊区这种情况不太可能发生。[1] 隐私即信任将研究原始的披露情境。杜兰告诉三个邻居,她之所以有保镖,是因为她受到毒贩的威胁,并在商业交易和在餐馆吃饭时使用了自己的真名,[2]使自己处于可以听到关于我们信息的位置,这些信息越过了适合陌生人的社会界限,这是"公民注意力不集中"的概念,或者是一种礼貌的形式。[3] 我们在自由裁量规范下,或者正如海伦·尼森鲍姆所说,是在对与情境有关的信息流的期望下,与陌生人互动。[4] 而且杜兰的邻居、她的新朋友,知道了她的过去,因为这也影响了他们。这些信息的性质,加上杜兰和她的朋友之间的密切关系,表明了他们之间存在信任,杜兰期望她朋友对此信息保密。

但是有时候,隐私即信息理论和社交网络理论会提供相互矛盾的方法。考虑两个艾滋病信息泄露案例,多伊案和库巴赫案。回想一下,在多伊案中,原告只告诉了一小群亲密的朋友和同事。库巴赫案中,库巴赫也只是告知了他的一些朋友和互助小组成员。另外,他们二人的医护专业人员也知道他们患艾滋病的事实。"隐私即信任"理论始于信息披露的情境。个人向自己信任的医生分享自己的艾滋病病情,医生的道德规范包括对该信息保密;个人对亲密的朋友和爱人分享这类信息,当然也期待他们会保密;他们也需要离散的信息:个人向互助小组成员吐露艾滋病患病信息,是因为这些支持小组是有制定严格保密规则的团体。因此,在这两个案件中,艾滋病患者的信息最初都是在原告信任对方的情况下分享的,原告信任对方这一事实可以在伦理的和普遍的社会规范中得以证实,比如基于经验(朋友间)、基于互惠(在支持小组成员之间)和基于职业道德(从一般的医生道德到特定

[1] See Lior Jacob Strahilevitz, *A Social Networks Theory of Privacy*, U. Chi. L. Rev 72, p. 978(2005).

[2] See Duran v. Detroit News, Inc., 504 N. W. 2d 715, 718(Mich. Ct. App. 1993).

[3] See Erving Goffman, *Behavior in Public Places*, The Free Press, 1963, p. 85-87.

[4] See Helen Nissenbaum, *Privacy in Context*, Stanford Law Books, 2010.

的医生伦理)[1]。由此,案件中原告患艾滋病的信息仍然是保密的。

但是,一个人的艾滋病毒状况既不是世俗的,也不是信息的聚合。用斯特拉列维茨的话来说,很简单,而且很“透明”。这可能就是为什么斯特拉列维茨对库巴赫(他没有针对多伊进行分析)的分析几乎完全集中于原始公开内容的原因。他指出,医学伦理阻止医生透露患者的信息,带有污名化的个人信息往往在紧密的网络中共享,即密友和知己。这些事实暗示了原始公开情境的核心是信任,并首先激发了共享。

Y. G. 案在社交网络和信任方法之间提供了另一种对比。在这种情况下,与其他参加体外受精夫妇和医院工作人员一起参加医院聚会表明,任何信息都是在信任的环境中基于专业知识和互惠而公开的(我们在一起)。Y. G. 案中的这对夫妇与其他与会者分享了那些与他们的社会身份相符的私密信息,这种分享使他们成为一个紧密联系的社会团体。更重要的是,医院工作人员也可以被视为其领域的专家。因此,Y. G. 是将隐私即信任理论应用的直接案例。但这对于斯特拉列维茨来说是一个艰难的案例。许多参加聚会的人对原告是陌生的,因为他们从未见过面。很难想象,因为斯特拉列维茨本人也承认,即使陌生人知道,有关 Y. G. 的这部分信息仍然是私人的。他认为,只有我们的朋友知道一个事实,“但没有任何陌生人”,我们才能期望它留给预定的接收者。[2]

尽管存在这些差异,但社交网络和信任方法都远远优于通常的基于权利的极端方法,并且在某些披露案例中可以相互补充。两者都是信息流的方法。他们只是在两个不同的时间点看待情境:对隐私的关注要看披露的最初情境,而社交网络方法主要看事后发生的事情。正如我们将在第9章中看到的那样,这两种观点可以一起解决各种关于公开的问题。

---

[1] See GeneA. Shelleyetal, *Who Knows Your HIV Status? What HIV+Patients and Their Network Members Know about Each Other*, Social Networks 17, p. 189(1995).

[2] See Lior Jacob Strahilevitz, *A Social Networks Theory of Privacy*, U. Chicago Law Review 72, p. 974(2005).

第 8 章 信任与网络骚扰

上一章的案例研究将“隐私即信任”原则应用于侵权法，该法律规则支配着我们与他人之间的社会互动。我们看到，这些侵权行为要求法官确定某些公开信息后，确立公共信息和私人信息之间的差异。我们看到了基于自治和信任的隐私概念如何以不同的方式区分这些差异。基于权利的理论会在披露时侵蚀隐私权，从信任关系的角度看待隐私，并根据具体情况逐个处理隐私。本章着眼于另一个提出类似问题的案例研究：网络骚扰。

网络骚扰是一种反复的在线表达，相当于针对特定人的“行为举止”，并导致目标个体严重的情绪困扰和/或对身体伤害的恐惧。[1] 非自愿色情，也称为“复仇色情”（revenge porn）[2]是网络骚扰的一种形式。它是指发布未经他人同意的个人性图像或亲密图像。正如两位著名的网络骚扰学者西特罗和玛丽·安妮·弗兰克斯所说，复仇色情是而且应该被视为犯罪。[3] 截

---

〔1〕 See Danielle Keats Citron, *Defining Online Harasment*, *Forbes* (Oct. 23, 2014), www. forbes. com/sites/daniellecitron/2014/10/23/definingonline-harassment/#3969df334360.

〔2〕 复仇色情的本质弊端不是为行为驱动的动机，而是侵犯隐私并将受害者未经他们同意而转变为物体。See Mary Anne Franks, *How to Defeat "Revenge Porn": First, Recognize It's about Privacy, Not Revenge*, *Huffington Post*: Blog (June 22, 2015), www. huffingtonpost. com/maryanne-franks/how-to-defeat-revenge-porn_b_7624900. html. 为了便于理解，我将交替使用“复仇色情”、“非自愿色情”和“网络剥削”。但是，后两个术语更合适。

〔3〕 See Danielle Keats Citron & Mary Anne Franks, *Criminalizing Revenge Porn*, Wake Forest Law Review 49, p. 345, p. 346 (2014).

至撰写本书时,已有38个州和哥伦比亚特区颁布了复仇色情刑事法规,[1]还有更多人正在考虑类似的提议。[2] 复仇色情也是对隐私和信任的严重侵犯,具有破坏性的影响。受害人会感到严重的焦虑和沮丧,他们经常处于人身危险之中。他们失去工作且很难找到新工作。为了逃避复仇色情长期的阴影,许多人不得不退出在线生活,躲到很远的地方,甚至改名。[3] 当恋爱关系变坏时,男人——几乎总是男人——通过在网上发布亲密的照片来激怒他的前女友,以供所有人观看。

复仇色情是另一个例子,当我们在没有强有力的信任规范和保障的情况下与他人共享信息时会出现问题。这是对披露权力的滥用。现行法律具有直接和间接影响,使受害者难以获得民事赔偿。首先,隐私侵权通常无济于事,特别是因为许多受害者自己拍照,或者同意与伴侣分享照片。如我们

---

〔1〕 See Ala. Code § 13A-6-240(West 2017); AlaskaStat. Ann. § 11. 61. 120(West2015); Ariz. Rev. Stat. Ann. § 13-1425(Supp. 2015); Ark. Code. Ann. § 5-26-314(Supp. 2015); Cal. Penal Code § 647(West Supp. 2016); Colo. Rev. Stat. Ann. § 18-7-107(West Supp. 2015); Conn. Genn. Stat. Ann. § 53a-189a(West 2012 & Supp. 2016); Del. Code Ann. tit. 11, § 1335(2015); D. C. Code Ann. § § 22-3051 to 22-3057(West 2016); Fla. Stat. § 784. 049(2015); Ga. Code Ann. § 16-11-90(West Supp. 2015); Haw. Rev. Stat. § 711-1110. 9(2014); Idaho Code Ann. § 18-6609(West 2016); 720 Ill. Comp. Stat. Ann. § 5/11-23. 5(2014); Iowa Code Ann. § 708. 7. 1. a(5)(West 2017); Kan. Stat. Ann. § 21-6101(8)(West 2016); La. Rev. Stat. Ann. § 14:283. 2(2004 & Supp. 2016); Me. Rev. Stat. Ann. tit. 17-A, § 511-A(West Supp. 2015); Md. Code Ann., Crim. Law § 3-809(West Supp. 2015); Mich. Comp. Laws Ann. § § 750. 145e, 750. 145f(West 2016); Minn. Stat. Ann. § 617. 261(West 2016); Nev. Rev. Stat. Ann. § 200. 780(West 2015); N. H. Rev. Stat. Ann. § 644:9-a(2016); N. J. Stat. Ann. § 2C:14-9(West 2015); N. M. Stat. Ann. § 30-37A-1(West 2016); N. C. Gen. Stat. § 14-190. 5A(2015); N. D. Cent. Code § 12. 1-17-07. 2(Supp. 2015); Okla. Stat. Ann. tit. 21, § 1040. 13b(West 2016); Or. Rev. Stat. § 163. 472(2015); 18 Pa. Cons. Stat. § 3131(2015); S. D. Codified Laws § 22-21-4(West 2017); Tenn. Code Ann. § 39-17-318(West 2016); Tex. Penal Code Ann. § 21. 16(West Supp. 2015); Utah Code Ann. § 76-5b-203(West 2016); Vt. Stat. Ann. tit. 13, § 2606(Supp. 2015); Va. Code Ann. § 18. 2-386. 2(2014); Wash. Rev. Code Ann. § 9A. 86. 010(West 2016); W. Va. Code Ann. § 61-8-28a(West 2017); Wis. Stat. § 942. 09(2013-2014).

〔2〕 立法已在肯塔基州,马萨诸塞州,密苏里州,纽约州和南卡罗来纳州引入。See Lana Jones, *Bill Would Make "Revenge Porn" a Crime in Massachusetts*, *CBS Bos.* (June 5, 2015), http://boston. cbslocal. com/2015/06/05/bill-would-maker-evengeporn-a-crime-in-massachusetts; Tammy Mutasa, *"Revenge Porn" Bill Passes Unanimously in Kentucky House*, WLWT5(Feb. 15, 2016), www. wlwt. com/news/-Revenge-porn-bill-passes-unanimously-inKentucky-House/38013094; Collin Reischman, *Engler Files "Revenge Porn" Bill*, *Mo. Times*(Jan. 28, 2014), http://themissouritimes. com/7918/ engler-files-revenge-porn-bill. 值得注意的是,罗得岛州州长吉娜·雷蒙多(Gina Raimondo)最近成为第一位否决复仇色情法案的州长。See Katherine Gregg, *Raimondo Vetoes "Revenge Porn" Bill*, *Providence J.* (June 21, 2016), www. providencejournal. com/news/20160621/ raimondo-vetoes-revenge-porn-bill.

〔3〕 See Danielle Keats Citron, *Hate Crimes in Cyberspace*, Harvard University Press, 2014, p. 6-10.

所见,如果将隐私理解为保护自治、自由、选择或保密,那么即使有限地共享也可以视为侵害隐私权。其次,由于当今的隐私法主要关注对个人的伤害,因此当前的方法忽视了复仇色情更广泛的社会危害,即违反信任。这具有使复仇色情看起来属于个人的问题而不是社会"癌症"的表达效果。当然,事实上两者都是侵犯隐私的行为。

如果我们根据关系理论将隐私概念化,则可以解决这两个问题。个人可以在可信任的关系范围内共享私密信息,并使用法律保护和执行这种信任,以使他们的照片远离世界其他地方。一种方法是违反保密规定的侵权行为。侵权行为相关规范在英国法律中较为完善,但在美国却遭到了挫败,侵权行为使那些分享信息而违反我们信任的人承担责任。它既完美地反映了隐私保护的含义,也是从业者可以用来对抗复仇色情的另一种武器。而且,将违反保密性侵权行为的程度提高到与普罗瑟的其他隐私侵权行为类型相同的水平,将具有建立相互信任、团结和责任的强大社会规范作用。

复仇色情的现实

复仇色情摧毁了受害者,也会损害社会。个人的心理和人身伤害可能有助于我们理解问题的严重程度,并帮助从业人员证明某些民事索赔的特殊性,但更广泛的社会伤害也与确定适当的应对措施有关。为了使特定的侵权诉求成为抵制复仇色情的武器,它必须既补偿受害者,又制止以错误为核心的不良社会行为。〔1〕 正如杜尔凯姆所说,它应该表达社会价值。〔2〕 当

---

〔1〕 See Christopher H. Schroeder, *Corrective Justice and Liability for Increasing Risks*, UCLA Law Review 37, p. 439 (1990); KennethW. Simons, *Corrective Justice and Liability for Risk-Creation: A Comment*, UCLA Law Review38, p. 113-114 (1990); William M. Landes& Richard A. Posner, *The Economic Structure of Tort Law*, Harvard University Press, 1987; Richard A. Posner, *The Concept of Corrective Justice in Recent Theories of Tort Law*, J. Legal Stud10, p. 187 (1981); Gary T. Sch wartz, *Mixed Theories of Tort Law: Affirming Both Deterrence and Corrective Justice*, Tex. Law Review 75, p. 1801, p. 1831 (1997).

〔2〕 See E'mile Durkheim, *The Division of Labor in Society*, trans. by W. D. Halls, New York, The Free Press, 1893, p. 24.

前的隐私法没有这样做,是因为它几乎完全侧重于复仇色情的个人伤害方面。

在《网络空间的仇恨犯罪》(*Hate Crimes in Cyberspace*)中,西特罗讲述了霍莉(Holly)的故事,霍莉的前男友在网上发布了她和一个性伴侣的裸照,展示她通过网络摄像头拍下的视频。这些帖子还包括她的全名、电子邮件地址、她的个人脸书页面的屏幕截图以及她在线传记的链接,甚至包括她的工作地址。她被陌生人发送的性骚扰电子邮件所困扰,尤其是其个人资料出现在安排性接触的网站上之后。有人将她的照片发送给她的老板和同事。在 2012 年,谷歌搜索她名字的前 10 个页面中,几乎有 90%包含了指向图片和视频的链接。[1]

霍莉说,他们(这类人)感到"惊恐""害怕"和"无助",这是网络骚扰受害者的共同反应。她经常担心被纠缠或被强奸。她从来没有晚上独自走过,每次看到有人看着她时都会"发冷"。她对自己的人身安全和职业前景感到"焦虑",并且为已经发生的事情感到责备。[2]

在我自己的研究中,我与近 60 个网络骚扰目标交谈。一些互联网用户表示有人威胁要在他们的照片上张贴露骨的图像,而 7%的人表示实际上已经在照片上张贴了此类图像。[3] 例如,凯特(Kate M.)是复仇色情、纠缠者的受害者,也几乎是强奸的受害者,她说他"一直在看着她的肩膀",并且由于"恐惧和焦虑"而"瘫痪"。[4] 史蒂文(Steven)在多个业余色情网站上发现了自己的裸照,他感到"每天都在生病",从他醒来的那一刻到他曾经睡过的那一刻、睡着的那一刻,他都很紧张,有时甚至发抖。[5]

霍莉、凯特和史蒂文只是一个更大问题的三个例子。对受害人而言,网

---

〔1〕 See Danielle Keats Citron, *Hate Crimes in Cyberspace*, Harvard University Press, 2014, p. 45-47.

〔2〕 See Danielle Keats Citron, *Hate Crimes in Cyberspace*, Harvard University Press, 2014, p. 47-49.

〔3〕 See Amanda Lenhart et al., Data and Soc'y Research Inst. and CiPHR, *Non consensual Image Sharing: One in 25 Americans Has Been a Victim of "Revenge Porn"* (2016), https://datasociety.net/pubs/oh/Nonco nsensual_Image_Sharing_2016.pdf.

〔4〕 电话采访"Kate M."(2015 年 7 月 14 日)。

〔5〕 电话采访"Steven P."(2015 年 8 月 11 日)。史蒂文(Steven)是一个公开的同性恋者,他向在移动应用程序 Grindr 上认识的人发送了色情图片。

络骚扰和复仇色情尤其会遭受“严重的情绪困扰”。有些人会惊恐发作并发展成进食障碍。他们退出了面对面和在线社交活动。正如西特罗和弗兰克斯所指出的那样,复仇色情还增加了被纠缠和人身攻击的风险。年轻的受害者经历了负面的教育结果,并报告了更高的自杀念头;成年人被发现不可能有生产力,失去工作和找不到新工作。[1] 许多人不得不逃避身体伤害;有些人不得不更名以逃避网上骚扰造成的永久污染。几乎所有受害者都表示有绝望的感觉。[2]

当前对复仇色情图片的法律回应反映了这种对个人伤害的关注。例如,公开披露私人事实的侵权行为攻击了揭露或宣传私人事务的危害,尽管这很重要,但这只是复仇色情危害泛滥的一部分。通过纠正窃取其创造性财产的危害,版权法为从业人员提供了另一种工具,用于删除某些复仇色情图片。但是它通过忽略复仇色情的道德邪恶,将伴随的个人和社会伤害降到最低。它缺乏社会谴责的表达效果:未经同意的色情制品的错误之处不在于未经授权擅自拍摄他人的照片,而是将原本属于私人的性行为转变为他人的,违背了她的意愿。

正如我们在第7章中所看到的那样,公开披露私人事实的侵权行为主要与未经授权公开私人事务有关。当个人广泛披露“对他人的私生活有重大影响”且“对公众没有合理关怀”时,它会产生责任。[3] 正如南卡罗来纳州上诉法院在麦考密克诉英格兰案(McCormick v. England)中指出的,“侵权行为是公之于众,而不是仅仅公开。”[4]披露必须是公开的,因此,是“向单个个人或一小群人进行的公开……不会引起赔偿责任”。[5] 然而,正如我们所看到的,该规则的适用范围不确定。正如丹尼尔·索洛夫和斯特拉列维茨所表明的那样,许多法院将隐私权与保密权混为一谈,从而阻止了一个或

---

[1] See Danielle Keats Citron & Mary Anne Franks, *Criminalizing Revenge Porn*, Wake Forest Law Review 49, p. 350-353(2014).

[2] See Danielle Keats Citron, *Hate Crimes in Cyberspace*, Cambridge, Harvard University Press, 2014, p. 35-55.

[3] See Restatement(Second) of Torts § 652D(Am. Law Inst., 1977).

[4] McCormick v. England, 494 S. E. 2d 431, 437-38(S. C. Ct. App. 1997).

[5] Rycroft v. Gaddy, 314 S. E. 2d 39, 43(S. C. Ct. App. 1984).

多个交涉的原告，以寻求公开披露私人事实。[1] 可能没有明确的规则来确定何时那些私人事务已经得到足够的宣传，何以提高到侵权责任的程度，但是要求公开触发侵权与否，解决损害取决于揭露性。

在许多公开案例中，这是显而易见的。例如，法院发现宣传不充分，从而拒绝恢复向两个人披露信息；[2]是“少数人”；[3]几个同事；[4]几个执法人员；[5]雇主和有限的人数亲戚；[6]阿姨和叔叔和一位朋友；[7]两名同职工和原告的母亲；[8]雇员和原告的儿子和儿媳；[9]或配偶、朋友、熟人。[10]根据这些案件中的意见，信息接收者的群体根本不够庞大或多样化，不会对原告造成任何伤害。

然而，未经授权就将自己的性爱图像和亲密照片传播给“少数人”，“很少的同事”或“雇主”，将使许多人感到有害、恐怖和需要法律救助。确实，许多复仇色情内容的受害者都在谈论这种恐惧，其他人——雇主、未来的雇主、亲戚和爱人——将看到或收到受害骚扰者的照片。[11] 向他们分发应该与向一大批陌生人传播的危害程度相似。但是，由于公开披露私人事实所解决的核心错误是广泛被揭露的事实，因此尚不清楚侵权行为能否捕获到有限数量的图像，这些图像仍然使受害者成为客观对象，并造成重大的个人和社会伤害。如果法院将隐私与秘密混为一谈，侵权法则不能帮助受害者。正如我们所看到的，如果不是秘密的东西会被认为不是私人的，那么图像一

〔1〕 See Daniel J. Solove, *The Digital Person*, NYU Press, 2004, p. 42－47, 143－49; Lior Jacob Strahilevitz, *A Social Networks Theory of Privacy*, U. Chicago Law Review72, p. 919, p. 939-943(2005).

〔2〕 See E. g., Huse v. Auburn Assocs., Inc., No. C064136, 2011 WL 3425607, at ＊7 (Cal. Ct. App. Aug. 5, 2011).

〔3〕 See E. g., Blackthorne v. Posner, 883 F. Supp. 1443, 1456-57(D. Or. 1995).

〔4〕 See E. g., Vinson v. Koch Foods of Ala., LLC, No. 2: 12-cv-1088-MEF, 2013 WL5441969, at ＊7 (M. D. Ala. Sept. 27, 2013); Dietz v. Finlay Fine Jewelry Corp., 754 N. E. 2d 958, 966(Ind. Ct. App. 2001).

〔5〕 See Aliv. Douglas Cable Commc'ns, 929 F. Supp. 1362, 1383-84(D. Kan. 1996).

〔6〕 See E. g., Vogel v. W. T. Grant Co., 327 A. 2d 133, 137-38(Pa. 1974).

〔7〕 See E. g., McNemar v. Disney Store, Inc., 91 F. 3d 610, 622(3d Cir. 1996), abrogation recognized by Montrose Med. Grp. Participating Sav. Plan. Bulger, 243 F. 3d 773(3d Cir. 2001).

〔8〕 See E. g., Yoder v. Ingersoll-Rand Co., 31 F. Supp. 2d 565, 570(N. D. Ohio 1997), aff'd per curiam, 172 F. 3d 51(6th Cir. 1998)(unpublished table decision).

〔9〕 See E. g., French v. Safeway Stores, Inc., 430 P. 2d 1021, 1023(Or. 1967).

〔10〕 See E. g., Barr v. Arco Chem. Corp., 529 F. Supp. 1277, 1278, 1280(S. D. Tex. 1982).

〔11〕 See Citron, supra note 6, at 48; Telephone interview with "Kate M.", supra note 12.

旦被共享,便是更广泛披露的公平游戏。

从业人员目前用来打击复仇色情的另一工具是版权法。美国《版权法》的目的之一是保护作者的创造力,鼓励创作新作品,并通过这些作品使用和享用来满足公共利益。[1] 因此,法律着重于纠正错误。[2] 与公开披露私人事实的侵权行为不同,宣传不是侵犯版权的先决条件,相反,它是经过同意的使用。

这在法规本身是显而易见的。美国《版权法》第106条授予版权所有者六项专有权:复制、衍生作品的创作、公共发行、公共表演、公共展示以及通过数字传输进行录音的公共表演。[3] 可能会发生版权侵权。正如许多法院同样承认的那样,复制是侵犯版权的核心。[4]

学术界、从业人员和流行的言论使这种关系更加清晰。试图解释为什么在美国个人隐私保护远远落后于知识产权保护,拉里·莱西格(Larry Lessig)辩称,这是因为使用财产的语言("侵占我的财产"的侵权人)来谈论知识产权的侵权行为,[5]而不是律师在提及版权侵权时始终使用"盗版"一词。[6] 其使用具有偏见性和说服力,至少有一个法院禁止这种做法。[7] 在2004年的版权立法听证会上,参议员奥林·哈奇(Orrin Hatch)在他介绍性发言的前四句话中,使用了三次"盗版"这个词。他还暗示,那些诱导侵权的

[1] See Twentieth Century Music Corp. v. Aiken, 422 U. S. 151, 156 (1975).

[2] See Jonathan Zittrain, *What the Publisher CanTeach the Patient: Intellectual Property and Privacy in an Era of Trusted Privication*, Stan. L. Rev. 52, p. 1201, p. 1203 (2000).

[3] 17 U. S. C. § 106 (2012).

[4] See e. g., Peter F. Gaito Architecture, LLC v. Simone Dev. Corp., 602 F. 3d57, 63 (2d Cir. 2010) [quoting HamilAm. Inc. v. GFI, 193F. 3d92, 99 (2d Cir. 1999)]; see also Baxter v. MCA, Inc., 812 F. 2d 421, 423 (9th Cir. 1987); 4 Melville B. Nimmer & David Nimmer, Nimmer on Copyright § 13. 01, at 13-15, LexisNexis (Matthew Bender rev. ed.) (last visited Mar. 30, 2017).

[5] See Lawrence Lessig, *Privacy as Property*, Social Research 69, p. 247, p. 248, p. 253 (2002).

[6] 例如,在与A & MRecords, Inc.相关的审判和上诉法院备案中,该词或它的某些派生词被多次使用。See generally A & MRecords, Inc. v. Napster, Inc., 284F. 3d1091 (9thCir. 2002).

[7] Omnibus Order, Disney Enters., Inc. v. Hotfile Corp., No. 1: 11-cv-20427 (S. D. Fla. Nov. 26, 2013) (Doc. No. 650); 被告在Limine中提出的动议,以排除使用贬义性术语"盗版"、"盗窃"和"偷窃"(及其派生词) "Piracy" "Theft" and "Stealing" (and Their Derivatives), Disney Enters., Inc. v. Hotfile Corp., No. 1: 11-cv20427 (S. D. Fla. Oct. 28, 2013) (Doc. No. 574).

人正在助长和教人盗窃。[1]

可以肯定的是,复仇色情的受害者反对以有害的、出乎意料的方式“拍摄”和“滥用”他们的图像。[2] 但是,这种担忧充其量只是受害者和社会对复仇色情反对的次要理由,最主要的是它侵犯了受害者的隐私并将其转变为他人的性对象。那种建议通过将报复色情图片视为被盗窃财产对象而给予版权法上保护来解决这些危害的想法,是太高估(信任)版权法(可能发挥)的作用了。[3] 因为如果这些图片作为财产不归受害人所有,并且报复色情图片也没法被受害者自己拿走,那么企图适用版权法解决问题的核心思路就是不正确的。

复仇色情的社会影响

复仇色情的有害影响不仅在于受害者的心理、社会和职业健康。复仇色情不仅会对个人造成毁灭性伤害,而且还会损害社会。西特罗认为,复仇色情是一种性别歧视和性别歧视现象,它歧视女性。[4] 本书还要补充一点:复仇色情是一种反社会行为,它违反了亲密社会关系中固有的信任以及社交互动原则。对问题的任何回应都必须充分解决这一核心错误——违反信

---

〔1〕 See *Protecting Innovation and Art While Preventing Piracy:Hearing Before the Comm. on the Judiciary U. S. S.* ,108th Cong. 1-2(2004)(statement of Sen. Orrin G. Hatch,Chairman,Comm. on the Judiciary).

〔2〕 电话采访“ Steven P. ”(2015年8月11日)。史蒂文(Steven)是一个公开的同性恋者,他向在移动应用程序Grindr上认识的人发送了色情图片.

〔3〕 See Mitchell J. Matorin,*In the Real World,Revenge Porn Is Far Worse Than Making It Illegal,Talking Points Memo*(Oct. 18,2013),http://talkingpointsmemo. com/cafe/our-current-law-is-completelyinadequate-for-dealing-with-revenge-porn.

〔4〕 See Amanda Levendowski,*Note,Using Copyright to Combat Revenge Porn*,N. Y. U. J. Intell. Prop. & Ent. L 3,p. 422,p. 439-440(2014).

任——如果它希望既能帮助受害者寻求补救,又能改变社会规范。[1]

上文谈论的经历了复仇色情的受害者在骚扰者中赢得了信任,并在出卖时破坏了这些期望。霍莉"信任"她的前男友以保密她的裸照。[2] 凯特"信任"她的前男友至少是合理的。我的意思是:"毕竟我们相爱了,我们一直在一起。这是不是很讥讽?"[3] 史蒂文在移动应用上共享了自己的照片,这种照片共享是常见的并且是人们所期望的,他说:"我们相爱而且在一起。如果不分享照片,就不能真的参与其中。我认为我们都希望对另一端的人有信任感。"[4] 他们相信,他们的互动伙伴将按照期望并在特定情境中保持期望。他们中有些人基于内隐的暗示和经验而信任;一些基于他们的社交网络而信任。在每种情况下,未经同意的色情都破坏了这种信任。

专家、立法者和媒体也使用信任的语言来描述复仇色情的社会危害。加利福尼亚州参议员安东尼·坎内拉(Anthony Cannella)和议员迈克·加托(Mike Gatto)提出使执法部门更容易起诉那些从事非自愿色情内容的人时表示,犯罪者"是利用亲密和信任",以获取金钱或小报复。参议员坎内拉将这个问题描述为"生命……被摧毁,因为他们信任的另一个人在网上散布了妥协的照片。"[5] 西特罗在《美国半岛电视台》(*Al Jazeera America*)的一篇

---

〔1〕 E'mileDurkheim, *The Division of Labor in Society*, W. D. Halls trans., Cambridge, Harvard University Press, 1893, p. 24; see also Alex Geisinger, "A Belief Change Theory of Expressive Law", *Iowa L. Rev* 88, 2002, p. 35, p. 68(指出摩托车头盔法会影响我们对"头盔使我们安全"的信念); Richard H. McAdams, *The Origin, Development, and Regulation of Norms*, Michigan Law Revearch 96, p. 338, p. 349(1997)(指出法律可以有意和无意地影响社会规范). Arti Kaur Rai, *Regulating Scientific Research: Intellectual Property Rights and the Norms of Science*, Nw. U. Law Review 94, p. 77, pp. 86-88(1999)(注意到行为和法律是相关的); Cass R. Sunstein, *On the Expressive Function of Law*, U. Pa. Law Review 144, p. 2021, p. 2043(1996)(指出民权法对非歧视的含义产生了影响).

〔2〕 See Danielle Keats Citron, *Hate Crimes in Cyberspace*, Harvard University Press, 2014, p. 45.

〔3〕 电话采访"Kate M."(July 14, 2015)(作者的文件注释).

〔4〕 电话采访"Steven P."(2015年8月11日)。史蒂文(Steven)是一个公开的同性恋者,他向在移动应用程序Grindr上认识的人发送了色情图片。

〔5〕 Sen. *Cannella Introduces Additional Legislation to Combat Cyber Exploitation and Revenge Porn*, *Senator Anthony Cannella*(Mar. 2, 2015), http://district12.cssrc.us/content/sen-cannella-introduces-additional-legislation-combat-cyber-exploitation-and-revenge-porn.

评论文章中指出："未经同意就张贴人的裸体照片，违反了他们的信任。"〔1〕位于大西洋的哈佐格，以及半岛电视台的尼尔·理查兹和西特罗都这样认为。哈佐格为受害者提出了各种法律补救措施，"他们的信任被出卖了"。理查兹和西特罗指出："披露违反信任和隐私的人的裸照……违反《第一修正案》。"〔2〕

当对社交环境包括对接受者会谨慎行事并希望对这些图像保密的信任存在期望时，个人会与他人共享图片或私密图像。将这些图像转换为对陌生人的色情制品是对隐私的侵犯，这恰恰是因为它破坏了受害者与其骚扰者之间建立的信任，并且削弱了使社会互动不断发展得更广泛的社会信任。因此，为了解决复仇色情的特殊性和社会危害，应寻求使违反信任的人承担责任的法律补救措施。

一种基于信任的方法

考虑实际因素——聘请律师和诉讼的费用、揭露匿名犯罪者的艰难程序以及其中许多证据不能得到审判的可能性——非自愿色情内容的核心错误与侵权行为所解决的错误之间的错位，公开披露私人事实和版权法表明，这些武器本身就不足以为受害者伸张正义。尽管没有任何一种武器可以填补现有补救办法所留下的空白，但从业人员仍需要在各种武器库中使用其他工具。

被低估的说法最接近于复仇色情内容中固有的违反信任和隐私的行

---

〔1〕 Danielle Keats Citron, *Expand Harassment Laws to Protect Victims of Online Abuse*, *Al jazeera Am.* (Mar. 21,2015), http://america. aljazeera. com/opinions/2015/3/expand-harassment-laws-to-protect-victims-of-online-abuse. html.

〔2〕 Woodrow Hartzog, *How to Fight Revenge Porn*, Atlantic (May10,2013), www. theatlantic. com/technology/archive/2013/05/how-to-fight-revengeporn/275759（为复仇色情的受害者提出法律补救措施，即"那些背叛了信任的人"）. Neil M. Richards & Danielle KeatsCitron, *Regulating Revenge Porn Isn't Censorship*, *Aljazeera Am.* (Feb. 11,2015), http://america. aljazeera. com/opinions/2015/2/ why-regulating-revenge-porn-isnt-censorship. html（争辩说："披露违反信任和隐私的人的裸体照片同样受到《第一修正案》的关注，这是正确的"）.

为,是对保密行为的侵权。尽管在历史上已被边缘化,[1]但该侵权行为在美国法律中已经存在了一段时间。[2] 传统上仅限于少数正式关系,但这种限制没有任何理论依据。实际上,一连串的判决都明确提及违反保密行为和违反隐含保密义务的行为,[3]这一切表明,法院对适用于非正式关系的健全侵权行为持开放态度,无论是恋人还是亲密朋友。例如,他们仍然对保密性抱有强烈期望。因此,在某些复仇色情案件中,侵权行为可能是有效的工具。

违反保密规定的侵权行为使那些未经同意泄露其在已知或本应知悉的情况下披露给他们信息的人承担责任。[4] 根据当前的美国和英国判例法,当信息具有"对其必要的信任特性"并在"承担信任义务的情况下"被披露时,就会出现这种情况。[5] 这些因素是独立的但相互重叠的因素:在事实表明对机密性具有期望的情况下进行披露,也可能表明所披露的信息具有机密性,并且在确定信息时要考虑信息的本质。[6] 这意味着,正如我们从海伦·尼森鲍姆那里了解到的那样,情境(context)是关键。[7] 这也意味着,维护机密性的义务不必与某些正式的关系联系在一起。

具有"保密特性"(quality of confidence)的信息是一个广泛的类别,远远超出了亲密事实的狭义范围。正如尼尔·理查兹和丹尼尔·索洛夫所发现的那样,有关健康和医学、性与亲密关系以及财务和金钱的信息都具有保密特性。同样,那些私人活动、私人通信、个人日记和有关儿童的信息上也符合保密的特征。实际上,即使在特定情境里已被公开的很多信息仍具有保

〔1〕 See Neil M. Richards & Daniel J. Solove, *Privacy's Other Path: Recovering the Law of Confidentiality*, Geo. L. J 96, p. 123, p. 156–158(2007).

〔2〕 See Alan B. Vickery, *Breach of Confidence: An Emerging Tort*, Columbia Law Review 82, p. 1426, p. 1449–1451(1982).

〔3〕 See Woodrow Hartzog, *Reviving Implied Confidentiality*, Ind. L. J. 89, p. 763, p. 775–776(2014).

〔4〕 See Alan B. Vickery, *Breach of Confidence: An Emerging Tort*, Columbia Law Review 82, p. 1428 (1982).

〔5〕 See Coco v. A. N. Clark(Eng'rs) Ltd., [1969] R. P. C. 41(U. K.), See Richards & Solove, supra note 48, at 161–64.

〔6〕 See Woodrow Hartzog, *Reviving Implied Confidentiality*, Ind. L. J. 89, p. 763, p. 787–788(2014).

〔7〕 在这方面,机密性法则应用了海伦·尼森鲍姆的隐私理论作为语境完整性。See Helen Nissenbaum, *Privacy in Context*, Stanford Law Books, 2010.

密性(quality of confidence)。所以,对于符合通过侵权法实施保密措施的信息类型,没有什么形式上的正式限制和要求。[1] 哈佐格指出,法院已将这些因素和其他考虑因素内部化了,并倾向于寻求保密义务,在这种情况下,如果信息广泛传播,则可能损害受害人,在这些情况下,在这些理论中的某些理论上,带有性的图形或亲密图像无疑是合格的。[2]

在确定背景是否包含保密义务时,美国和英国法院几乎总是从双方之间的关系出发。与传统观点相反,职责不限于少数几个正式的关系。在美国,建立基于侵权行为的信任义务的关系过去是有限且狭窄的:医生对患者负有保密义务[3],银行对客户负有类似的义务。[4] 但是法院在其他更非正式的非合同关系中发现了隐含的保密义务:学校对学生负有保密义务;[5]社会工作者对与其工作的家庭负有保密义务;[6]雇员对雇主负有义务;[7]汽车经销店对客户负有类似的责任。[8] 媒体受访者承诺,如果披露身份,可以声称侵犯了保密性。[9] 参与正在进行的、但未定义且非合同业务关系的当事方也包括保密的信息。[10] 并且,如果一个人和另一个人分享秘密(如为了电视节目),可以针对在未经公开者同意的情况下使用、分享或实施该主意

〔1〕 See Neil M. Richards & Daniel J. Solove, *Privacy's Other Path: Recovering the Law of Confidentiality*, Geo. L. J96, p. 123, p. 162(2007).

〔2〕 See Woodrow Hartzog, *Reviving Implied Confidentiality*, Ind. L. J 89, p. 785-790(2014).

〔3〕 See Alberts v. Devine, 479N. E. 2d113, 120(Mass. 1985)("我们今天认为,医患关系产生了保密义务");Doe v. Roe, 400 N. Y. S. 2d 668, 674-75(Sup. Ct. 1977)(认为医师和她的丈夫撰写了一本包含患者向医师披露的信息的书,这有使患者的披露进行保密这一隐含的义务);Alan B. Vickery, *Breach of Confidence: An Emerging Tort*, Columbia Law Review82, p. 1426, p. 1448-1449(1982).

〔4〕 See Peterson v. Idaho First Nat'l Bank, 367P. 2d284, 290(Idaho1961)(要求一名银行经理向原告的雇主透露原告的不稳定财务细节时,因违反银行的保密义务而负有责任).

〔5〕 See Blair v. Union Free Sch. Dist. No. 6, 324 N. Y. S. 2d 222, 227-28(Dist. Ct. 1971).

〔6〕 See Harley v. Druzba, 565 N. Y. S. 2d 278, 279-80(App. Div. 1991).

〔7〕 See Food Lion, Inc. v. Capital Cities/ABC, Inc., 194 F. 3d 505, 516(4th Cir. 1999).

〔8〕 See King Motor Co. of Fort Lauderdale v. Jones, 901 So. 2d 1017, 1020(Fla. Dist. Ct. App. 2005).

〔9〕 See Virelli v. Goodson-Todman Enters., 536 N. Y. S. 2d 571, 575-76(App. Div. 1989).

〔10〕 See Coll. Watercolor Grp., Inc. v. William H. Newbauer Inc., No. 72-5475, 1973 WL 19866, at * 5 (Pa. Ct. C. P. May 16, 1973)(原告提供给被告的信息是在保密的情况下传授的,其使用构成对该保密信息的不当违反)(省略引用).

的信息接受者提起违反保密规定的诉讼。[1] 法院指出,这些职责有些是基于合同,有些是基于个人应负的社会义务。关系非常多样化,因此人们有责任维护秘密,这与有限的侵权行为的传统观念相悖。正如理查兹和索洛夫所指出的那样,英国法院也在非正式关系中发现了保密义务。除了在律师—客户、医生—患者、雇主—雇员、银行家—客户以及会计师—客户关系中产生的保密义务外,[2]英国法院还承认当艺术家和恋人、朋友共享个人信息时的侵权行为。[3] 例如,在史蒂芬斯诉艾弗里(Stephens v. Avery)一案中,某人告诉记者有关原告性生活的隐私细节,尤其是她曾与一名凶手发生了同性恋爱。[4] 在巴里摩尔诉新闻集团报纸公司案(Barrymore v. News Group Newspapers)中,与迈克尔·巴里摩尔(Michael Barrymore)发生性关系的人向一家报纸披露了他们的性关系细节,包括巴里摩尔写的信。[5] 法院裁定,两家公司均可能在公开的社会关系中,违反因封闭关系而产生的保密义务而承担责任。[6] 至此,信任义务的正式关系要求似乎已不存在。[7]

这种更灵活的方法,不受特定定义形式的约束,对保密性和信任的情境性质保持忠诚。保密情境是基于特定事实的;正式关系只是简单的速记,以启发法官或陪审团进行必要的情境分析工作。但是后者既不困难也不超出事实发现者的才能范围。史蒂芬斯有证据表明,原告的披露是在明确提醒

〔1〕 See Faris v. Enberg, 158 Cal. Rptr. 704, 712 (Ct. App. 1979) ["如果一个想法(无论是否可受保护)一经提出并根据要约人自愿接受,但要理解为不得将其透露给他人,也不得将其泄露给他人,否则将发生可操作的违反信心的行为。未经要约人允许,被要约人不得将其用于超出信任范围的目的"].

〔2〕 See Neil M. Richards and Daniel J. Solove, *Privacy's Other Path: Recovering the Law of Confidentiality*, Geo. L. J96, p. 123, p. 163-164 (2007).

〔3〕 See Talbot v Gen. Television Corp., [1981] R. P. C. 1 (U. K.) (寻找使电视节目保密的义务).

〔4〕 See Stephens v. Avery, [1988] Ch. 449, 451 (U. K.).

〔5〕 See Barrymore v. News Grp. Newspapers, [1997] F. S. R. 600 (Ch.) (U. K.).

〔6〕 See Id. at 602; Stephens, [1988] Ch. at 454. 长期以来,除商业秘密、文学秘密和其他私人信息外,个人信息也被包含在可能引起保密义务的信息类型中。Woodrow Hartzog, *Reviving Implied Confidentiality*, 89 Ind. L. J. 787-88 (2014); Neil M. Richards & Daniel J. Solove, *Privacy's Other Path: Recovering the Law of Confidentiality*, Geo. L. J 96, p. 162-163 (2007).

〔7〕 See Joshua Rozenberg, *Privacy and the Press*, OUP Oxford, 2004, p. 15 ("两党之间建立正式关系的需求几乎已经减弱到根本不存在的地步").

我们讨论所有内容时都是秘密的,被告像许多亲密朋友一样对此表示愤慨。[1] 在巴里摩尔案中,法官列举了一些导致这一事实的因素、引起保密责任的背景。首先,基于这种关系本身:“常识表明,当人们进入这种性质的个人关系(即性行为)时,他们这样做并不是出于随后在报纸上发表的目的。”其次,关于信息的性质:“对于大多数人来说,性生活的细节在他们认为属于机密的那些事情的清单上很重要。”[2]最后,关于所披露的特定信息的背景:这些信件,就像事件本身一样,几乎对每个人都是秘密的。

我们不能停在那里。在论证强有力的隐含保密性概念可以保护与他人共享的个人信息时,安德鲁·麦克卢格(Andrew McClurg)指出,习惯、共识和客观因素(如“闭门和拉开的窗帘”)可能导致在从业人员那里推断信息,利用这些和其他社会机密线索在审判中创建机密披露的叙述。[3] 除了物理隔离(这只是机密性的一个提示)之外,任何产生令人信服的期望——他人不会或不知道自己不应该入侵的事实——都可以用来描绘保密情境的图片。[4] 这包括范围行为,从通过耳语和低沉的声音进行交流,确保没有人在耳边,与他人保持距离,远离人群,再到信息本身的亲密本质。这些社会线索在社会学家高夫曼对私人和公共场所中的人际互动的分析中进行了详细描述,[5]在社会人类学家或社会学家的专家证词的支持下,通过誓言和证人证词也很容易将其作为证据。

这些提示也存在于在线环境中。[6] 隐私设置和密码只是其中的两个明显的线索。[7] 设计保护隐私的手段可以更多。像 Snapchat 和 Instagram

---

〔1〕 See Stephens,[1988] Ch. at 451.

〔2〕 Barrymore,[1997] F. S. R. at 602(quoting Stephens,[1988] Ch. at 454).

〔3〕 See Woodrow Hartzog,*Reviving Implied Confidentiality*,Ind. L. J. 89,p. 763,p. 773(2014)[see Andrew J. McClurg, *Kissand Tell: Protecting Intimate Relationship Privacy Through Implied Contracts of Confidentiality*,U. Cin. Law Review 74,p. 887,p. 917(2006)].

〔4〕 See Erving Goffman,*The Presentation of Self in Everyday Life*,Penguin,1959,p. 113.

〔5〕 See Erving Goffman,*The Presentation of Self in Everyday Life*,Penguin,1959,p. 112-132;Erving Goffman,*Strategic Interaction*,Wiley-Blackwell,1969.

〔6〕 诚然,并不总是完美的。James Grimmelmann,*Saving Facebook*,Iowa L. Rev 94,p. 1137,p. 1160-1164(2009).

〔7〕 See Patricia Sa'nchez Abril,*Recasting Privacy Torts in a Spaceless World*,Harvard. J. Law & Tech21,p. 1,p. 42-43(2007).

Stories 这样的临时消息传递服务允许在系统中发送的图像消失。[1] 安全的消息传递服务信号也具有使旧消息失效的设置。某些平台既不收集也不汇总和出售用户数据。所谓的"即时"隐私通知使个人可以选择加入一定数量的数据。[2] 这些工具和类似工具一起使用,可以在用户之间建立对隐私和机密性的期望,因为它们在以下情况下创建了社交规范并由所有用户操作。从业人员可以使用它们来作为说服力的叙述,说图像是在人们可以合理信任的机密环境中进行交换的。

将这些原则应用于两个复仇色情案件,可以对说明违反强大保密功能行为的侵权行为起到作用。回想一下凯特的事件,她为保护她的隐私已更改自己的名字。凯特(Kate)在 2013 年以双性恋身份与男友分手。凯特自称此事是"相当私密"的。她在脸书上的个人资料从未提及她是否与谁有关系,并且她拒绝发布图片。在恋爱期间,她交换了几个月的裸照和半裸照。凯特告诉我:"这很有趣,老实说,这使她摆脱了性方面的困扰。"恋爱关系结束后,凯特的前男友在聚会网站上张贴了几张亲密的照片,以及她的名字、地址和对角色扮演"强奸"幻想的要求。在三周的时间内,几个男人试图闯入她的家。她向律师求助,但他们都不知道该怎么办。

凯特的男朋友违反了保密义务。大多数时候,在 Snapchat 上脱衣舞舞女通过 Snapchat 共享亲密的照片,这些照片会在共享后被删除,并在收件人为发送的内容截图时通知用户。一次,凯特通过 Apple 的即时消息工具 iMessage 共享了一张照片,但是在发送完图像后立即说:"这仅是给我们的,您可以从你手机中删除。"[3]仅在明确声明被秘密告知后,凯特才共享图像,并明确要求保密。否则,她会使用一个具有强烈自由裁量权的平台(平台可以对她前男友作出约束)。凯特(Kate)从未同意她的前男友在网上发布这些

---

〔1〕 But see Complaint, In re Snapchat, Inc., FTC File No. 132 3078, No. C4501 (F. T. C. May 8, 2014), www. ftc. gov/system/files/documents/cases/14 0508snapchatcmpt. pdf(声称 Snapchat 没有履行其许多隐私承诺,包括删除图片).

〔2〕 Fed. Trade Comm'n, *Mobile Privacy Disclosures: Building Trust Through Transparency* 15 (2013), www. ftc. gov/sites/default/ files/documents/reports/mobile－privacy－disclosures－building－trust－throughtransparency－federal－trade－commission－staff－report/130201mobileprivacyre port. pdf.

〔3〕 电话采访"Kate M."(作者标注)。

图片,而且信息的性质——裸体图片——高度个人化,这对她的伤害实在是太真实了:由于凯特的情绪困扰以及男人试图闯入她家强奸她的前景,使她不得不搬离数千英里之外。

史蒂文的故事有些不同。史蒂文(Steven)是居住在波士顿的公开的同性恋,是24岁的专业人士。他是单身,并且是数百万在线平台用户的其中之一。Grindr是一款移动地理定位应用程序,与Tinder一样,允许个人与附近的其他人会面。他通过Grindr认识了几个人,他说,其中一些人"已经成为我在这个小镇上最亲密的朋友,而我刚搬到这里时不认识任何人。""一个人看起来足够好并且非常友好和酷,所以我给他发了几张照片。我记得其中一张是赤裸的照片,另一张是腰部以上的照片,这些照片都包括我的脸。"在我们的交流中,他强烈反对任何已发生的事情可以归责于他的想法:"我暗示分享照片是我的错误的想法是荒谬的……因为如果您不分享照片,您将无法真正参与(这个社群)。我认为我们都做到了期望另一端的人是值得信任的。"史蒂文还指出,他只有在其他人发送他的照片后才发出自己的照片,并明确指出"这就是它的工作原理"。他继续说道:"我认为相对的交流使人们信任另一个人:这不是你们中的一个人容易受到他人伤害,而是两者都存在被伤害的可能。"史蒂文从来没有"出于任何原因"见过对方。[1] 第二天,这些图像在网上被发布。

史蒂文和他在Grindr上发短信的人之间的关系与凯特和她的前男友之间的长期关系不同。但是,史蒂文披露的内容充满了对保密性的期望:平台的规范有利于保密性和自治,所发送的图像是高度个人化的,并且仅在真诚的信任姿态下发送,整个交互都发生在与一般在线社交互动隔离的平台。

正如法律和技术学者格里默尔曼所解释的那样:

> 社交网站带给人类深深交流往来的冲动。人们之所以回报,是因为……参与社会文化要求礼尚往来,因为蔑视社会进步是

[1] 电话采访"Kate M."(作者标注)。

> 被视为不尊重的行为，因为有一种自然的心理本能可以反映出自己的对话对象在做什么，并且因为我们学会了如何进行通过模仿别人来做自己。[1]

诸如 Grindr 和 Tinder 之类的地理社交应用旨在鼓励共享照片的互惠行为。不能因违反这些准则而责备或惩罚用户。类似的事实对巴里摩尔的法院也很重要。在那种情况下，巴里摩尔竭尽全力秘密地进行同性恋爱，法院发现这种恋爱关系的性质以及这些人为保守恋爱关系所做的工作表明，所有信息都是出于强烈的保密期望而不希望被披露。史蒂文在 Grindr 上的互动也可以这样说。

值得注意的是，在公开披露私人事实之后，这些故事将以不同的方式结束。凯特和史蒂文都与他人分享了自己的照片。正如我们在第 7 章中看到的那样，这通常对传统的侵犯隐私权诉讼是致命的。但是，接受这种现状会使隐私变成纯粹的保密，并使许多在线骚扰的受害者无法获得正义。违反机密性的侵权行为不仅开辟了一条新路，实际上还强化了隐私与信任有关的规范。

基于信息方法的优缺点

即使采用基于信任的方法，这些情况也不会自动得以论证。显然，法律必须普遍发展以应对复仇色情和其他形式的网络骚扰。[2] 但是，这种现代化类型的增量恰恰是侵权普通法最适合的进化类型。鉴于迄今为止还没有

---

〔1〕 James Grimmelmann, *Saving Facebook*, Iowa Law Review 94, p. 1137, p. 1156(2009).

〔2〕 See Woodrow Hartzog, *Reviving Implied Confidentiality*, Ind. L. J 89, p. 772-773(2014)(呼吁法院承认隐含的保密义务，尤其是考虑到个人信息和数据广泛的在线社交共享).

解决方案的现代问题,普通法可以并且应该像过去一样进行调整。[1] 毕竟,沃伦和布兰代斯用"有权独处"的观点以回应狂热的记者和摄影师利用新技术骚扰私人的行为"。[2] 而且这样做不仅会继续实现普通法的目标,而且还带来其他一些益处。

对严重违反保密规定的侵权行为的规制将鼓励和规范披露:它将鼓励向那些坦诚相告的朋友和亲人进行坦率的披露,可以提供支持并帮助我们实现共享的心理和社会效益;[3]保护机密情境还认识到,我们在一定程度上信任他人,并将信息(从购买习惯到我们最亲密的秘密)委托给他人,以保护他们。这种共享既对社会是必要的,又对社会有益:我们希望人们与他人共享舒适的环境,以便他们能够建立起源自信息共享的牢固、稳定的关系。[4] 在保护机密信息不被泄露的世界里,导师和朋友关系都将得到加强。

同样重要的是,违反保密侵权法解决了复仇色情和其他侵犯隐私的核心错误,其中许多都是违反信任的行为。这可能对寻求额外武器来攻击复仇色情案件的从业者影响不大,但它应该具有强大的表达效果。[5] 如果我

---

〔1〕 侵权普通法适应社会不断变化的需求的例子不胜枚举。从不允许情绪困扰恢复请求(not allowing recovery for emotional distress)到即使没有相关的身体伤害也允许恢复请求(permitting it even without a connected physical injury)是一个特别引人注目的演变。See Robert C. Post, *The Constitutional Concept of Public Discourse: Outrageous Opinion, Democratic Deliberation*, Harvard Law Review103, p. 601, p. 604(1990)(讨论保护平民规范的普通法的演变,这在现代社会中已变得很重要). Compare Mitchell v. Rochester Ry. Co., 45 N. E. 354, 354(N. Y. 1896)(当马车停在原告身旁而没有立即造成人身伤害时,否认惊吓恢复请求), with Battalla v. State, 176 N. E. 2d 729, 731-32(N. Y. 1961)(即使没有人身伤害也可以请求恢复情绪困扰).

〔2〕 Samuel D. Warren & Louis D. Brandeis, *The Right to Privacy*, Harvard Law Review 4, p. 193 (1890).

〔3〕 See Daniel J. Solove, *The Digital Person*, NYU Press, 2004, p. 42-47, p. 143-149; Lior Jacob Strahilevitz, *A Social Networks Theory of Privacy*, U. Chicago Law Review 72, p. 927(2005)(对公开披露私人事实的侵权行为提出类似的论点).

〔4〕 See Daniel J. Solove, *The Digital Person*, NYU Press, 2004, p. 42-47, p. 143-149; Lior Jacob Strahilevitz, *A Social Networks Theory of Privacy*, U. Chicago Law Review 72, p. 923-924(2005)(引用各种研究表明,交换个人信息促进了亲密和友谊).

〔5〕 See Danielle Keats Citron, *Law's Expressive Value in Combating CyberGender Harassment*, Michigan Law Review108, p. 373, p. 407(2009)(除强制性法律外,法律还具有重要的表达特征。法律在国家和公众之间创造了一套公共含义和共识。它澄清并引起了人们对其禁止行为的关注。法律所表达的含义是相辅相成的。法律教育公众什么对社会有害。这使伤害合法化,并允许受伤的一方将自己视为受伤的人。它指示适当的行为。在提醒人们注意社会上适当的行为时,法律允许个人在决定其行为时考虑这些社会意义。由于法律创造并塑造了社会习俗,因此它具有重要的文化影响,与其更直接的强制作用不同).(省略了脚注).

们开始谈论复仇色情和其他侵犯隐私的行为，即违反信任，那么我们开始意识到未能保护隐私或无法采取任何措施阻止网络骚扰所造成的损害要远远大于已经被复仇色情造成毁灭影响的个人、情感和专业。社会团结是最终的受害者。

从原则上讲，违反保密原则的侵权行为似乎比公开披露私人事实更有效，更容易解决侵犯隐私的事件，尤其是复仇色情事件。如上所述，后者需要相对广泛的传播。在复仇色情案件中，尽管经常存在，但这种元素不是必需的。它还要求传播的信息是"私人"事务，这是法院常常将其保密的事情。[1] 而且"高度冒犯性"的要求和新闻的价值例外进一步缩小了公开披露侵权的范围。违反保密侵权法似乎没有这样的局限性：它假定信息是共享的，并且从巴里摩尔和其他案件中可以明显看出，即使信息是公共的，个人也不会免除其保密义务。

缺乏新闻价值的例外已经使一些评论家提出，违反保密侵权行为与《第一修正案》对言论自由的保证不一致。例如，苏珊·吉尔斯(Susan Gilles)辩称，侵权行为对言语产生了令人不寒而栗的影响：由于言语不清晰，潜在的演讲者无法知道他们何时(如果有的话)要服从其要求，从而增加了言语障碍。[2] 在有关侵权行为的领导工作中，艾伦·维格里(Alan Vickery)甚至在制定侵权行为要素时包括了新闻价值要求。[3]

诚然，正如法律学者丹尼尔·索洛夫和尼尔·理查兹所说，保密法"处于第一修正案的边缘"。[4] 但是侵权行为并不与言论自由和《第一修正案》的价值观相矛盾。实际上，在社交环境中，例如，个人彼此分享私密照片的情况，甚至不应该适用《第一修正案》。索洛夫和理查兹认为，确定哪种形式的民事责任受《第一修正案》限制的方法是看政府权力的性质。"当政府使

---

〔1〕 See Daniel J. Solove, *The Digital Person*, NYU Press, 2004, p. 42-47, p. 143-149.

〔2〕 See Susan M. Gilles, *Promises Betrayed: Breach of Confidence as a Remedy for Invasions of Privacy*, Buff. Law Review 43, p. 1, p. 82(1995).

〔3〕 See Alan B. Vickery, *Breach of Confidence: An Emerging Tort*, Columbia Law Review 82, p. 1466-1467(1982).

〔4〕 See Daniel J. Solove & Neil M. Richards, *Rethinking Free Speech and Civil Liability*, Columbia Law Review 109, p. 1650, p. 1672(2009).

用侵权法确立社会所有成员必须遵循的实质性社会行为规则时”(如过失和诽谤),并且在此过程中限制了言论,就适用《第一修正案》。但是,当政府仅支持个人为自己创造的义务(如社会环境中的保密性)时,就不是政府权力限制言论。相反,个人正在自己决定,由保密性期望产生的轻松互动、交流、亲密感和爱所带来的社会利益,比他们随心所欲的言论自由更重要。[1] 亲密照片很可能是在这种由私密的自下而上的保密义务发展过程中共享。只有夸张的《第一修正案》会阻碍这一日常的社会互动。

另一个需要考虑的限制是侵权行为本身的适用。在美国,违反保密性的侵权行为常用于正式关系。实际上,为了确定是否在保密的情况下披露信息是侵权行为的一个要素,法院通常只会关注这种关系并就此止步。这可能会使从业者被吓跑。

的确,法律必须向前发展。但是只有在我们开始从保密性和信任性来考虑隐私和网络骚扰,并且律师开始提出违反保密性案件之后,法官才能采取渐进的步骤,因为普通法既是著名的又是唯一适用的侵权法。确实,正如沃伦和布兰代斯所言,如果没有侵权法的发展,我们甚至将没有隐私法。[2] 领先的从业人员可能会发现自己处于新的、现代的侵权法演变的最前沿,但前提是他们勇于尝试。

---

〔1〕 See Daniel J. Solove& Neil M. Richards, *Rethinking Free Speech and Civil Liability*, Columbia Law Review 109, p. 1686-1690(2009).

〔2〕 See Samuel D. Warren & Louis D. Brandeis, *The Right to Privacy*, Harvard Law Review 4, p. 193 (1890).

第9章　知识产权中的信息流

目前为止,我们已将“隐私即信任”原则应用于一些信息隐私法律问题,从互联网平台与其用户之间的法律关系到个人之间的互动,包括社交共享和网络骚扰。但是,信息流的问题以及公共和私人信息之间的差异并不是那些撰写隐私学者的专有领域。知识产权律师也对这场斗争感兴趣。毕竟,正如法律和技术学者乔纳森·齐特雷恩所论证的那样,隐私和知识产权解决了同一问题:对信息的控制。[1] 二者唯一的区别是,隐私关注的是有关人的信息;知识产权处理有关艺术品、品牌或有用设备的信息。两者有很多重叠的示例,但本章将重点讨论其中之一,即专利法的公共使用权。[2]

专利是对发明的有限垄断。专利是由联邦政府的专利和商标局(Patent and Trademark Office,PTO)授予的,如果发明人遵循专利和商标局的所有要求,他们的专利可以使用长达20年。在此期间,专利权人可以为其产品设定价格,并限制(如果他们选择的话)其他人使用。美国《专利法》第102条规定,在提交专利申请之前,“在公共使用中”“公开”或“对公众可用”的发明超过1年将不被认为是新颖的,不符合申请专利的资格。[3] 公共用途(pub-

---

〔1〕 See Jonathan Zittrain, *What the Publisher Can Teach the Patient: Intellectual Property and Privacy in an Era of Trusted Privication*, Stanfoed Law Review 52, p. 1201, p. 1203(2000).

〔2〕 学者们曾经提议对公共用途栏(the public use bar)进行更改。See Katherine E. White, *A General Rule of Law Is Needed to Define Public Use in Patent Cases*, Ky. L. J 88, p. 423(1999–2000).

〔3〕 35 U. S. C. § 102(a)–(b)(2012). 幸运的是,现在的 § 102(a)密切追踪了之前的–AIA § 102(b)。See Mark A. Lemley, *Does Public Use Mean the Same Thing It Did Last Year?*, Tex. Law Review 93, p. 1119, p. 1123–1135(2015).

lic use)要求是在第7章中讨论的在先公开案例的知识产权版本:它们要求法官研究发明人共享的信息,并确定该信息现在是公开的还是仍受保护的法律,他们如何去做是基于他们的隐私概念。

公共使用标准的实施为我们提供了另一个示例,该示例源于传统基于权利的信息流方法所产生的不公正和严酷的结果。具体来说,通过专注于发明人对其的发明控制,公共使用使保密协议至关重要。但是,这些协议的存在并不是真正地控制信息或建立和维持对隐私的期望。相反,机密性协议实际上是关于权力的:坚持该权力,利用它们并在出现问题时依靠它们的权力。因此,公共使用标准对传统隐私原则的依赖最终使富有的公司发明人享有企业家和业余爱好者的特权。隐私即信任可以解决此问题,隐私即信任,不是只专注于最有可能由富人使用的一种对保密性的期望表现形式,而是会考虑由发明人与其披露对象之间的关系引起的保密性规范。如果在以信任和对保密性期望为特征的关系中发生在先信息披露,则所披露的信息应受到保护,并可因此申请专利。

公共使用禁止和隐私控制

要获得专利,发明必须是新颖的。为新颖起见,不得在获得专利之前1年以上就在公众使用、披露或以其他方式向公众提供。[1] 此规则被称为"公共使用禁止"(public use bar)。公用使用目的是崇高的:激励及时披露、鼓励发明人在不与公众共享技术的情况下出售其产品,并保护公共领域。[2]

当前,公共使用判例法指出,缺乏控制是公共使用的缩影:当发明人允

〔1〕 35 U. S. C. § 102(a)-(b).

〔2〕 See Tone Bros., Inc. v. Sysco Corp., 28 F. 3d 1192, 1198 (Fed. Cir. 1994); Kimberly - Clark Corp. v. Johnson & Johnson, 745 F. 2d 1437, 1453 (Fed. Cir. 1984); see also, e. g. Nancy S. Paik, *Implied Professional Obligation of Confidentiality Sufficient to Overcome Public Use Defense to a Claim of Patent Infringement?* Bernhardt v. Collezione-联邦巡回上诉法院关于公共使用的最新禁令 the Public Use Bar 令人惊讶, 4 Chi. Kent J. Intell. Prop. 332, 333-34 (2005)。

许他人在不控制设备的情况下使用其发明而进行公共使用时,就会发生公共使用。[1] 这样,占主导地位的传统专利法的新颖性判例反映了我们在第2章中讨论的隐私理论——隐私是控制他人了解我们的权利。美国联邦最高法院在1877年明确指出了这一点。在伊丽莎白诉路面公司案(Elizabeth v. Pavement Co.)中,法院指出,只要发明人“不自愿允许他人进行(发明)并使用它,只要该发明不出售用于普通用途,他将发明保持在自己的控制之下,就不会失去其专利权”。[2] 实际上,法院应通过研究发明人如何共享其设备、公众的使用权来确定控制权。对于一项发明,是否存在任何保密协议[3]和任何实验证据。[4] 表面上看发明人与公众之间关系的一个因素——是否存在保密或保密义务——被认为是灵活的:不需要正式的保密协议。[5] 但实践中并不是这样。

例如,在拉夫诉宾士域公司案(Lough v. Brunswick Corp.)中,对专利事务具有管辖权的上诉法院宣布该专利无效,因为发明人放弃了他的发明并将其安装在他人的船上。[6] 在Beachcombers国际公司诉WildeWood创意产品公司案(Beachcombers, International, Inc. v. WildeWood Creative Products)中,设计师因为选择演示而失去了其新万花筒的专利,因此她未能通过安装的原型来跟踪测试船的操作。[7] 在百特国际有限公司诉COBE实验室案(Baxter International, Inc. v. COBE Laboratories)中,发明人为聚会的客人提供了这项发明,并允许他们在没有保密协议的情况下处理和使用它,发明人因此失去了对自己发明专利的控制权。不仅是因为他向他人展示了自己

〔1〕 See Moleculon Research Corp. v. CBS, Inc., 793 F. 2d 1261, 1266 (Fed. Cir. 1986), abrogation recognized by Tinnus Enters., LLC v. TelebrandsCorp., 846 F. 3d 1190 (Fed. Cir. 2017).

〔2〕 97 U. S. 126, 135 (1877).

〔3〕 See Bernhardt, L. L. C. v. Collezione Europa USA, Inc., 386 F. 3d 1371, 1379 (Fed. Cir. 2004), abrogated on other grounds by Egyptian Goddess, Inc. v. Swisa, Inc., 543 F. 3d 665 (Fed. Cir. 2008).

〔4〕 See Atlanta Attachment Co. v. Leggett & Platt, Inc., 516 F. 3d 1361, 1368–69 (Fed. Cir. 2008) (Prost, J., concurring).

〔5〕 See Moleculon Research Corp., 793 F. 2d at 1266.

〔6〕 See 86 F. 3d 1113, 1121 (Fed. Cir. 1996).

〔7〕 See 31 F. 3d 1154, 1159–60 (Fed. Cir. 1994).

的新离心机,而不要求他人对其保密,而且还因为他允许私人自由使用。[1] 在这些案件和许多其他案件中,法院剥夺了发明人的专利权,因为发明人表面上将其发明的控制权移交给了其他人。

这种方式下,专利法的公共使用标准反映了隐私概念的一个主要特点:作为选择和控制的隐私。我们在第2章中讨论了这种隐私保护方法。"隐私即控制"(privacy-as-control)的理论是,隐私权意味着有权控制一个人的个人信息,并有权决定与某些人(而非其他人)共享它的自由。例如,让·科恩辩称,隐私权是"选择是否、何时以及与谁共享隐私信息的权利"。[2] 韦斯汀提出,隐私权是"个人、团体或机构主张确定隐私的权利。对于自己何时、如何以及在何种程度上将有关他们的信息传达给他人"。[3] 对朱莉·英尼斯而言,这是一个人具有"控制亲密境界的控制权",[4]齐特雷恩认为通常是控制我们的信息。[5] 对于哲学家马修斯而言,行使隐私权是为了"控制"和"管理"我们与他人之间的界限。[6] 在所有这些描述中,共同点是自由选择和控制权,而且在上文提到的案件中,具有相同的动力,只是信息类型不同。而且,正如我们在第7章中看到的那样,该范式无处不在,在在先披露信息的案例中很明显。像奥利弗·西普尔在向旧金山的朋友透露性取向后就无法阻止媒体披露其性取向,[7]就像拉尔夫·纳德一样,后者无法阻止通用汽车收集已经为他人所知的个人信息。[8] 拉尔夫,比奇科默斯和巴克斯特的发明者无法将猫放回书包中,这是该公司抹黑他的阴谋的一部分。

---

[1] See 88 F. 3d 1054,1058-59(Fed. Cir. 1996).

[2] Jean L. Cohen,*The Necessity of Privacy*,Social Research 68,p. 318,p. 319(2001).

[3] See Alan F. Westin, *Privacy and Freedom*,Ig Publishing,1967,p. 7.

[4] Julie C. Inness,*Privacy,Intimacy,and Isolation*,Oxford University Press,1992,p. 56.

[5] See Jonathan Zittrain,*What the Publisher Can Teach the Patient:Intellectual Property and Privacy in an Era of Trusted Privication*,Stanford Law Review 52,p. 1203(2000)("我认为,那些希望保护知识产权的人与那些希望保护隐私的人之间存在着深远的关系").

[6] See Steve Matthews,*Anonymity and the Social Self*,Am. Phil. Q 47,p. 351(2010).

[7] See Sipple v. Chronicle Publ'g,210 Cal. Rptr. 665,668-69(Ct. App. 1984)(发现在随后向广大公众公开时,向一群人透露了西普尔的性取向后,他在信息中的隐私权就消失了).

[8] Nader v. Gen. Motors Corp. ,255 N. E. 2d 765,770(N. Y. 1970)(包括从与朋友和熟人的访谈中收集到的信息).

他们的发明,无论是自愿披露(拉尔夫,比奇科默斯)[1]还是公众可获得性(Availability),[2]都已经超出了他们的控制范围,并为他人所熟知和使用。

公共使用禁令的应用

很明显,公共使用规则反映了隐私作为控制的动态。这本身就是有问题的,因为它为丹尼尔·索洛夫所谓的"保密范式"创造了潜力,以此去管理更灵活、更个人的标准。[3] 秘密范式将秘密和隐私合并,帮助解释适用于几个关于公共使用的案件。在拉夫案中,发明人向五个朋友展示了他的设备,他们在船上使用了它,这足以使该设备公开。[4] 在埃格伯特诉李普曼案(Egbert v. Lippmann)中,最高法院指出,一个"亲密朋友"穿着紧身胸衣在她的衣服下构成了公共用途:"如果发明人……将其赠予或出售给另一人,供发明人使用。受赠人或受让人,没有限制,也没有禁止使用秘密的命令,而且这种使用是公开的,即使这种使用可能仅限于一个人。"[5]保密范式可能会带来好处,但它规定了严格的分界线规则,其中个案精度可能更合适。

但是,仅保密范例无法解释大多数公共使用(public use)的案件。在应用中,公共使用规则不是歧视性的手术刀,而是钝斧头,使一种独特的模式出现了;富有的公司发明人赢得公共使用,而一般企业家往往会失败。部分是因为联邦巡回法院将保密协议(控制的法律表现形式)对保留所披露信息中的隐私期望视为至关重要。即使在公司发明人因为未能获得保密协议而失去公共使用的条件的案例中,协议的特权地位对公司发明人也是一个福

---

〔1〕 See Lough v. Brunswick Corp. ,86 F. 3d 1113,1121(Fed. Cir. 1996); Beachcombers, Int'l, Inc. v. WildeWood Creative Prods. ,31 F. 3d 1154,1159(Fed. Cir. 1994).

〔2〕 See Baxter Int'l,Inc. v. COBE Labs. ,Inc. ,88 F. 3d 1054,1056,1058-59(Fed. Cir. 1996)(发现发明人向他人展示了离心机的工作原理,并允许其自由流动通过他的实验室,从而使所有经过的人都能看到该设备).

〔3〕 See Daniel J. Solove, *The Digital Person*, NYU Press,2004,p. 42-47,p. 143-149.

〔4〕 See Lough,86 F. 3d at 1121.

〔5〕 104 U. S. 333,335-36(1881).

音，因为仅凭这些协议中对他们特权的规定而给他们带来的力量和影响，就足以支持公司发明人获得法院的支持。从另一种角度看，法院无视企业家、业余爱好者和其他社会共享者的非正式但同样强有力的保密规范，即使这些规范引起了人们对信任和保密的期望。这是在公共场合使用隐私即控制的主要效果：通过着眼于发明人行使的控制权，该方法要求法官将公共使用规范置于发明人的行为中，而不是关系规范中。[1]

公司发明人的特权地位

在该分析包含的23个公共使用的案例中，[2]9名具有特征的公司被告尽管在没有正式保密协议的情况下进行披露，仍在非公共使用的调查中取

---

〔1〕 该分析的案例是从1985年1月1日之后的Westlaw搜索联邦巡回法院和地方法院案例中选择的，搜索条件为："公共用途"和专利。该搜索结果有304例。因为需要对公共用途条件进行相对深入的讨论以分析其用途，所以消除了仅提及"公共用途"而未进行讨论或讨论的情况，从而将数据集减少到97。似乎取决于公共用途的酒吧实际上是"出售中"的禁令。这些数据也从数据集中消除了，减少到88个。在大多数情况下，发现已签署的保密协议直接转换为非公共用途。为了确定在没有保密协议以及争端各方在规模和权力上存在差异的情况下会发生什么，我对样本中的23个相关案例进行了进一步分析。

〔2〕 我使用层次聚类来区分两种类型的发明者：(A)受到大型公司架构支持的发明者，以及(B)业余时间或没有公司资源进行发明的发明者。聚类分析是一种根据对象在一系列变量之间的相似性将对象分组(聚类)的方法。See Kenneth D. Bailey, *Cluster Analysis*, Social Methodology 6, p. 59, p. 61(1975). 它是一种在通常表现相似的事物之间划分边界的方法，因此，它已广泛应用于社会科学，数据挖掘甚至生物学。See Brian S. Everittetal. , *Cluster Analysis*, Wiley, 2011, p. 1-13. 基因表达微阵列数据的统计分析(Terry Speed ed. , 2003)；Andrew Webb, *Statistical Pattern Recognition*, John Wiley and Sons Ltd. , 2002, p. 361-362. 分层聚类基于这样的思想，即对象与附近的对象比远处的对象与对象的相关性更高。它使用算法和图形分析来确定聚类。B. S. Everitt, 聚类分析中未解决的问题, 35 Biometrics 169, 170-77(1979)；李白兵，一种新的聚类分析方法：基于聚类函数的方法，"The Clustering-Function-Based Method", *J. Royal Stat* 68, 2006, p. 457. 为了进行这种分析，我在二维空间中绘制了发明人身份(由于雇主的联系和发明支持所定义)与公共使用结果之间的关系。雇主的相对规模和实力是根据彭博社(Bloomberg)或Hoover. com提供的公司收入数据得出的。结果，集群A由工程师，程序员和大公司雇用的其他发明者组成，他们在雇佣过程中以及在雇主的机构支持下发明设备。例如，集群A包括Xerox的专家，大型制药公司的生物化学家和Honeywell的机械工程师。群组B由学生，业余爱好者和在业余时间进行发明的专家组成。这些小组的成员在相关变量上彼此相似。

得胜利。[1] 同时,有10名企业家面临相反的结果——没有对机密性协议和公共使用的认定。[2] 但是,除了这些结果外,法院对正式保密协议重要性的观点也随着公共用途被告的类型而改变。对于公司发明人而言,规则是灵活的;对于单独的企业家,保密协议具有建设性的意义。例如,在本哈特有限责任公司诉美国欧罗巴收藏公司案(Bernhardt LLC v. Europa USA, Collezione)中,美国最大的家族式家具公司在不需要签署保密协议的工业贸易展上展示了专利材料。正式的保密协议"是要考虑的一个因素",并立即将分析重构为对语境中发明人控制的全部情况测试。[3] 在戴伊,有限合伙人诉住友制药有限公司案(Dey, LP v. Sunovion Pharmaceuticals, Inc.)中,涉及两个竞争的大型制药公司,联邦巡回法院裁定,即使涉及的受试者从未签署保密协议,在临床试验中使用COPD药物也不构成公共用途。法院承认,临床试验对象通常不签署保密协议;在这种情况下,无论双方是否达成任何保密协议,法院认为应当承认保密义务的存在,因为这是一种特殊的保密情境。[4]

但是法院在涉及单独的案件中很少如此慈善和灵活地处理。例如,在

---

[1] Delano Farms Co. v. Cal. Table Grape Comm'n, 778 F. 3d 1243, 1248 (Fed. Cir. 2015); Dey, L. P. v. Sunovion Pharm., Inc., 715 F. 3d 1351, 1357-58 (Fed. Cir. 2013); Am. Seating Co. v. USSC Grp., Inc., 514 F. 3d 1262, 1268 (Fed. Cir. 2008); Honeywell Int'l Inc. v. Universal Avionics Sys. Corp., 488 F. 3d 982, 998 (Fed. Cir. 2007); Eli Lilly & Co. v. Zenith Goldline Pharm., Inc., 471 F. 3d 1369, 1381 (Fed. Cir. 2006); Invitrogen Corp. v. Biocrest Mfg., L. P., 424 F. 3d 1374, 1381-82 (Fed. Cir. 2005); Bernhardt, L. L. C. v. Collezione Europa USA, Inc., 386 F. 3d 1371, 1380-81 (Fed. Cir. 2004), abrogated on other grounds by Egyptian Goddess, Inc. v. Swisa, Inc., 543 F. 3d 665 (Fed. Cir. 2008); Allied Colloids Inc. v. Am. Cyanamid Co., 64F. 3d1570 (Fed. Cir. 1995); MoleculonResearchCorp. v. CBS, Inc., 793 F. 2d 1261 (Fed. Cir. 1986), abrogation recognized by Tinnus Enters., LLC. v. Telebrands Corp., 846 F. 3d 1190 (Fed. Cir. 2017); Xerox Corp. v. 3Com Corp., 26 F. Supp. 2d 492, 495 (W. D. N. Y. 1998).

[2] Motionless Keyboard Co. v. Microsoft Corp., 486 F. 3d 1376, 1384-85 (Fed. Cir. 2007); JumpSport, Inc. v. Jumpking, Inc., 191 F. App'x 926, 935 (Fed. Cir. 2006); Eolas Techs. Inc. v. Microsoft Corp., 399 F. 3d 1325, 1334-35 (Fed. Cir. 2005); Netscape Commc'ns Corp. v. Konrad, 295 F. 3d 1315, 1321 (Fed. Cir. 2002); Baxter Int'l, Inc. v. COBE Labs., Inc., 88 F. 3d 1054, 1058, 1059 (Fed. Cir. 1996); Lough v. BrunswickCorp., 86F. 3d 1113, 1121-22 (Fed. Cir. 1996); Beachcombers, Int'l, Inc. v. WildeWood Creative Prods., Inc., 31 F. 3d 1154, 1160 (Fed. Cir. 1994); Nat'l Research Dev. Corp. v. Varian Assocs., Inc., No. 93-1421, 17 F. 3d 1444, 1994 WL 18963, * 2-3 (Fed. Cir. Jan. 26, 1994) (unpublished table decision); In re Hamilton, 882 F. 2d 1576, 1580-81 (Fed. Cir. 1989); Mass. Inst. of Tech. v. Harman Int'l Indus., Inc., 584 F. Supp. 2d 297, 313 (D. Mass. 2008).

[3] See 386 F. 3d at 1374, 1379-80.

[4] See Dey, 715 F. 3d at 1354, 1357-58.

百特国际有限公司诉 COBE 实验室案(Baxter International Inc. v. COBE Laboratories,Inc.)中,联邦巡回法院裁定,美国国立卫生研究院研究员在其个人实验室中使用离心机构成放弃公众使用的资格,因为他没有对该装置进行任何控制。不利于控制的最重要因素似乎是,发明人在没有保密协议或没有任何应予保密的迹象下,向同事展示了该技术。[1] 在拉夫案中,一种防腐蚀密封件尾舵驱动器在属于发明人的几个朋友和同事的船上进行了测试,法院裁定这种使用是公开的,因为发明人对印章缺乏任何控制:他不要求跟进,也不监督印章的使用,并且从未要求他的朋友签署保密协议。[2] 在麻省理工学院诉哈曼国际工业有限公司案(MIT v. Harman International Industries,Inc.)中,发明人在朋友间测试了汽车导航系统,但从未要求他们或公司赞助商提供保密协议。[3] 在每种情况下,两者之间都缺乏保密协议,这尽管只是要考虑的许多因素之一,但始终是最重要的因素。

比奇科默斯(Beachcombers)的故事更清楚地说明了这一点。在该案例中,改进型万花筒的设计者和开发者希望从她的朋友和同事那里征求有关设计的反馈。她邀请了 20 人至 30 人到她家的私人聚会上进行展示,并且在不要求他们签署保密协议的情况下,允许她的客人来试用这个发明。[4] 该情况具有受控社交事件的所有标记:仅邀请对象列表,其中包括出于测试、实验和反馈目的而被邀请的朋友和同事。唯一缺少的是一份正式的保密协议。但是,没有它,使用被认为是足够公开的,其原因有两个:第一,万花筒在聚会期间不受开发人员控制。第二,她没有限制客人分享他们所学到的东西。

这种关联可能不是完美的:在一些例子中,公司被告失去公共使用的部分原因是他们未能获得保密协议。但是,在这种情况下,例外有助于证明规

---

[1] See Baxter,88 F. 3d at 1058-59(认为发明人"没有努力将离心机保持为机密状态,而是自由流动到其实验室的人员中,包括访问 NIH 的访客,他们观察了离心机的运行,并且没有机密性的义务",因此需要对发明人进行关于"公共用途"的调查).

[2] See Lough,86 F. 3d at 1116,1120-21.

[3] See 584 F. Supp. 2d at 303-04.

[4] See Beach combers,Int'l,Inc. v. WildeWood Creative Prods.,Inc.,31 F. 3d 1154,1156,1159-60(Fed. Cir. 1994).

则。与上述涉及的个体企业家作为被告的案件一样,这些案件中的法院判决将正式的保密协议几乎提升到具有决定性的地位。例如,在 Pronova BioPharma Norge AS 诉梯瓦制药工业有限公司案(Pronova BioPharma Norge AS v. Teva Pharmaceuticals USA,Inc.)中,一家制药公司将药物样品发送给外部医生进行测试,法院的判决书强调了保密协议的核心重要性,结论是样品被公众使用。[1] Pronova 和其他几起案件[2]可能并非仅仅基于缺乏正式的保密协议,但是这种模式是明显的:在实践中,保密协议比法律的明确建议更为重要。

这对公司发明家来说是个福音,即使他们输了官司。虽然简单保密协议可在网上免费获得,[3]单独企业家、兼职开发人员和业余爱好者缺乏权力和杠杆作用来坚持与其商业伙伴之间的保密协议。他们也没有钱支付律师起草专业文书协议的费用。正如法院和学者在公司和劳工环境中所指出的那样,小型企业缺乏大型企业为根深蒂固的利益而讨价还价的能力。[4] 例如,在新员工的入职过程中,苹果公司花了整整一周的时间进行保密协议的起草并要求员工签字。[5] 如果初创公司仿效苹果公司的做法,将很难吸引必要的人才。该公司签署了几项长期的、相互保密的保密协议,并同意遵守该公司众所周知的锁定和保密惯例。

---

〔1〕 See 549 F. App' x 934,939,942(Fed. Cir. 2013).

〔2〕 See e. g., Minn. Mining & Mfg., Co. v. Appleton Papers, Inc. 35 F. Supp. 2d 1138, 1149 (D. Minn. 1999)("没有 3M 员工在使用前被要求签署保密协议。而且 3M 宣布没有关于[发明]使用或流通的全公司范围的特殊政策");Petrolite Corp. v. Baker Hughes Inc., 96 F. 3d 1423, 1428 (Fed. Cir. 1996)("此外,没有证据表明 Quaker 已经与 Sohio 签订了任何保密协议……");New Railhead Mfg., L. L. C. v. Vermeer Mfg. Co., 298 F. 3d 1290(Fed. Cir. 2002)(没有保密协议).

〔3〕 谷歌搜索"免费保密协议样本",在不到半秒钟的时间内检索了 197 万次匹配(截至 2017 年 3 月)。Google, www. google. com(在搜索栏中搜索"免费的保密协议示例").

〔4〕 See Postal Instant Press, Inc. v. Sealy, 51 Cal. Rptr. 2d 365, 373-74 (Ct. App. 1996); Kenneth M. Casebeer, "Supreme Court Without a Clue: 14 Penn Plaza LLC v. Pyett and the System of Collective Action and Collective Bargaining Established by the National Labor Relations Act", *U. Miami L. Rev.* 65, 2011, p. 1063, pp. 1066-1067, n. 18.

〔5〕 See Jay Yarow, *What It's Like on Day One as an Apple Employee*, Bus. Insider (Jan. 26, 2012), www. businessinsider. com/what-itslike-on-day-one-as-an-apple-employee-2012-1.

“公共使用”规则的含义和争议

公共使用规则对公司发明人的特权待遇有三层含义,其中两层是实际的,另一层是理论上的。首先,不平等待遇通过进行专利辩护直接增加了一大批发明家进入创新经济的障碍。[1] 获得专利已经是一项昂贵的考验。成功起诉的平均专利费用约为 22,000 美元,其中一些费用高达 30,000 美元。[2] 未来(未成功)诉讼的可能性带来的额外费用将进一步打击企业家的信心。毕竟,在法庭上为一项专利辩护的平均费用在“中小型公司为 42 万美元到大型公司为 152 万美元”之间。[3]

其次,有利于公司发明人的模式树立了本来就不平等且非常同质的专利格局。根据专利商标局的说法,2014 年排名前 100 名的专利权人几乎都是大公司,[4]尽管它本身并不是不平等的证据——拥有很多雇员的大公司可能拥有更多的发明——但它却提供了更多的确立特权的叙述。例如,在大公司担任发明家职位的科学技术毕业生中,女性仍然是少数。[5] 根据劳工部的说法,女性仅占化学家的 29.8%,环境科学家的 24.5%,化学工程师

---

〔1〕 有关使用专利证据来衡量经济创新的讨论,see Jacob Schmookler, *Invention and Economic Growth*, Cambridge, Harvard University Press, 1966, p. 18-56; Bjørn L. Basberg, *Patents and the Measurement of Technological Change: A Survey of the Literature*, Res. Pol'y16, p. 131 (1987); Zvi Griliches, *Patent Statistics Indicators as Economic Indicators: A Survey*, J. Econ. Literature28, p. 1661 (1990); Zvi Grilichesetal, *The Value of Patents as Indicators of Inventive Activity*, National Bureau of Economic Research, Inc., 1986.

〔2〕 See David Fagundes & Jonathan S. Masur, *Costly Intellectual Property*, Vand. Law Review 65, p. 677, p. 690 & n. 39 (2012).

〔3〕 See James Bessen & Michael J. Meurer, *The Direct Costs from NPE Disputes*, Cornell Law Review 99, p. 387, p. 400 (2014); Inventive Warfare, Economist (Aug. 20, 2011), www.economist.com/node/21526385; David Schwartz, *Claim Construction Reversal Rates I - Overall Reversal Rates*, *Patently - O* (Feb. 27, 2008), www.patentlyo.com/pate nt/2008/02/claim-construct.html.

〔4〕 See Patent Tech. Monitoring Team, *U. S. Patent & Trademark Office*, *Patenting by Organizations* (utility Patents) 2014 (2015), www.uspto.gov/web/offices/ac/ido/oeip/taf/data/topo_14.htm; Annette I. Kahler, *Examining Exclusion in Woman-Inventor Patenting: A Comparison of Educational Trends and Patent Data in the Era of Computer Engineer Barbie ©*, Am. U. J. Gender Soc. Pol'y & L 19, p. 773, p. 785-789 (2011).

〔5〕 See Nat'l Ctr. for Sci. and Eng'g Statistics, Nat'l Sci. Found., *Women, Minorities, and Persons with Disabilities in Science and Engineering*, 2017, p. 6-7.

的13%,土木工程师的16.5%,电气工程师的12.3%,工业工程师的16%和机械工程师的8.8%。[1] 由于男性继续控制专利世界,妇女和其他少数群体的贡献仍然可能降至最低。美国专利商标局(PTO)在1976年至2013年对460万件实用新型专利的最新研究发现,"在整个时期内女性贡献的发明者不足8%",2013年的最高比例为10.8%,比1976年高出2.7%。[2] 在几乎每个国家/地区中,男人都是专利的主宰者,有42个国家/地区没有女性发明家。[3] 在生命科学的专利持有人中,女性的专利率约为男性的40%。[4]

这些实际问题的根本是更广泛意义上学说的失败。从本质上讲,公共使用规则是关于披露,即信息从一个人到另一个人的转移。因此,这是一种与事实相关的,明显高度关联的社会现象。然而,正如第2章所讨论的那样,以隐私为控制的原则在该理论中占主导地位,该原则将分析置于披露方之内而不是披露的社会范围内。法官倾向于把重点放在发明人的自愿行为上,如果有的话,要考虑这些行为发生的背景。社会准则很少像在本哈特案中那样受到尊重,而且当被遵守时,公司发明者通常是受益者。

在本哈特(Bernhardt)这样的案件中,联邦巡回法院承认,发明人与她向其公开发明的人之间的关系很重要,因为某些关系可能会导致保密期望。在本哈特案中,法院承认,售前家具展的参与者可以根据其作为行业合作伙伴的身份而具有保密习惯。[5] 在戴伊(Dey)案中,法院承认临床试验的患者通常不签署保密协议。[6] 但是,在单独企业内部,这些关系将被忽略。如果有的话,Beachcombers(朋友和同事)、Lough(朋友和同事)和MIT(朋友)

---

〔1〕 See U. S. Bureau of Labor Statistics, *Women in the Labor Force: A Databook*, 2015, p. 36-37.

〔2〕 See Cassidy R. Sugimoto et al., *The Academic Advantage: Gender Disparities in Patenting*, Plos ONE, May 27, 2015, p. 1, p. 5.

〔3〕 See U. S. Patent and Trademark Office, *U. S. Dep't of Commerce*, *Buttons to Biotech*: 1996 *Update Report with Supplemental Data Through* 1998: *U. S. Patenting by Women*, 1977 to 1996(1999), www.uspto.gov/web/offices/ac/ido/oeip/taf/wom_98.pdf.

〔4〕 See Waverly W. Ding et al., *Gender Differences in Patenting in the Academic Life Sciences*, *Science*, Aug. 4, 2006, p. 665, p. 666.

〔5〕 See Bernhardt, L. L. C. v. Collezione Europa USA, Inc., 386 F. 3d 1371, 1381(Fed. Cir. 2004), abrogated on other grounds by Egyptian Goddess, Inc. v. Swisa, Inc., 543 F. 3d 665(Fed. Cir. 2008).

〔6〕 See Dey, L. P. v. Sunovion Pharm., Inc., 715 F. 3d 1351, 1357-58(Fed. Cir. 2013).

中的各方之间的关系比本哈特(同一行业的参与者)和戴伊(临床试验设计者和受试者)之间的关系更紧密。但前三个都失去了公共使用的资格。

一种基于信任的方法

有了第 5 章中“隐私即信任”的知识,我们可以回到上面讨论的公共使用规则。目前,我们已经看到,公共使用标准较为随意,充其量是一种歧视性的方式,或者在最坏的情况下是一种歧视性方式,在当前的理论中没有明确的工具来解决该问题。裁决的主要理论——隐私学者将其称为“隐私即控制”——使其适用法律的苛刻、明晰的界限和不均衡的适用范围。

“隐私即信任”提供了一种判定公共使用的模型。该标准使用总体情况测试,该测试着眼于公开披露的受众以及发明人与受众之间的信任关系和标记,该标准将与我们所了解的个人如何以及为何与他人共享信息相称。在本节中,本书将回顾上面讨论的一些主要的公共使用案件,并说明一些结果如何相同,另一些结果不同,而另一些需要更多信息来解决。幸运的是,基于网络的信任的方法为证据的获取提供了清晰的途径,从而使上诉法官能够以特定的指示对案件进行事实调查。

在施乐公司诉 3Com 公司案(Xerox Corp. v. 3Com Corp.)中,[1]被告公司也得出相同的结果,分析仅会略有不同。在施乐公司,一名公司员工发明了一种改善计算机手写识别的方法。[2] 法院解释说,发明人向会议组织者提交了演示该发明的录像带作为提出申请的一部分,并没有使他的专利无效。录像带不在公共使用:除发明人外,没有人实际使用过任何东西。[3] 在公共使用的案例中,这几乎不是规则;百特(Baxter)和 Eolas Technologies 诉微软公司(Microsoft Corp.)之类的案件都仅在发明人进行示范后才发生无

〔1〕 See 26 F. Supp. 2d 492(W. D. N. Y. 1998).

〔2〕 See 26 F. Supp. 2d 493(W. D. N. Y. 1998).

〔3〕 See 26 F. Supp. 2d 495-96(W. D. N. Y. 1998).

效的公共使用。[1] 但是法院确实依赖了披露内容的规范、习俗和惯例。尽管 Xerox 的发明人并未在提交书中包括保密协议，但法院承认，会议组织者将提交的文件作为“专业礼貌和惯例”予以保密，并且他们有“职业道德义务”保密。[2]

在社交网络和信任模型下，这种持有也是有意义的。考虑到发明人和学术会议的听众之间的关系，可以隐含信任的准则：学术会议组织者通常不会透露提交给他们的详细信息。即使将提交的内容发送给了另外两个组织者，听众也会在相同的保密规范下运作。这样，在共享信息的同时就期望保密和谨慎。法律应尊重这一点。

但是，许多情况下结果都会改变。最好的例子是单独企业家的案例，如 Beachcombers[3]、Honeywell International Inc. v. Universal Avionics Systems Corp.）。[4] 在 Beachcombers 案中，联邦巡回法院在设计师的家中发现了一个新万花筒，认为对新万花筒的演示构成无效的公共使用。法院的推理过程不明确；至少缺乏对任何保密协议是否存在的分析。显然，法院至少忽略了披露的社会背景：设计师在私人家中邀请 20 人至 30 个朋友，目的是征求反馈。[5] 尽管没有任何正式的保密协议，但这一群体之间的信任规范仍然很强，听众成员是她的密友，他们在保密规范下运作。斯特拉列维茨关于解决信息流问题的社交网络方法在这里很有效。出席者是设计师的社交朋友，这表明万花筒的技术对他们而言相对复杂，使其成为无法通过软弱的纽带传递的信息类型。因此，即使被邀请者包括一些熟人，本发明的细节也不太可能良好地传播。我们也不应该忽略这样一个事实，即所谓的公共使用发生在设计师的家中，这是一种私人环境的范式，[6]这不仅使进一步传播信

〔1〕 See Eolas Techs. Inc. v. Microsoft Corp. ,399 F. 3d 1325,1334(Fed. Cir. 2005)(涉及对 Sun Microsystems 员工的示范)；Baxter Int'1,Inc. v. COBE Labs. ,Inc. ,88 F. 3d 1054,1056,1058(Fed. Cir. 1996)(参与发明的人向他人展示了离心机的工作原理).

〔2〕 See Xerox,26 F. Supp. 2d at 496.

〔3〕 See 31 F. 3d 1154(Fed. Cir. 1994).

〔4〕 See 488 F. 3d 982(Fed. Cir. 2007).

〔5〕 See Beachcombers,31 F. 3d at 1160.

〔6〕 See Kyllov. UnitedStates,533U. S. 27,34(2001)(“房屋的内部或原型是受保护的隐私的原型，因此是最常见的诉讼区域”).

息的可能性降低,而且有助于形成可靠的保密规范。

这个结果在霍尼韦尔案(Honeywell)中也改变了。该案涉及霍尼韦尔(中国)的地形预警系统可帮助防止飞行员飞入高山,并在获得专利超过1年后向潜在客户和记者进行了演示。[1] 联邦巡回法院认为没有任何公共使用,因为所有展示活动都可以视为实验性的。其理由是空洞的:演示是针对客户的——其中有150多个客户——法院认为,他们将来会购买该技术。对法院而言,霍尼韦尔的人员进行了展示并"保持对展示的控制"更为重要,尽管很难想象还有谁来进行测试。为了使这些展示活动显得相对私密,地方法院强调,没有迹象表明公众曾经意识到这种技术。[2] 记者在场是无关紧要的。

从整体情况来看,"隐私即信任"将得出霍尼韦尔从事公共使用的结论。公开的受众包括可能要购买该系统的航空业成员,以及一名前飞行员和航空记者,随后他们撰写了有关该技术的文章。除非记者明确承诺不让他们从情境中学习任何东西,否则在记者与其主题之间通常不存在保密规范,尤其是在记者专门写文章的情况下。在斯特拉列维茨的社交网络方法下,这类专家受众正是由那种既能理解技术又能传播技术的薄弱环节构成的。实际上,记者的工作就是传播信息,也没有迹象表明此案与本哈特案不同,[3] 航空业的规范和习俗确保了各方共同承担信息保密的责任。接受有关行业规范和实践的其他证据来支持或挑战该结论。

这无疑会有一些更密切的联系,但更多的证据可能帮助我们应用社交网络和信任模型。例如,在拉夫案中,一家船修工将他的新设备安装在他朋友的船上,[4]我们首先需要了解更多关于这些朋友、他们与发明家的历史以及在设备中披露设备的背景信息。在国家研究发展公司诉瓦里安公司案

---

[1] See Honeywell,488 F. 3d at 987,998.

[2] See HoneywellInt'l, Inc. v. Universal Avionics Sys. Corp. , 343F. Supp. 2d272, 307 – 08 (D. Del. 2004) , aff'd,488 F. 3d 982.

[3] See Bernhardt,L. L. C. v. Collezione Europa USA,Inc. ,386 F. 3d 1371,1381(Fed. Cir. 2004),abrogated on other grounds by Egyptian Goddess,Inc. v. Swisa,Inc. ,543 F. 3d 665(Fed. Cir. 2008).

[4] See 86 F. 3d 1113,1121(Fed. Cir. 1996).

(National Research Development Corp. v. Varian Associates)中,发明人的学术顾问在一次学术会议上向熟人披露了他学生的发明,[1]应用"信任即隐私"理论需要关于双方关系的额外证据。这种类型的证据很容易获得和被接受,而且可以带来增额公平性的好处。

最后,"隐私即信任"为公共使用提供了一种公平且可管理的方法。该提案将公司和个人发明人平等对待,并使每个人都有机会为创新经济作出贡献。在这种情况下,"隐私即信任"的应用,会得出不同的结果。但是在大多数情况下,该理论为通过公共使用问题进行推理提供了坚实的知识基础,并有助于确保诚实应用始终为专利有效性提供灵活标准。

对反对意见的回应

有些人可能反对将隐私分析的结构或模式视为信任,因为信任对于专利法而言过于不确定和不合适。其他人可能将重点放在结果上,表明该提案将鼓励冒险的商业行为并切断从公共领域获取更多知识,从而与专利法的目标背道而驰。本书依次回应这些反对意见。

该论点认为,整体情况测试过于灵活、不确定,即使提供了再多的自由裁量权、再多的指导原则,也没有办法阻止法官将其个人偏好强加于特定案件。这是不同法律领域的共同点,[2]但在整体测试的情况下却是空洞的。

---

[1] See No. 93-1421, 17 F. 3d 1444, 1994 WL 18963, at ∗3 (Fed. Cir. Jan. 26, 1994) (unpublished table decision).

[2] See e. g., Wayne R. LaFave & Jerold H. Israel, Criminal Procedure § 3. 3, at143-45 (2d ed. 1992) (可能确定的原因); Barry C. Feld, *Criminalizing Juvenile Justice: Rules of Procedure for the Juvenile Court*, Minn. Law Review 69, p. 141, p. 173-177 (1984) (少年刑事司法); Samuel Issacharoff, *Polarized Voting and the Political Process: The Transformation of Voting Rights Jurisprudence*, Michigan Law Review 90, p. 1833, p. 1845 (1992) (投票权); B. J. Huey, *Note, Undue Hardhip or Undue Burden: Has the Time Finally Arrived for Congress to Discharge Section* 523(A) (8) *of the Bankruptcy Code*?, Tex. Tech Law Review 34, p. 89, p. 108 (2002); Lough v. Brunswick Corp., 103 F. 3d 1517, 1519 (Fed. Cir. 1997) (Lourie, J., concurring) ("关于……公共使用……法院习惯于将其裁定涉及'整体情况',有些人对此表示反对是不明确的"); Seal-Flex, Inc. v. Athletic Track & Court Constr., 98 F. 3d 1318, 1323 n. 2 (Fed. Cir. 1996) (指出在待售的酒吧环境中,总体情况测试常常被批评为不必要地含糊不清).

一般情况下,整体情况测试允许对特定事实的案件进行公平和个别的判断。[1] 即使在当前标准下,公共使用案例也应具有很高的事实针对性,这取决于发明人的行为、披露的细节以及其是否具有远见卓识和影响力。此外,我们所讨论的不足之处——歧视性地适用公共使用法,使公司发明人享有优先于个体企业家的特权——并非源于无数的情况考验,而是源于通过明晰的隐私控制标准对法律的误用。尽管规定了明确的规则,但"隐私即信任"方法附带有明确的准则,该准则将分析限制在相关的因素上:披露的社会情境、披露的信息以及受众与发明人和发明人之间的关系、听众和信息。

在这种情况下应用"隐私即信任"的第二个结构性反对意见是从与法律和社会科学无关的领域中引入了一个学说,该学说解决了与专利法不同的问题和政策。我不同意此种说法。塞缪尔·沃伦和路易斯·布兰代斯不仅在125年前就提到了知识产权与隐私法之间的理论关系,[2]这两个领域的杰出学者从那以后就一直在相互学习。[3] 的确,乔纳森·齐特雷恩的有力论点解释说,隐私和知识产权的"问题"是相同的:即信息流。[4] 在隐私中,个人寻求保护个人数据的传播。许多隐私问题都涉及不正当披露的信息。公共使用禁令解决了类似的问题,即通过第一人称披露传播有关发明的信息。为了回答这些问题,两个领域都寻求一种方法,可以在最初的有限公开之后确定公共和私人之间的差异。因此,考虑类似的方法是有意义的。

最后,两个反对意见涉及采用社交网络和信任方法进行公共使用的实际含义。有人可能会争辩说,通过信任的朋友和亲戚之间的非正式关系的保密性准则,将隐私作为信任会导致更多的非公共使用的出现。但是,允许更多的发明人在没有专利申请所要求的大量披露的情况下,使用他们的设

---

〔1〕 See e. g. ,Chance v. Pac-Tel Teletrac Inc. ,242 F. 3d 1151,58 U. S. P. Q. 2d 1222(9th Cir. 2001)(应用整体情况测试来确定商标法中的优先权).

〔2〕 See Samuel D. Warren & Louis D. Brandeis, *The Right to Privacy*, HarvardLaw Review 4, p. 193, p. 198-205(1890).

〔3〕 See e. g. ,Jonathan Zittrain, *What the Publisher Can Teach the Patient: Intellectual Property and Privacy in an Era of Trusted Privication*, Stanford Law Review 52, p. 1201, p. 1203(2000).

〔4〕 See Jonathan Zittrain, *What the Publisher Can Teach the Patient: Intellectual Property and Privacy in an Era of Trusted Privication*, Stanford Law Review 52, p. 1203(2000).

备会违背专利法的中心目标,即向公众公开知识,[1]该论点错误地理解了数据,并且遗漏了隐私即信任的要点。如上所述,在社交网络和信任方法下,一些公共和非公共用法将得到相同的结果。该提议只是一种分析模式,也解决了当前公共使用法适用中的不平等现象。如果确实允许更多企业家保留其专利,那就可以了:专利商标局已经认识到有必要改善兼职发明者和业余爱好者的使用权,[2]以及对于社会科学技术的进步、专利制度的显著改善而言是受益的。[3]

有些人可能也会争辩说,即使保密承诺并非总是如此,将机密规范化为适当的替代品会鼓励冒险行为。该观点进一步认为,法律应该激励公司和企业家采取一切必要的预防措施来保护他们的发明,但淡化对保密协议的关注。本书抵制使用歧视性武器作为家长式工具的诱惑,尤其是对企业家产生不同影响的工具。专注于公开的情境会鼓励冒险行为,而隐私法允许个人依赖其对隐私的合法期望时,这样做的效果就不会比隐私法更好。而且,将保密协议提升为具有决定性地位的协议,并不是社会政策的工具,而是对具有利用权的公司实体的赠与。因此,供公众使用的隐私即信任模型不会像在实施专利性的平等方法时那样多地鼓励不良行为。

---

〔1〕 See Sinclair & Carroll Co. v. Interchemical Corp. ,325 U. S. 327,330-31(1945)("我们专利制度的主要目的不是个人的报酬,而是艺术和科学的进步。其诱因是公开对社会有益的知识的进步;它不是一种优点,而是一种公开的动机").

〔2〕 See Pro Se Assistance Program, at www. uspto. gov/patents-getting-started/ using-legal-services/pro-se-assistance-program.

〔3〕 See Sinclair, 325 U. S. at 330-31. See also U. S. Const. ,art. I, § 8,cl. 8.

第 10 章　信任与机器人

当开始根据信任和社会关系来考虑隐私时，我们将隐私法与我们的社会行为保持一致。我们在本书的大部分内容中都对此进行了探讨。在第 6 章中，我们详细介绍了“通知和选择”方法不足以解决用户与技术公司之间的关系。相反，“以信任为中心”建议，应将数据收集（从 AT&T、Verizon 和 Comcast 之类的 ISP 到谷歌、脸书和亚马逊之类的互联网公司）保持更高的法律标准，成为受信任的受托人。第 7 章研究了在先披露信息的案例。在那里，我们看到许多现行的隐私法都拥护的一种观念，即向任何人自愿披露信息会侵蚀隐私权。理解我们在情境中共享个人信息，取决于特定的其他人和团体之间对机密性和谨慎性的期望。在第 8 章中，本书认为，基于权利的隐私保护方法在在线骚扰法中留下了很大的空白，从而阻止了一些未经许可使用和传播其私密照片的受害者寻求司法公正。在第 9 章中，我们将隐私作为信任的中心规则应用于知识产权，因为传统的信息流方法可能会威胁到知识产权，即以保密性和自由裁量权为特征的社会关系中披露的信息仍然可以视为私有和受保护的信息、侵蚀发明人的权利。

隐私即信任还有另一个作用：聚焦于我们的信任如何被操纵以损害我们的隐私。正如我们在第 6 章中讨论的那样，脸书将信任和共享之间的联系集中到了其新闻源的设计中，其中部署了信任线索以鼓励我们参与或单击帖子。当我们知道阿曼达（Amanda）、史蒂文（Steven）、露西（Lucy）和我们的19位朋友“点赞”或评论某件事时,我们也更可能参与其中。[1] 这可能是一种有效且受欢迎的策略,可以增进社会联系。但是这些提示可能会被他们用于本地广告。知道我们熟悉的朋友也点击之后,我们很可能会点击某些东西。[2] 脸书对社交和赞助帖子使用相同的信任提示,以使这些广告更有价值。但是这些帖子引起了不同的隐私问题,尤其是在点击广告后,将我们带到具有可疑或未知数据使用习惯的第三方网站。[3]

技术激发潜在的错位信任的能力也在不断增长。

机器人是下一个热门事物,即使它们已经出现在工业和军事领域有一段时间了。[4] 社交机器人是与人类互动并在社会上向人类学习的有形体特工。[5] 社交机器人是我们的治疗性海豹(our therapeutic baby seals)、家庭助理和 Sony AIBO 设备。它们是电影《她》中的乌玛・瑟曼(Uma Thurman)。用凯瑟琳・斯特兰德堡(Katherine Strandburg)的话来说,作为“技术社会”变革的一种形式,社交机器人处于社会以及技术发展的中心,从我们的社交方式到如何喝一杯早晨咖啡,我们的行为发生了深刻的变化。[6] 它们是我们社交生活的非凡补充,使我们更接近《星际迷航》(*Star Trek*)中设想的生活。但是,与此同时,它们带来了明显的隐私危险:它们收集了有关我们的大量信息,可能抑制我们的行为,削弱我们管理角色的能力,并使我们陷入对安全性、保险性和信任的错误认识中。

传统的隐私理解能力不足,无法充分、全面地描述社交机器人有两个主

---

[1] See Ari Ezra Waldman, *Privacy, Sharing, and Trust: The Facebook Study*, Case W. Research Law Review 67, p. 193(2016).

[2] See Alessandro Acquisti, Leslie K. John & George Loewenstein, *The Impact of Relative Standards on the Propensity to Disclose*, J. Marketing Research 49, p. 160, p. 160(2012).

[3] See *Think Before You Click: How Facebook Clickbait Puts Users at Risk*, WRAL. com (May 10, 2016), www. wral. com/think-before-you-click-howfacebook-clickbait-puts-users-at-risk-/15682285/; Claire Suddeth, *The Weather Channel's Secret: Less Weather, More Clickbait*, Bloomberg Businessweek (Oct. 9, 2014), www. bloomberg. com/news/articles/2014-1 0-09/weather-channels-web-mobile-growth-leads-to-advertising-insights.

[4] See P. W. Singer, *Wired for War*, Penguin Books, 2009.

[5] See Kate Darling, *Extending Legal Protection to Social Robots, in Robot Law*, in Ryan Calo, A. Michael Froomkin and Ian Kerr eds., 2016, p. 214.

[6] See Katherine J. Strandburg, *Home, Home on the Web and Other Fourth Amendment Implications of Technosocial Change*, Md. Law Review 70, p. 614, p. 619(2011).

要原因。首先,社交机器人的全部目的是联系、交流和共享。如果我们按照洛克式和康德式的路线来构想隐私,我们在第 1 章和第 2 章中讨论过,即基于分离、选择和自治的概念,隐私作为一种概念与社交机器人不兼容。也就是说,就像在在线数据跟踪的世界中通常没有隐私一样,社交机器人周围也没有隐私。其次,正如法律和机器人技术领域的创始人之一赖安·卡洛(Ryan Calo)所指出的那样,迄今为止,许多隐私学者主要集中于应对技术创新的一个方面,即技术收集和处理更多信息的能力。[1] 这不足为奇。该学术体系的出发点是,隐私是关于分离、自治或选择的。因此,未经我们同意而收集数据会使学者们停顿下来。但是社交机器人所做的不仅是收集信息。[2] 正如卡洛所说,社交机器人触发了我们与生俱来的、心理上的联系、表情和爱的需求。这就是卡洛的"社交价值"的概念,[3] 正是这种与机器人的社交经历使我们变得脆弱。

在有关隐私、社会行为和机器人技术的文献中,一个始终如一但未被重视的主题是,社交机器人所构成的真正危险在于,它们旨在暗示信任,从而使我们容易受到操纵披露的影响。[4] 即使通常有一家渴求数据的技术公司拉开帷幕,他们也会因其本质而使我们陷入虚假的信任感。[5] 因此,必须警告社交机器人的消费者。社交机器人的"隐私即信任"方法不仅有助于全面了解随着技术越来越具有类似于人的特征而面临的危险,而且还为建立联邦贸易委员会的监管对策铺平了道路。[6]

---

〔1〕 See M. Ryan Calo, *People Can Be So Fake: A New Dimension to Privacy and Technology Scholarship*, Penn St. Law Review 114, p. 809(2010). 很难夸大 Calo 对这一领域的贡献。本章对他的工作的引用只是对他思想领导力的一种暗示。

〔2〕 See M. Ryan Calo, *People Can Be So Fake: A New Dimension to Privacy and Technology Scholarship*, Penn St. Law Review 114, p. 812-813(2010).

〔3〕 See M. Ryan Calo, *Robotics and the Lessons of Cyberlaw*, California Law Review103, p. 513, p. 532, p. 545-546(2015).

〔4〕 See Margot Kaminski 接触到这个概念是在这篇文章中, Margot E. Kaminski, *Robots in the Home: What Will We Have Agreed To?*, Idaho Law Review 51, p. 661, p. 664(2015). 本章将更详细地阐明这种担忧。

〔5〕 有关机器人技术和人机交互中"绿野仙踪"设置的欺骗性质的讨论, see Laurel D. Riek, *Wizard of Oz Studies in HRI: A Systematic Review and New Reporting Guidelines*, J. Human-Robot Interaction 1, p. 119(2012)。

〔6〕 See Woodrow Hartzog, *Unfair and Deceptive Robots*, Md. Law Review 74, p. 785(2015).

什么是机器人？

“机器人”的定义因人而异。《星球大战》的粉丝想到 R2-D2 或 C-3PO；皮克斯的粉丝想到了 Wall-E。我想到了我小时候的流动玩具。但这不是定义。实际上，它们限制了偏见。如果我们在想到机器人时只想到 C-3PO 及其声音、情绪反应和身体表现，那么我们将错过许多实际上是机器人的东西。具有机械工程背景的机器人专家可能会使用技术定义：机器人是一种机械对象，可以从世界上接收数据，对其进行处理，然后根据预先编程的命令进行物理操作。[1] 计算机科学家比尔·斯马特（Bill Smart）的研究和写作专注于机器人技术和人工智能，斯马特以及隐私法学者尼尔·理查兹指出，机器人是由人类制造的，在与世界互动时会表现出明智的行为。[2]

社交机器人是更广泛的机器人群体的子集。“增强型”社交机器人具有一定的自主行为能力，具有沟通、合作和学习等社交能力。[3] 据卡洛称，机器人，特别是社交机器人，具有三种与之相关的基本素质的法律讨论：社交机器人是具身化的、突出的并且具有社交价值的，体现为它们占据物理形式。它们可能被编为基于 1 和 0 的编码序列进行操作，甚至可能连接到云，社交机器人会采取实际行动。[4] 机器人的出现还在于它们（及其编程）可以学习和适应新情况。尽管具有这种能力的技术仍在不断改进，但仍然

---

〔1〕 See Calo, Robotics, supra note 9, at 529. 有大量的文献提供了同样的关于人工智能的技术定义。See Rolf Pfeifer and Christian Scheier, *Understanding Intelligence*, The MIT Press, 1999, p. 37.

〔2〕 See Kate Darling, *Extending Legal Protection to Social Robots*, *in Robot Law*, Ryan Calo, in A. Michael Froomkin and Ian Kerr eds. , 2016, p. 6. 理查兹和斯玛特（Smartph）通过以下方式来完善他们的定义：“阿罗伯提斯（Arobotis）是一个结构化的系统，既显示出身心的机能，又在生物学意义上还不活跃。”

〔3〕 See Cynthia Breazeal, *Toward Sociable Robots*, Robotics & Autonomous Sys 42, p. 167, p. 168 (2003).

〔4〕 See M. Ryan Calo, *Robotics and the Lessons of Cyberlaw*, California Law Review 103, p. 532-537 (2015). 机器人的物理表现超出了本书的范围，提出了一个问题，即当具体化的机器人在现实世界中造成损害时，法律应如何应对，这是一个持续不断的辩论，see David C. Vladeck, *Machines without Principals: Liability Rules and Artificial Intelligence*, Wash. Law Review 89, p. 117, p. 121 (2014)。

有很多机器人学习的例子。[1] 卡洛向我们介绍了一种新型的机器人管家,该管家不断尝试不同方法来拆分奥利奥,并从错误中吸取教训。学习型机器人也被部署在军事环境中。[2] 在注意到过去几周我们定期做同样的事情之后,机器人家庭助理就会自动在5:45AM打开咖啡机。最后,卡洛认为,机器人具有社交价值。它们会在人们中产生情感反应,我们使用社交模型来理解它们。[3] 为什么像其他研究人员所表明的那样,人类受试者会变得不适应并抵制"伤害"机器人的行为呢?[4] 研究表明,我们不会像想到机械/电器或机械工具那样想到机器人。我们也不认为它们是人类。从现象学的角度来看,我们认为它们是具有人性的,[5]因为缺少更好的形容词,具有人类的某些特征,因此具有激发人类情感和反应的相关能力。[6]

最后,正如麻省理工学院媒体实验室的个人机器人小组的教授兼主任辛西娅·布雷阿泽尔(Cynthia Breazeal)指出的,使机器人"社交"的是我们与机器人进行交互的方式。人类将"社交模型"应用于他们在现实世界中的社交机器人,因为这些机器人对我们而言具有社交性。这并非偶然:社交机

---

〔1〕 See M. Ryan Calo, *Robotics and the Lessons of Cyberlaw*, California Law Review 103, p. 539 (2015).

〔2〕 See M. Ryan Calo, *Robotics and the Lessons of Cyberlaw*, California Law Review103, p. 539 (2015).

〔3〕 See M. Ryan Calo, *Robotics and the Lessons of Cyberlaw*, California Law Review103, p. 545-546 (2015).

〔4〕 See Peter H. Kahn, Jr., et al., *The New Ontological Category Hypothesis in Human - Robot Interaction*, Proc. 6th Int'l Conf. on Human-Robot Interaction, 2001, p. 159.

〔5〕 马克·科克伯格(Mark Coeckelbergh)从社会、经验或现象学的角度对接触机器人的伦理学意义进行了重要的研究,其中包括,发展如何对待机器人的伦理学的唯一方法是从人类的角度出发感知机器人,而不是机器人的本体定义。See Mark Coeckelbergh, *Robot Rights? Towards a Social - Relational Justification of Moral Consideration*, Ethics & Info. Tech12, p. 209 (2010); Mark Coeckelbergh, *Humans, Animals, and Robots: A Phenomenological Approach to Human - Robot Relations*, Int'l J. of Social 3, p. 197 (2010); Mark Coeckelbergh, *Personal Robots, Appearance, and Human Good: A Methodological Reflection on Roboethics*, 1 Int'l J. Soc. Robotics 217 (2009); Mark Coeckelbergh, *Virtual Moral Agency, Virtual Moral Responsibility*, AI & Society 24, p. 181 (2009).

〔6〕 关于机器人的概念及其对社会互动的影响的技术伦理学研究领域越来越多。See Patrick Lin et al., *Robot Ethics: The Ethical and Social Implications of Robotics*, The MIT Press, 2012. 因为机器人可以完成一组精确的功能,所以科学技术哲学家唐·伊德(Don Idhe)认为它们的含义是"多稳态的":我们可能将机器人视为机器,但我们也看到了比机器更多的东西。See Don Idhe, *Technology and the Life World*, Indiana University Press, 1990.

器人经过专门设计,可以触发它们的拟人化倾向。[1] 它们通常旨在引导我们对他人的信任,使我们陷入虚假的安全感,还会增加我们的披露倾向,这在他书中进行了讨论。哈佐格将此称为"我们容易受到机器人攻击的最根本原因"。[2] 这就是对我们隐私的风险。

机器人和对隐私的传统理解

与本书中讨论的其他一些法律和政策问题不同,机器人是相对较新的。因此,在确定现行法律的适用方式时涉及大量有根据的猜测。包括卡洛和法学教授伊恩·克尔(Ian Kerr)和迈克尔·弗鲁姆金(Michael Froomkin)等在内的几位学者率先进行了这一讨论。[3] 一些人研究无人驾驶汽车的法则,[4]其他人则研究机器和刑事司法的交叉。[5] 还有学者考虑了《第一修正案》如何应用于人工智能。[6] 本书目标并不那么伟大——即考虑社交机器人如何侵犯我们的隐私并批判性地研究传统机器人的能力。

我们在第1章和第2章中已经讨论过了以权力为基础视角的隐私概念,它可以捕获社交机器人入侵我们隐私的某些方式。有时候,它们做不到。隐私即信任的镜头填补了空白,突出了一些重要方面的重大危险。即使在传统的隐私识别出问题的地方,也不能总是提供解决方案。因此,正如

---

〔1〕 See Kate Darling, *Extending Legal Protection to Social Robots, in Robot Law*, in Ryan Calo, A. Michael Froomkin and Ian Kerr eds. ,2016, p. 214.

〔2〕 See Woodrow Hartzog, *Unfair and Deceptive Robots*, Md. Law Review 74, p. 791(2015).

〔3〕 See Ryan Calo, A. Michael Froomkin & Ian Kerr, *Robot Law*, Edward Elgar Publishing, 2016.

〔4〕 See David C. Vladeck, *Machines without Principals: Liability Rules and Artificial Intelligence*, Wash. Law Review 89, p. 150(2014); Kevin Funkhouser, *Paving the Road Ahead: Autonomous Vehicles, Products Liability, and the Need for A New Approach*, Utah Law Review p. 437, p. 462(2013). Tracy Pear, *Fastand Furious: The Misregulation of Driverless Cars*, *We Robot Conference*, 2017, www. wer obot2017. com/wp-content/uploads/2017/03/Pearl-AV-1. pdf.

〔5〕 SeeAndrew D. Selbst, *Disparate Impact in Big Data Policing*, Ga. Law Review 51, 2017, https://ssrn. com/abstract=2819182.

〔6〕 SeeToni Massaro et al. , *Siri-ously* 2. 0: *What Artificial Intelligence Reveals About the First Amendment*, Minn. Law Review 102, 2018, available at https://ssrn. com/abstract=2896174.

本书中所讨论的那样,我们习惯于思考隐私的方法不是错误的,而是不完整的。社交机器人的隐私隐患很好地说明了这一点。

首先,社交机器人旨在收集有关我们的信息并与他人共享。哈佐格称它们为"……完美的监视机器"。[1] 信息收集和处理对于机器人的日常功能至关重要——除非我们询问她,否则亚历克萨(Alexa)就不知道我们想知道的事情——并且这是让机器人学习并适应新环境的必要行为。卡洛举了一个令人大开眼界的例子,说明机器人的信息收集能力如何挑战我们的隐私。他指出,机器人购物助手通常用来吸引顾客并鼓励购物。但是"就像普通店员一样……机器人能够记录和处理交易的各个方面。人脸识别技术可以轻松地重新识别。这种细致、空白的客户数据可能在两种情况下非常有用:损失预防和营销研究。"[2]这种可能性使塔吉特预测怀孕事件。塔吉特使用分散在网络上的各种信息来预测有关其客户的信息。[3] 社交机器人可以检查我们的脸部、身体动作、步态、种族、婚姻状况、听觉反应和皱纹等,并预测我们可能需要的一切。它们这样做是在没有背景的情况下进行的,通常是我们晚上不知道的情况。想象一下,一个机器人购物者正在检查一个男人的购物行为,以预测他的下一次购物,而这只会使他把情妇的购物习惯与妻子的购物习惯混淆。突然,便利机器人变成了婚姻不和的机器人。其次,使机器人进行数据收集甚至比塔吉特的数据收集和分析都更加困难的另一个因素是,社交机器人所学习的信息很可能是个人化的:任何花时间陪在我们家中的机器人都将听到并看到我们许多喜欢待在家里的人会看到的东西。[4]

但在某种程度上,这种类型的个人数据收集和传输被我们认为是一种侵入性的做法,专注于自治、选择和控制的传统隐私方法无法应对(这种侵

---

[1] See Woodrow Hartzog, *Unfair and Deceptive Robots*, Md. Law Review 74, p. 797(2015).

[2] See M. Ryan Calo, *Robots and Privacy, in Robot Ethics*, in Patrick Lin et al. eds., Robot Ethics: *The Ethical and Social Implications of Robotics*, The MIT Press, 2012, p. 194.

[3] See Charles Duhigg, *How Companies Learn Your Secrets*, N. Y. Times Mag. (Feb. 16, 2012), www.nytimes.com/2012/02/19/magazine/shoppinghabits.html.

[4] See Margot E. Kaminski, *Robots in the Home: What Will We Have Agreed To*?, Idaho Law Review 51, p. 663-664(2015). 本章更详细地梳理了这一问题。

入行为)。消费者选择在家中安装机器人、同意使用条款并承担与机器人共享信息后可能会被他人知晓的风险。如果将隐私理解为选择对他人隐藏信息的能力,那么这些消费者选择向信息收集机器透露秘密信息。而且,例如,在吉尔诉赫斯特出版公司案(Gill v. Hearst Publishing Company)中,男人和女人无权诉诸公司公开亲吻对方的照片,[1]这种风险承担通常对成功的隐私权声明至关重要。而且,基于传统形式的“通知和选择”的隐私制度也不足以警告用户该问题。机器人参与正在进行的数据收集,在某一时刻同意并不一定意味着永久同意。社交机器人还缺少一个可用的界面,该界面允许用户输入隐私和披露偏好,因此用户一开始就很难自由同意。[2] 这并不是说注意和选择不能被调整和改变以利用机器人的独特功能。[3] 但这确实突出了当前方法的不足之处。

机器人挑战我们隐私的另一种方式是侵蚀孤独的机会。通常,计算机,尤其是机器人,正步入传统上只为我们保留的地方,例如房屋、汽车,甚至我们的口袋。[4] 然而,孤独是隐私学者长期以来渴望并认识到的重要价值。沃伦和布兰代斯写了一篇著名的文章《论隐私权》,以回应刚开始鼓吹侵犯其房屋隐私权的媒体的言论。[5] 其他学者也谈到了隐私权是一个人存在或“存在条件”。[6] 孤独的价值是无与伦比的,其中不容忽视的是社会和能力方面的心理喘息机会,就像朱莉・科恩和尼尔・理查兹这样的法律理论家。[7] 但是,尽管传统的隐私概念没有认识到机器人对孤独的威胁,但尚

---

〔1〕 See Gill v. Hearst Pub. Co. ,253 P. 2d 441,445(Cal. 1953).

〔2〕 See Woodrow Hartzog,*Unfair and Deceptive Robots*,Md. Law Review 74,p. 789–791(2015).

〔3〕 See M. Ryan Calo,*Against Notice Skepticism in Privacy(And Elsewhere)*,Notre Dame Law Review 87,p. 1027, p. 1030(2012); Woodrow Hartzog, *Unfair and Deceptive Robots*, Md. Law Review 74, p. 818 (2015).

〔4〕 See M. Ryan Calo, *People Can Be So Fake: A New Dimension to Privacy and Technology Scholarship*,Penn St. Law Review114,p. 843–846(2010).

〔5〕 See Alpheus Thomas Mason,*Brandeis: A Free Man's Life*,Viking Press,1946,p. 54–70.

〔6〕 See David M. O' Brien, *Privacy, Law, and Public Policy*, praeger publishers, 1979, p. 16; Edward Shils,*Privacy: Its Constitution and Vicissitudes*,Law & Contemp 31,p. 281,p. 283(1966).

〔7〕 See Neil Richards,*Intellectual Privacy*,Tex. Law Review 87,p. 387(2008)(认为能够私下测试早期或不受欢迎的想法的能力对于第一修正案自由至关重要); Julie E. Cohen, *DRM and Privacy*, Berkeley Tech. L. J 18,p. 575,p. 576–579(2003)(将理智上的隐私 intellectual privacy 视为重要价值).

不清楚目前的法律是什么。基于这种知识传统,可以做到这一点。原因有两个,我们在本书中都讨论了这两个原因。首先,对于大多数隐私协议来说,用户的知情同意是非常重要的,这表明用户同意将这些机器人放在他们认为私密的地方。第二,不断监视造成的危害和缺乏孤独感是无形的和心理上的。但是正如丹尼尔·索洛夫和西特罗指出的那样,当承认这些非金钱的隐私伤害时,法律一直是保守的,除非可以指出实际金钱的损失,否则他们的请求都被拒绝。[1] 令人毛骨悚然的严重心理伤害也同样未获得支持。

但是社交机器人对个人隐私造成最深刻和最棘手的危害是诱导和引发错位的信任。社交机器人不仅是收集数据的机器。它们也不是随处可见的有眼睛的设备。它们旨在在社交层面上与我们互动,触发深层、无意识和基本的社交需求。然后,成为邪恶的科技公司可以利用我们的工具。

对社交机器人的社会反应

人类是社会动物。我们有与生俱来的与他人连接的先天进化需求。[2] 并且我们运用社交模型来理解和与周围的世界互动。[3] 其中一种社交模型是拟人化,即将人类特征归因于非人类事物。例如,在电影《远行》(Cast Away)中,汤姆·汉克斯(Tom Hanks)与排球建立了联系。这部电影在全球

---

[1] See Spokeo, Inc. v. Robins, 136 S. Ct. 1540(2016)(认为某个人不能起诉网站发布有关该个人的不正确信息,因为第三条的规定要求显示的伤害是"具体的和特定的")("concrete and particularized")和"实际的或即将发生的,不是推测性的或假设性的"("actual or imminent, not conjectural or hypothetical");Daniel J. Solove & Danielle Keats Citron, *Risk and Anxiety: A Theory of Data Breach Harms*, Tex. Law Review 96, 2017(认为法院一直不愿承认通常与数据隐私入侵相关的分散性心理伤害).

[2] 关于这一点的文献很多,可以追溯到几十年前。See Roy F. Baumeister & Mark R. Leary, *The Need to Belong: Desire for Interpersonal Attachments as a Fundamental Human Motivation*, Psych. Bulletin 117, p. 497(1995); Abraham H. Maslow, *A Theory of Human Motivation*, Psych. Review50, p. 370(1943).

[3] 这就是丹尼尔·丹内特(Daniel Dennett)所说的"故意立场"(intentional stance)。通过采取假定的理性立场,我们可以预见并与我们所知甚少的其他人互动。See Daniel C. Dennett, *The Intentional Stance*, The MIT Press, 1987.

票房近4.3亿美元,显然,许多人可以与之联系。许多儿童(和一些成人)将他们的动物拟人化。我们经常将诸如感官、意图、感觉和自治等类人特质归因于无生命的物体。欲望是与生俱来的,反应是"硬连线"和潜意识的。[1]

研究表明,随着物体呈现更多人性化的特征,我们的社会模型也会变得越来越强大。汉克斯在他的排球上画了一张脸,只有那时,它才被认为是头。许多人盯着扫地机器人,[2]三分之二的扫地机器人的主人给它们起了名字。[3] 甚至具有人类特征的无组织的计算机平台也引起了人类用户的强烈反响。人类受试者与ELIZA建立了过度联系,这是一种计算机精神分析程序,它像治疗师一样向用户提问,并在对话中填充了虚拟占位符评论,促使实验设计者发出关于人工智能操纵潜力的警告。[4] 而且,正如卡洛所描述的那样,人类将礼貌而愉快地与看上去友善而礼貌的计算机互动。[5]

人与机器人之间的社交联系更加强大。心理学家谢里·特克(Sherry Turkle)表明,各个年龄段的人都与社交机器人建立了紧密的联系。11岁的法拉(Fara)和一个可以进行眼神交流,跟随她并模仿她动作的类似人的机器人玩过之后,她称她的社交机器人是"你的一部分的那种东西,你知道的,就是那种你喜欢的东西,甚至有点像另一个人。"[6]就像是另一位71岁的受访者说,一个毛茸茸的机器人伴侣看起来像只考拉熊:"当我看着它棕色的大眼睛时,多年后我感到变得非常孤独……我发誓要保护和照顾小动物。"[7]

---

〔1〕 See M. Ryan Calo, *People Can Be So Fake*: *A New Dimension to Privacy and Technology Scholarship*, Penn St. Law Review114, p. 811, p. 826(2010).

〔2〕 这种做法已经普及流行文化中。See May the Best Stan Win, *American Dad*(Feb. 14, 2010).

〔3〕 See Robert Boyd, *Robots Are Narrowing the Gap with Humans*, *McClatchy Newspapers*, Apr. 27, 2009 [cited in M. Ryan Calo, *People Can Be So Fake*: *A New Dimension to Privacy and Technology Scholarship*, Penn St. Law Review 114, p. 838(2010)].

〔4〕 See M. Ryan Calo, *People Can Be So Fake*: *A New Dimension to Privacy and Technology Scholarship*, Penn St. Law Review114, p. 836(2010).

〔5〕 See M. Ryan Calo, *People Can Be So Fake*: *A New Dimension to Privacy and Technology Scholarship*, Penn St. Law Review 114, p. 837(2010).

〔6〕 Sherry Turkle, *In Good Company*? *On the Threshold of Robotic Companions*, *in Close Engagements with Artificial Companions*: *Key Social*, *Psychological*, *Ethical and Design Issues*, in Yorick Wilks ed., 2010, p. 4.

〔7〕 Kate Darling, *Extending Legal Protection to Social Robots*, *in Robot Law*, in Ryan Calo, A. Michael Froomkin and Ian Kerr eds., 2016, p. 214.

其他人只是在机器人周围时有强烈的情感反应:"当我早上醒来时,看到和我一模一样的脸在对面时,这让我感触很多,感觉就像是有人在看着我一样。"[1]甚至有人报告说,他们更喜欢与机器人建立社交联系。一位受访者在谈到自己的索尼家庭娱乐机器人 AIBO 时说:"比真正的狗还好……它不会做危险的事情,也不会出卖你……不会突然死去,让你感到很难过。"[2]

因此,有理由认为,随着社交机器人技术的进步,随着它们变得更加人性化,我们对它们的情感反应将更加强烈。在一个实验中,人类受试者与人性化的机器人进行了更好的目光交流。[3] 在另一个实验中,使用技术界面玩囚徒困境游戏的人们倾向于对更多的人类伴侣信守承诺。[4] 卡洛收集了许多其他例子。[5] 可以这么说,正如卡尔·麦克道曼(Karl MacDorman)和石黑浩(Hiroshi Ishiguro)所指出的那样,"需要(人类)般的外表和行为才能引起人们通常对彼此的回应"。[6] 但是他们越人性化,"就会产生更多以人为导向的……期望。"[7]在这些期望中有信任。

社交机器人和隐私

这种牢固的人机连接和三种相关的方式,与我们对隐私的讨论有关。

---

[1] Katherine J. Strandburg, *Home, Home on the Web and Other Fourth Amendment Implications of Technosocial Change*, Md. Law Review70, p. 614, p. 619(2011).

[2] M. Ryan Calo, *People Can Be So Fake: A New Dimension to Privacy and Technology Scholarship*, Penn St. Law Review 114, p. 809(2010).

[3] See Karl MacDorman & Hiroshi Ishiguro, *The Uncanny Advantage of Using Androids in Cognitive and Social Science Research*, Interaction Stud 7, p. 297, p. 316(2006)[See M. Ryan Calo, *People Can Be So Fake: A New Dimension to Privacy and Technology Scholarship*, Penn St. Law Review 114, p. 838(2010)].

[4] See Salvatore Parise et al., *Cooperating with Life-Like Interface Agents*, Computers in Hum. Behavior 15, p. 123, p. 124(1999).

[5] 深入讨论许多有关人机交互和人机交互的领域的实验, See M. Ryan Calo, *People Can Be So Fake: A New Dimension to Privacy and Technology Scholarship*, Penn St. Law Review 114, p. 840(2010)。

[6] Karl MacDorman & Hiroshi Ishiguro, *The Uncanny Advantage of Using Androids in Cognitive and Social Science Research*, Interaction Stud 7, p. 309(2006).

[7] Karl MacDorman & Hiroshi Ishiguro, *The Uncanny Advantage of Using Androids in Cognitive and Social Science Research*, Interaction Stud 7, p. 309(2006).

首先,社交机器人激发了信任,正如我们所讨论的,信任是我们决定与他人共享个人信息的重要因素。其次,除了我们对社交机器人的其他情感反应外,那些信任感是完全自然的,并且常常是潜意识的。这表明,无论我们是否有能力区分人与人的理性能力,我们对社交机器人的反应都是难以停止的,即使是可能的。最后,当我们最脆弱时,这些自然的情感反应最强烈,这表明我们有被设计操纵的风险。也就是说,创建社交机器人的技术公司能够利用我们最需要的"硬连线"连接所需的利润。传统上对隐私的理解不足以应对这一现实,但是基于信任的方法可以做得更好。

我们通过社交机器人的设计(他们和我们的)、制造它们公司的披露和表示,甚至通过他们参与社会互动来信任社会机器人。值得注意的是,我们以同样的方式信任人类。

正如我们在第5章中讨论的那样,信任是对不确定性的自然而有针对性的响应。它解决了在不确定他人的行为方式和结果如何的不确定世界中采取行动所带来的问题。[1] 如果我们不信任,我们的社交生活就会瘫痪。同样,信任是我们对人性化机器人的一种固有的、固定的情感反应。在玩信任游戏时,当我们的合作伙伴具有更人性化的特征时,我们更有可能信守诺言。[2] 在实验中,受试者在平台上执行解决问题的任务,有时包括观看并跟随其动作的动画角色,当角色对他们的工作感兴趣时,受试者报告说他们更多地"信任"网站。[3] 这也扩展到更复杂的机器上。心理与人类行为专家亚当·韦茨(Adam Waytz)、乔伊·希夫纳(Joey Heafner)和尼古拉斯·艾普利(Nicholas Epley)进行了几次实验,其中人类受试者使用三种不同的驾驶模拟器:普通汽车、能够控制转向和速度的自动驾驶的汽车,或者更先进的自动驾驶汽车,具有其他拟人化特征——名称,性别和语音。研究人员发

---

[1] See Piotr Sztrompka, *Trust: A Sociological Theory*, Cambridge University Press, 1999, p. 18-27.

[2] See Karl MacDorman and Hiroshi Ishiguro, *The Uncanny Advantage of Using Androids in Cognitive and Social Science Research*, Interaction Stud 7, p. 124, p. 128-135 (2006).

[3] See Roaul Richenberg and Byron Reeves, *The Effects of Animated Characterson Anxiety, Task Performance, and Evaluations of User Interfaces*, CHI Letters 2, p. 49, p. 52-55 (2000) (see M. Ryan Calo, *People Can Be So Fake: A New Dimension to Privacy and Technology Scholarship*, Penn St. Law Review 114, 2010).

现,在各种指标上,用户对车辆表现出更加人性化的特征时更加信任。[1] 受试者自我报告认为,随着增加了更多类似人的特征,他们对车辆的信任度也越来越高。他们还倾向于更喜欢拟人化的汽车,并且在仿真过程中感觉更加放松。[2]

因此,可以对通过设计触发信任的能力进行编程。技术公司对确保消费者与其机器人之间的信任感很感兴趣。如果我们不与他人分享,社交机器人将无法学会预测我们的需求。他们无法学习执行任务或向我们提供所需的信息,除非我们为它提供处理的机会(读取:数据)。实际上,随着技术的进步,机器人设计的轨迹已准备好更好地利用这种社会效应。社交机器人呈现出更多的人类特征。[3] 因此,公司将设计越来越社交化和人性化的机器人,以便为机器人的“紧急”属性生成必要的数据。[4]

我们信任机器人的另一种方法是通过其设计师。就像我们信任 iPhone 的安全性一样,是因为我们信任 Apple 对网络安全的承诺,[5]我们可能信任机器人,因为我们信任它的设计师。这不是社交或其他机器人所独有的。品牌名称以及商标法的整个法律领域,至少部分是要帮助建立、维持和保护

---

〔1〕 See Adam Waytz, Joy Heafner& Nicholas Epley, *The Mind in the Machine: Anthropomorphism Increases Trust in an Autonomous Vehicle*, J. Experimental Soc. Psych 52, p. 113, p. 115(2014).

〔2〕 See Adam Waytz, Joy Heafner& Nicholas Epley, *The Mind in the Machine: Anthropomorphism Increases Trust in an Autonomous Vehicle*, J. Experimental Soc. Psych 52, p. 115-116(2014).

〔3〕 他的名字叫 Clippy(正式名称为“Clippit”),但他从未受到欢迎。See Robinson Meyer, *Even Early Focus Groups Hated Clippy*, *Atlantic*(June 23, 2015), www.theatlantic.com/technol ogy/archive/2015/06/clippy-the-microsoft-office-assistant-is-the-patriar chys-fault/396653/.

〔4〕 回想一下,这是 Calo 的名称,代表了机器人的学习能力。See M. Ryan Calo, *Robotics and the Lessons of Cyberlaw*, California Law Review 103, p. 539(2015).

〔5〕 苹果将安全性作为其业务和营销策略的核心要素。See Tim Cook, *A Message to Our Customers* (Feb. 16, 2016), www.apple.com/customer-letter/(“客户希望苹果公司和其他技术公司尽其所能保护他们的个人信息,并且苹果公司致力于保护他们的数据。损害我们个人的安全信息最终可能会危及我们的人身安全。这就是为什么加密对我们所有人如此重要的原因。多年来,我们一直使用加密来保护客户的个人数据,因为我们认为这是确保其信息安全的唯一方法。我们甚至将这些数据置于我们自己无法控制的范围内,因为我们相信您 iPhone 的内容与我们无关”).

消费者对某些产品的信任，以便消费者保持忠诚。[1] 而且，正如哈佐格指出的那样，消费者最后可能会发现，通过互动，社交机器人值得信赖。[2] 由于社交机器人是具体的生物，我们在现实世界中与它们互动。它们使用声音、语言和动作时会让人联想到甚至与人类不同。因此，社交机器人至少看起来像在“社交游戏”中扮演可信赖的角色，才能使用哲学家标记科克伯格短语。[3] 这个理念引起欧文·高夫曼对公共社会关系的讨论。对于高夫曼来说，社交互动是一种持续不断的舞蹈，领导者和追随者共同承担着继续舞蹈的责任。个人决定他们要做什么，想要揭示以及他们如何根据情境表现。他们的互动伙伴（高夫曼称他们为“观众”）意识到了这一点并继续前进。[4] 机器人“不断前进”。他们通常以预期的方式表现：Alexa 回答问题；Roombas 以看似随机的模式沿着地板滑行；机器人管家喝咖啡。尽管有太空堡垒卡拉狄加类型的顾虑，但社交机器人通常仍会以预期的方式运行，至少使它们看上去符合行为规范。[5]

这意味着我们有很多理由和机制可以信任机器人。研究和撰写有关人类与社交机器人互动的学者一致认为，这种反应是自然的、无意识的和生物的。麻省理工学院媒体实验室的研究专家凯特·达林（Kate Darling）指出，我们有一种“非自愿”的倾向，过度将自主权和智慧以及情感和感受投射

---

〔1〕 了解商标法的一种方法是从经济角度出发：商标保护有助于降低消费者的搜索成本。例如，根据威廉·兰德斯（William Landes）和理查德·波斯纳的说法，商标允许购买者在可能的一系列选择中进行选择（如在药店购买牙膏的过道），并允许卖方获取购买者做出选择所需要的所有信息。一个徽标，设计或口号。See William M. Landes & Richard A. Posner, *Trademark Law: An Economic Perspective*, J. L. & Econ 30, p. 265, p. 268-269 (1987). 商标法的另一个功能是允许消费者进行质量比较。消费者可以依靠商标来帮助他们确定哪种产品可能更好，更有效或更可靠。至少有一位学者称此商标法具有“信任”功能。Ariel Katz, *Beyond Search Costs: The Linguistic and Trust Functions of Trademarks*, B. Y. U. Law Review, p. 1555, p. 1563 (2010).

〔2〕 See Woodrow Hartzog, *Unfair and Deceptive Robots*, Md. Law Review 74, p. 785, p. 791 - 792 (2015).

〔3〕 See Mark Coeckelbergh, *Can We Trust Robots?*, Ethics and Info. Tech14, p. 53, p. 57-58 (2015).

〔4〕 See Erving Goffman, *The Presentation of Self in Everyday Life*, Doubleday, 1959. 这是“自我表现”的基本论点，它将社会互动与戏剧性戏剧进行了比较。但是高夫曼在其他地方写了关于这种现象的文章。See Erving Goffman, *Relations in Public*, Basic Books, 1971（非言语交流的详细介绍，以帮助在公共场所彼此接触的陌生人中建立行为期望）.

〔5〕 在科幻小说中，被称为赛昂（Cylons）的人类创造的新兴机器人不断进化，与他们的主人反抗，并最终摧毁了大多数人类。See Battlestar Galactica (1978-1978, 2004-2009).

到社交机器人上，因为这些机器人通过对我们的反应来“模仿栩栩如生的行为”，响应我们的动作、用句子说话，甚至使用面部表情来像人类一样增强言语交流。[1] 卡洛称我们对世界上机器人身体活动的拟人化反应为“硬连线”响应。[2] 麦克道曼和石黑浩称其为“很大程度上潜意识”。[3] 由于我们的生物学是非自愿的、固执的或预先确定的，因此这些响应很难甚至无法停止。

我们越脆弱，这些反应也越强烈。从关于拟人化的大量文献中我们知道，感到孤独或孤独的人以比那些感觉与他人社交的人高得多的速率将像人一样的特质赋予无生命的物体。[4] 这也转化为市场，无论是孤立的还是孤独的被隔离的消费者更喜欢具有拟人化品质的商品、品牌和产品设计。[5] 孤独的人通常还会从事心理学家所说的“补偿性行为”，以重建必要的社会联系。[6] 该学者激发了一群研究人员，由心理学家詹姆斯·莫里（James Mourey）领导的科学家，测试了人性化的机器人能否真正取代人与人之间的社交联系。他们的结果发表在标题为《产品作为好朋友》（*Products as Pals*）的论文中，表明社交机器人确实可以减轻我们对与真实人类的社交联系的需求。

莫里和他的团队进行了四个实验，他们得出结论认为，尽管孤独的人通常会寻求援助之手并增加他们的社会联系以弥补自己的损失，但引入具有

---

〔1〕 See Kate Darling, *Extending Legal Protection to Social Robots*, *in Robot Law*, in Ryan Calo, A. Michael Froomkin and Ian Kerr eds., 2016, p. 218.

〔2〕 See M. Ryan Calo, *Robotics and the Lessons of Cyberlaw*, California Law Review103, p. 545 (2015).

〔3〕 See Karl MacDorman & Hiroshi Ishiguro, *The Uncanny Advantage of Using Androids in Cognitive and Social Science Research*, Interaction Stud 7, p. 309 (2006).

〔4〕 See Nicholas Epley et al., *Creating Social Connection through Inferential Reproduction: Loneliness and Perceived Agency in Gadgets, Gods, and Greyhounds*, Psych. Sci 19, p. 114 (2008); Nicholas Epley et al., *When We Need a Human: Motivational Determinants of Anthropomorphism*, Soc. Cognition26, p. 143 (2008).

〔5〕 See Rocky Peng Chang, Echo Wen Wan& Eric Levy, *The Effect of Social Exclusion on Consumer Preference for Anthropomorphized Brands*, J. Consumer Psych 27, p. 23 (2017).

〔6〕 See John C. Maner et al., *Does Social Exclusion Motivate Interpersonal Reconnection? Resolving the-Porcupine Problem*, J. Personality & Social Psych 92, p. 42 (2007).

人性特质的社交机器人实际上会减少这些补偿性的社会行为。[1] 也就是说,人们正在用人性化代替人类机器人。第一个实验要求参与者写一篇短文,说明他们被排除在社交活动之外的一段时间或前一天他们做了什么。然后,两个人都被问到有关智能手机功能的问题:其中一些问题归因于手机的代理人,使设备人性化。最后,除其他问题外,还要求小组估计他们在脸书上拥有的朋友数量。[2] 这是一种创造性的方法。那些在现实世界中与社交失去联系的人倾向于估计他们拥有比实际更多的脸书朋友。[3] 但莫里发现,那些因手机拟人化而脱节的人并没有增加其脸书朋友的数量。换句话说,他们证明自己不需要补偿孤独。[4]

莫里的第二个实验又前进了几步。受试者与其他三个预先编程的"玩家"一起参加了在线掷球游戏。在控制状态下,参与者有 1/4 的时间来抛球。在社交排斥条件下,参与者在游戏开始时 3 度获得球,此后再也没有。然后,向所有参与者显示扫地机器人的图片,这些图片具有不同程度的拟人品质。除其他事项外,最终调查还要求参与者估计他们预计与朋友或家人花费多少时间在电话上,这是一种社交联系机制。再次,莫里发现,接触高度社交的机器人可以减少受访者与人之间的社交联系的需求:那些感到被排除在抛掷球游戏之外,并且被展示了具有人类特征的扫地机器人的人,那些被排除在游戏之外,看到了一个无私的正在工作的吸尘器的人相比,前者与朋友和家人交流的时间要少得多。[5]

接下来,莫里测试了社交机器人对心理学家所说的"社交"的影响,社会

---

[1] See JamesA. Moureyetal. ,*Products as Pals*:*Engaging with An thropomorphic Products Mitigates the Effects of Social Exclusion*,J. Consumer Research 44,p. 414(2017).

[2] See James A. Moureyetal. ,*Products as Pals*:*Engaging with An thropomorphic Products Mitigates the Effects of Social Exclusion*,J. Consumer Research 44,p. 414(2007).

[3] See Keith Wilcox & Andrew T. Stephen,*Are Close Friends the Enemy? Online Social Networks*,*Self-Esteem*,*and Self-Control*,J. Consumer Research40,p. 90(2013)[See JamesA. Moureyetal. ,*Products as Pals*:*Engaging with An thropomorphic Products Mitigates the Effects of Social Exclusion*,J. Consumer Research 44,p. 414(2007)].

[4] See Keith Wilcox & Andrew T. Stephen,*Are Close Friends the Enemy? Online Social Networks*,*Self-Esteem*,*and Self-Control*,J. Consumer Research 40,p. 90(2013).

[5] See Keith Wilcox & Andrew T. Stephen,*Are Close Friends the Enemy? Online Social Networks*,*Self-Esteem*,*and Self-Control*,J. Consumer *Research* 40,p. 90(2013).

保障使我们想起了我们在社会世界中的地位。社会保障水平低的人倾向于同意以下说法:“我的生活是残缺不全的,我身边没有朋友”。[1] 莫里和他的团队发现,人们原本会感到与社会脱节或感到孤独,然后又暴露于拟人化的扫地机器人中。换而言之,他们对自己的社会生活有更好的感觉,对保持独立感也更好,并且很少需要通过社交活动获得幸福。[2]

这使莫里可以进行最后的实验,该实验旨在确定,扫地机器人作为一台机器,是否会影响人们对社会保障的需求,而且确实如此。排斥社交的人,他们参加了相同的实验,但被告知扫地机器人只是真空状态,其社交保证程度要比没有提醒的情况下完成实验的人低。[3]

这项研究具有许多含义,所有这些都证实了上面讨论的现有文献。首先,它表明人性化的机器可以在我们不知道的情况下满足我们的社会需求;这个过程完全是潜意识的。这提醒我们,拟人情况与人类不同时,机器的社会保障效果才会下降。其次,莫里表明,在追求社会联系时,人性化的机器可以部分替代真实的人。因此,电影《她》(*Her*)的情节具有坚实的研究基础。最后,这些潜意识的社会影响在弱势人群中尤为明显——那些与社会脱节或孤独的人,或因有力的记忆而自以为是的人。

所有这些与信任、共享以及社交机器人带来的隐私风险有什么关系?简言之,文献告诉我们可以部署社交机器人来引发信任。它们旨在触发人类固有的、潜意识的连接需求。他们甚至有时可以取代与人类的社会联系,尤其是在那些最脆弱和最孤立的人群中。但是,由于社交机器人仍然是经过编程和设计以跟踪和收集有关我们信息的机器人,因此,社交机器人很容易欺骗我们以泄露信息。他们的设计会使我们陷入虚假的信任感,因为它们看起来像是人道的。他们似乎表现出我们赖以信任的一些必要线索。

---

〔1〕 See Richard M. Lee & Steven B. Robbins, *Measuring Belongingness: The Social Connectedness and the Social Assurance Scales*, J. Counseling Psych 42, p. 232(1995)(cited in ucts as Pals: *Engaging with An thropomorphic Products Mitigates the Effects of Social Exclusion*, J. Consumer Research 44, 2017).

〔2〕 See James A. Moureyetal., *Products as Pals: Engaging with An thropomorphic Products Mitigates the Effects of Social Exclusion*, J. Consumer Research 44, p. 414(2007).

〔3〕 See James A. Moureyetal., *Products as Pals: Engaging with An thropomorphic Products Mitigates the Effects of Social Exclusion*, J. Consumer Research 44, p. 414(2007).

我们并不总是意识到,在这背后有一家渴望数据的技术公司。

杰奎琳·科里·韦斯特伦德(Jacqueline Kory Westlund)和辛西娅·布雷泽尔(Cynthia Breazeal)在强调这些所谓的"绿野仙踪"设置的一些问题时指出,用户"可能会向机器人泄露敏感信息,即他们不会告诉人类,而不是意识到人类正在听到他们所说的一切。"[1]韦斯特伦德和布雷泽尔继续指出其中的含义:"鉴于社交机器人旨在吸引我们,通常会在情感上吸引我们并与我们建立关系,因此机器人本身可能具有欺骗性,它们似乎对你有情感反应,但'实际上'却没有。"[2]凯特·达林提出了一系列问题:

> 如果人们开发了与机器人同伴的附件,那么控制硬件和软件的公司是否可以利用此附件?公司是否应被允许利用个人可能会大大增加为技术升级或维修付费的事实?将产品广告偷偷带到带有机器人玩具的儿童对话中怎么样?[3]

哈佐格简洁地提出了这个问题:

> 机器人,特别是具有人的外形的机器人,具有独特的位置,可以在精神上操纵人们。机器人可以模仿人类的社交活动,但是它们不会感到羞耻、疲劳或内部矛盾。机器人也是可扩展的,因此设计机器人来操纵人类的决定会影响数百甚至数千人。[4]

韦斯特伦德、布雷泽尔、达林和哈佐格所谈论的操纵机制正在通过设计

[1] Jacqueline Kory Westlund & Cynthia Breazeal, *Deception, Secrets, Children, and Robots: What's Acceptable?*, *10th ACM/IEEE Conference onHuman-RobotInteraction (HRI)*, 2015, www. openroboethics. org/hri15/wp-content/uploads/2015/02/Mf-Westlund. pdf.

[2] Jacqueline Kory Westlund & Cynthia Breazeal, *Deception, Secrets, Children, and Robots: What's Acceptable?*, *10th ACM/IEEE Conference onHuman-RobotInteraction (HRI)*, 2015, www. openroboethics. org/hri15/wp-content/uploads/2015/02/Mf-Westlund. pdf.

[3] Kate Darling, *Extending Legal Protection to Social Robots, in Robot Law*, in Ryan Calo, A. Michael Froomkin and Ian Kerr eds. ,2016, p. 214.

[4] Woodrow Hartzog, *Unfair and Deceptive Robots*, Md. Law Review 74, p. 804(2015).

诱发错位的信任。社交机器人旨在利用其人性化的素质来激发信任。但是这种信任可能是欺骗性的、操纵性的和不公平的。

基于信任的方法应用于社交机器人

如果将机器人设计得看起来像我们的“好朋友”,但实际上却寄生于我们的数据,那么我们就会被使用和操纵。这样,社交机器人具有欺骗性和操纵性。通过人性化的面纱,它们可以使人们忘记一家科技公司正在友好的外部环境中收集数据。社交机器人也是监视的工具,即使在我们不了解的情况下也可以跟踪我们。而且它们通常是通过对我们隐藏的算法进行编程的。[1]

传统的隐私概念不足以解决这些问题。支持隐私声明的注意和选择以及当前方法也是如此。像第六章中讨论过的杰克·巴尔金、乔纳森·齐特雷恩等人所倡导的那样,信息受信方法提供了另一种选择。这样一来,当个人引起我们的信任并出卖我们时,他们便可以起诉机器人制造商。这是隐私即信任的自然暗示。但是,并非所有的欺骗行为都需要在私人诉讼中提起诉讼。联邦贸易委员会发挥着作用。[2] 索洛夫、胡夫纳格尔和哈佐格在隐私权发展历史和分析 FTC 方面做了大量的工作,哈佐格认为,FTC 很有能力将其目前的消费者保护工作扩大到由机器人操控的工作领域。然而,FTC 必须认识到,被社交机器人操纵而引发的消费者隐私担忧的核心是他们破坏信任的能力。因此,隐私即信任理论可以为理解和证明 FTC 在这一领域保护消费者行动提供有用的理论支撑。

FTC 具有广泛的监管权来监管“不公平或欺骗性交易”,[3]包括使公司

---

〔1〕 See Woodrow Hartzog, *Unfair and Deceptive Robots*, Md. Law Review 74, p. 791-809(2015).

〔2〕 除了此处讨论的法律之外,设计准则还可以起到缓解社交机器人相关的隐私风险的作用。See Margot E. Kaminski et al., *Averting Robot Eyes*, Md. Law Review 76, p. 983, p. 1001-1020(2017).

〔3〕 See Federal Trade Commission Act, Pub. L. No. 75-447, § 3, 52Stat. 111(1938).

因任何可能误导消费者的陈述、疏忽或做法以及识别出现的不正当行为。[1] 在这些原则下,FTC 挑战了许多欺骗性行为,包括误导性广告和欺骗性产品演示,这两种行为均可与社交机器人一起使用。[2] 如前所述,社交机器人具有转换为“绿野仙踪”设置的能力,使用户对机器人社交界面背后的内容感到困惑。当渴望数据的技术公司被揭露时,用户的信任就被出卖了。因此,欺骗在于利用社交机器人的人性化特质来操纵人们,使人们认为该机器人不是烦琐的数据收集设备。无论是通过创造性的“内在”通知还是其他方式,未能充分通知和提醒用户的公司都可能在进行欺骗。[3]

当我们发现幕后黑手时,社交机器人不仅会背叛我们的信任,还会通过隐藏监视范围来背叛我们的信任。FTC 已经起诉了一些技术公司,这些公司在自己的平台上进行编程,使它们在没有通知用户的情况下收集用户数据,而这些公司的抗辩理由则是,当监视是“无形的”时候,我们“无法合理地避免这些伤害”。例如,在 In re Frostwire,LLC 案中,该公司误导客户,使其认为某些文件在点对点的网络上不会被公开获取。[4] 在 InSony BMG Music Entertainment 上诉案中,FTC 称,索尼 CD 上安装的软件可以将音乐收听数据传输返回给索尼公司。[5] 尽管 Frostwire 和索尼的投诉中都缺少“信任”一词,但破碎的信任却起着重要作用:两家公司都将监控隐藏在一大堆界面后面,这些界面让用户产生自己可以控制它们的错觉,因此造成了“误导印象”。旨在引发信任的界面的社交机器人可以使这种欺骗更加有效。

毫无疑问,判断一个社交机器人何时达到欺骗的程度是需要基于事实情境进行评估的。并非所有人性化的设计都是可行的,即使它们都会触发

[1] See Woodrow Hartzog, *Unfair and Deceptive Robots*, Md. Law Review 74, p. 812-813(2015).

[2] See Woodrow Hartzog, *Unfair and Deceptive Robots*, Md. Law Review 74, p. 792-795(2015).

[3] See M. Ryan Calo, *Against Notice Skepticism in Privacy*, Notre Dame Law Review 87, p. 1027, p. 1030(2012).

[4] 永久禁令和其他衡平法救济的投诉, See 19, FTC v. Frostwire, LLC, No. 1:11-cv-23643 (S. D. Fla. Oct. 12, 2011) [herein after, Frostwire Complaint], available at www. ftc. gov/sites/default/ files/documents/cases/2011/10/111011frostwirecmpt. pdf.

[5] See Complaint at 4, In re Sony BMG Music Entm't, FTC File No. 062 3019, No. C-4195 (F. T. C. June 29, 2007) [hereinafter, Sony Complaint], available at www. ftc. gov/sites/default/files/documents/cases/2007/01/0701 30cmp0623019. pdf.

信任。但是,信任起着作用。FTC 可以根据公司的披露、广告活动、产品设计、演示和其他因素来确定它们是否利用社交机器人的社交特征来欺骗客户,使其失去对客户的信任。并非所有的人性化设计都是可操作的,尽管它们都能触发信任。这样做可以保护最弱势的消费者免受操纵,并为 FTC 法理学提供了有用的知识基础。

结论:隐私与信任的未来

专家们多年来一直在写隐私的讣告:2014 年,托马斯·弗里德曼(Thomas Friedman)在《纽约时报》上写道,“隐私已经结束”。[1] 脸书的马克·扎克伯格(Mark Zuckerberg)在 2010 年说过“隐私时代已经结束”。[2] Sun Microsystem 的前首席执行官斯科特·麦克尼利(Scott McNealy)宣布,在 1999 年,我们“拥有零隐私。就让它去吧”。[3] 我们被告知隐私已经死了这么长时间,以至于街上的普通人都认为隐私是很多年前就死了的,现在仅仅是喘口气而已。

只有狭义地考虑隐私,隐私才会死。我们倾向于将隐私与保密性混为一谈,或者将私有世界限制在我们生活的亲密、性或家庭方面。法院经常(尽管不是唯一的)这样做。我们还倾向于在空间上(“关上门后”“behind closed doors”)考虑隐私,或者通过关闭窗户、锁上门或走进我们的房屋而将其他人拒之门外。

在某种程度上,新技术和现代生活的要求使这种隐私过时了。如今,任何东西都很难保密,尤其是在浏览互联网本身就是一项信息共享活动的情

[1] See Thomas Friedman, *Four Words Going Bye - Bye*, NewYorkTimes (May 21, 2014), www. nytimes. com/2014/05/21/opinion/friedman-four-words-goingbye-bye. html.

[2] See Marshall Kirkpatrick, *Facebook's Zuckerberg Says the Age of Privacy Is Over*, Readwrite (Jan. 9, 2010), https://readwrite. com/2010/01/09/face books_zuckerberg_says_the_age_of_privacy_is_ov/.

[3] See Polly Sprenger, *Sun on Privacy*: "*Get Over It*", Wired (Jan. 26, 1999), www. wired. com/1999/01/sun-on-privacy-get-over-it/.

况下;网站、技术公司和广告商会收集、分析和出售我们的信用卡号、点赞与否、浏览历史记录和购买方式等。这使得我们难以控制自己的信息流。而且,公开通常是现代社会生活的先决条件,对于某些人来说,也是获得合法权利和应享权利的必要条件。

即使我们认为隐私以公开告终,但"隐私已死"的模式没有多大意义。我们仍然将许多事情保密,我们穿衣服、我们锁上日记。我们警告其他人:"这仅保持在我们之间。"社交生活具有私密性。但是,即使是这些习惯也无法说明全部情况。我们确实穿衣服,但并不总是在我们的恋人面前。我们确实在日记中写下秘密,但有时会与我们最好的朋友、治疗师或支持小组会议上的相对陌生人分享。我们确实提出了保密要求,但通常在与那些暗示保密的人共享时不这样做。换句话说,我们通过基于信任的情境来选择披露和规范信息流。

因此,隐私非常活跃。生活的事实深深地根植于社会结构中,我们离不开它。本书试图表明,至少在信息共享的背景下,隐私不是要与社会分离,而是要基于信任的条款与之互动。当我们信任对方时我们会共享,因此我们期望即使我们与他人共享信息,也不会让任何人听到、看到或使用。当我们的信任遭到破坏时,例如,当我们被诱使分享或我们的信息从一个地方获取并提供给我们一无所知的人或公司时,我们感到隐私受到侵犯。并且我们使用信任来根据情境管理自己的角色和信息流,以便参与社交生活。因此,信息隐私实际上是社会共享者之间、个人与网络中介之间、在线和离线交互的人群之间的基于信任的社交结构,这已广为人知。因此,隐私法应集中于保护和修复披露所必需的信任关系。

通过这种方式,可以使隐私法对我们奏效,而不仅仅(约束)数据收集者。信息披露会造成脆弱性,在社交分享者和受众之间造成力量失衡。"隐私即信任"可抵制披露风险,因为它为我们提供了确保仅根据首先共享该信息的信任规范来使用我们信息的手段。

本书中建议的隐私保护方法只是这一旅程的第一步。信息时代的信息法始于辩论的框架,首先是了解隐私远比我们想象得要多。尽管"隐私即信任”并非没有争议,但它反映了根深蒂固的价值观和日常社会实践。学生和学者可以使用本书来理解社会生活、隐私和法律之间的多维联系。我们可以利用本书中所学的知识,更明智地与他人在线交流。法官和律师可以将本书用作利用隐私法保护这些互动的路线图。政策制定者可以调整法规和立法提案,以更有效地保护消费者。我们可以创造一个更美好的世界,在这个世界中,隐私和信任是法律和社会的双支柱。但是仍然需要做很多工作。关于隐私法,值得研究“隐私即信任”的其他含义。例如,这本书只侧重于私人团体之间(个人之间以及个人与网站之间的信息共享)、电子商务公司、科技公司以及其他公司。值得一提的是:隐私权对政府披露、执法调查和第四修正案意味着什么?当然,它会质疑“第三方原则”(Third Party Doctrine)的合法性,该学说指出个人对第三方已经掌握的信息没有第四修正案的隐私期待。[1] 隐私即信任理论也可能破坏所谓的错位信任原则,该原则允许执法人员和举报人通过欺骗获得信息,然后在很大程度上利用这些信息来对付嫌疑人。[2] “第三方理论”是在披露时侵犯隐私利益;“隐私即信任”理论是在共享信息后仍可以保护隐私。此外,利用欺骗来获得某人的信任,从而引出真相,这类似于骗术。“隐私即信息”建议将这种违反信任的行为也视为对隐私的侵犯。这样的话,根据第四修正案对政府及其代理人的专属适用,应该比私人信息收集更严格地限制政府数据收集,但是应该更全面地探讨该结论和相关的政策含义。

社会科学家必须继续研究信任与分享之间的联系。例如,心理学家、经济学家和社会学家一直在探索信任如何通过面对面和公平的互动促进个人之间的共享。还需要进行更多的研究,不仅要确认信任于在线交互中以类似的方式运行,而且还需要进一步探索网络用户与网站之间的信任是什么样的。对电子商务设置的信任可能不同于使用社交网络时的信任。像马丁、克兰纳、莫里等学者的著作以及本书作者的一些研究,都集中在这些问

---

〔1〕 See Smith v. Maryland, 442 U. S. 735 (1979).

〔2〕 See Hoffa v. U. S., 385 U. S. 293 (1966). Katherine J. Strandburg, *Home, Home on the Web and Other Fourth Amendment Implications of Technosocial Change*, Md. Law Review 70, p. 614, p. 652-653 (2011).

题和相关问题上。

“隐私即信任”旨在重新定位我们对信息隐私的思考和撰写方式。它的目标之一是打破常规并激发进一步的学习。但是它的主要目标是在信息流是即时、廉价且恒定的数字世界中保护隐私。将隐私置于其社会角色中是解决移动互联网和未来(尚未想象的技术)所提出问题的必要步骤。有时,在这个世界上保护隐私可能就像在风车上倾斜一样。但笔者希望我们能够改变这一状况。我们比以往任何时候都更了解我们的数据。我们更深刻意识到在线披露的含义。而且,因为当数据收集的距离过长时我们会感到无所适从,所以我们正在将这些期望告知技术公司。但与此同时,互联网和数字技术已成为人类与生俱来的共享欲望。我们需要分享,我们希望有一个从我们信息的联动中受益的社会。建立那个社会,从这里开始。

译后记

美国隐私权制度以其“大隐私”概念而独具特色，在隐私权领域发展丰富。1890年美国学者塞缪尔·沃伦（Samuel Warren）和路易斯·布兰代斯（Louis Brandeis）于《哈佛法律评论》上发表的《论隐私权》一文中，最早提出了法律上的隐私权概念。一百多年来，关于隐私的探讨横跨哲学、社会学、法学等学科，美国法律上的隐私则发展成为类似于大陆法系一般人格权功能的“大杂烩”概念，个人信息保护制度并未发展成为独立的体系，而是被包含于隐私制度之下，形成了独特的信息隐私“一元论”模式。为应对信息社会的各种新兴挑战，隐私学者们不断丰富和扩展隐私的内涵，贡献了很多有代表性的理论和学说。

丹尼尔·索洛夫（Daniel J. Solove）教授曾在 *Understanding Privacy* 一书中总结了六种典型的理论：“隐私独立说”（privacy-as-separation）将隐私界定为保护个人生活不受干扰、独处的权利；“隐私有限接近理论”（privacy-as-limited access）认为每个人有权对他所保有的属于自己的事物决定在哪个程度上成为公共观察和讨论的客体；“隐私秘密说”（privacy-as-secrecy）将隐私等同于秘密，隐私权则是隐藏不愿公开秘密的权利；“隐私控制理论”（privacy-as-control）强调隐私权是个人、团体或机构决定什么时候、什么方式、在哪种程度上关于他们的信息可以和其他人交流的权利；“人格权理论”（privacy-as-personhood）认为隐私保护包括成为人、成就人、人格尊严和人身自由等在内的人格利益；“隐私即亲密关系理论”（privacy-as-intimacy）指出隐私不仅是个人的自我创造,也是关于人类和社会的关系,隐私的价值在于个人关系的发展和社会的进步,并依赖信息的亲密性来解释和判断隐私是否受到侵害。

作为一名美国隐私学者,瓦尔德曼教授的隐私理论也是建立在美国信息隐私一元论的背景下,他提出的"隐私即信任"(privacy-as-trust)理论是基于前人既有理论上的进步和创新,可以视为美国学者关于隐私的最新理论和发展。在基于信息共享的数字社会中,作者提出隐私是基于信任的社会规范,信息隐私实际上是社会共享者之间、个人与网络中介之间、在线和离线交互的人群之间的基于信任的社交结构。隐私不是与社会分离,而是基于信任的互动。当我们信任彼此的时候,我们会共享信息;当我们的信任遭到破坏时,例如,当我们被诱使分享或我们的信息从一个地方获取并提供给我们一无所知的人或公司时,我们感到我们的隐私受到侵犯。与传统判断隐私侵权的法律要件(公开、侵扰等)不同,本书强调保护和修复信任关系应该成为今后隐私立法的重点。这一变革性的隐私理论能有效弥补"通知—同意"下的制度缺陷,应对基于赋权模式下的被动挑战,在适应当代人工智能、大数据、物联网、云计算等信息技术主导的数字经济发展特征中展示强大的生命力。这一观点一经提出便引发了很多关注,如今已成为信息隐私中异军突起的理论,相关论文分别于 2017 年和 2019 年两次荣获由全球隐私学教授联盟(International Association of Privacy Professionals)组织的隐私法学者大会(Privacy Law Scholars Conference)"最佳论文奖"(Best Paper Award)。正如伍德罗·哈佐格(Woodrow Hartzog)(信息科技法专家,美国东北大学法学院、电脑信息科技学院教授)在推荐语中写道:"这本富有洞察力、透彻和优雅的书为建立一个基于对他人信任下更美好的数字世界奠定了基础。任何关心重塑现代世界中隐私理论和实践的人都应该阅读这本书。"

我国 2020 年颁布的《民法典》人格权编第六章"隐私权与个人信息保护"明确了我国隐私权与个人信息保护的双轨制。我国在隐私和个人信息保护领域选择了不同于美国和欧洲的第三条道理,并通过"私密信息"建立起连接隐私权和个人信息保护的桥梁。但是由于缺乏明晰的个人私密信息判断标准,如何科学地和富有弹性地确定私密信息,仍然是数字经济时代我国个人信息保护中的关键问题。本书从“信任”出发定义隐私的内涵,从数字信任关系维系的角度规范隐私信息的理念将对我们产生启发。我国已有不少学者开始重视和研究基于信任关系下个人信息保护问题,尤其是在大数据持续激发商业模式创新、个人信息价值剧增的当下,因生活交往、社会互动、合同关系、公共利益等,信息分享和利用已成为常态,个人信息保护问题日益复杂化,从信任关系出发理解隐私利益和规范隐私保护,具有无限潜力。

新冠疫情肆虐全球的前夕,2020 年 1 月,我随清华大学法学院寒假实践支队到访牛津,在著名的 Blackwell 书店发现了这本书。一直对隐私研究感兴趣的我,初见这本书就兴奋不已,如获至宝。疫情之下的那年春节,宅在家的日子里我认真研读了这本书,作者清晰的逻辑、简洁的语言、新颖的观点给我留下了深刻印象。有幸得到清华大学法学院计算法学系列译丛的资助,本书的翻译和出版事宜得以顺利推进。

本书是作者在博士论文的基础上不断修改、讨论、完善形成的作品,其扎实的论证、清晰的思路、创新的观点、深厚的积累等,都给正在写作博士论文的我带来了很多启发,阿里·埃斯拉·瓦尔德曼教授作为优秀的学者,是我的榜样,阅读和翻译这本书都令我备受鼓舞且收获颇丰。

此时,距离初识这本书已经过去两年多了,在校对修改翻译稿的当下,我再一次来到了牛津大学,也多次到访 Blackwell 书店。相信不久后,当这本书顺利出版印发的时候,我还在牛津大学继续自己的访学生涯。好像牛津大学为我和这本书牵了一条线,这是一次神奇而美好的经历。相信多年后,当我回忆起这段纯粹而坚持的日子,除了独处的情绪肆虐,更多的该是美好的心流体验。

这一路的翻译出版,得到了很多人的指导和耐心细致的帮忙,在此一并感谢。

感谢阿里·埃斯拉·瓦尔德曼教授的信任和支持,希望本书中文版的面世能让更多中国学者了解到大洋彼岸隐私理论的最新发展。

感谢我的尊师申卫星教授一直以来对我的辛勤培育和悉心教导,老师严谨的治学态度和优秀的人格品质一直是我学习的榜样。

感谢清华大学计算法学团队各位老师和同门的帮助和指导,对你们的奉献和付出表示诚挚的敬意和谢意。

感谢家人们的支持、鼓励和陪伴,让我在而立之年仍有幸安心学术,潜心研究,朝着自己憧憬的方向一路放肆向前奔跑。

感谢法律出版社的编辑,尤其感谢他们的细致、耐心和帮忙,愿他们和我的共同努力能够得到读者的认可。

能将这本学术书籍翻译引入中国,给更多人的研究和学习带来便利,是我莫大的荣幸。虽然这是一本学术著作,但深入浅出的语言风格、日常案例的讨论,大大增加了其可读性,真心祝福大家都能从阅读中收获知识和快乐。

本人识短学浅,还恳请前辈方家指正。

张　璐

2022 年 1 月

于牛津大学

图书在版编目(CIP)数据

隐私即信任：大数据时代的信息隐私／(美)阿里·埃斯拉·瓦尔德曼(Ari Ezra Waldman)著；张璐译.--北京：法律出版社，2022(2023.1重印)
(清华计算法学译丛)
书名原文：Privacy as Trust：Information Privacy for an Information Age
ISBN 978-7-5197-6772-3

Ⅰ.①隐… Ⅱ.①阿… ②张… Ⅲ.①互联网络－隐私权－研究 Ⅳ.①D913.04

中国版本图书馆CIP数据核字(2022)第105388号

隐私即信任
——大数据时代的信息隐私
YINSI JI XINREN
— DASHUJU SHIDAI DE XINXI YINSI

(美)阿里·埃斯拉·瓦尔德曼(Ari Ezra Waldman) 著
张 璐 译

责任编辑 孙东育 曲 杰
装帧设计 贾丹丹

出版发行 法律出版社
编辑统筹 学术·对外出版分社
责任校对 王 丰
责任印制 陶 松
经　　销 新华书店

开本 710毫米×1000毫米 1/16
印张 13.75 **字数** 202千
版本 2022年7月第1版
印次 2023年1月第3次印刷
印刷 三河市龙大印装有限公司

地址：北京市丰台区莲花池西里7号(100073)
网址：www.lawpress.com.cn
投稿邮箱：info@lawpress.com.cn
举报盗版邮箱：jbwq@lawpress.com.cn
销售电话：010-83938349
客服电话：010-83938350
咨询电话：010-63939796

书号：ISBN 978-7-5197-6772-3
定价：88.00元